no.080

東京近郊地圖隨身

2024~2025

Tokyo

Wild Area

目錄

2024~2025
Tokyo 東京近郊 Wild Area
地圖隨身go
no.080 MOOK

如何使用本書

利用區域編號，方便尋找想要的分區。

書裡介紹的景點或店家除了與書中地圖呼應外，也可以掃描QR Code找路定位更加方便。

右頁右上方是區域編號跟單元名稱，翻閱更輕鬆。

編輯或遊客推薦景點跟店家，以對話框及淺黃色鋪底色塊特別標示

資訊符號

- 📞 電話
- 💲 價格
- 📍 地址
- 🚇 交通
- 🕐 時間
- 🌐 網址
- 🛍 購物
- ❗ 注意事項
- 休日

地圖符號

- ◎ 景點
- 🍴 美食
- 🏛 美術館
- 🍜 拉麵
- 🛍 購物
- ☕ 咖啡館
- 🏬 百貨公司
- Ⓗ 飯店
- ⌂ 公園
- 📖 書店
- 🎓 學校
- ⛩ 神社
- ♨ 溫泉
- 🍰 甜點
- 和風甜點
- ❗ 遊客中心
- ⚓ 碼頭
- 🚠 纜車
- 🚌 公車站
- 卍 寺廟

本書所提供的各項可能變動性資訊，如交通、時間、價格(含票價)、地址、電話、網址，係以2023年10月前所收集的為準；特別提醒的是，COVID-19疫情期間這類資訊的變動幅度較大，正確內容請以當地即時標示的資訊為主。如果你在旅行中發現資訊已更新，或是有任何內文或地圖需要修正的地方，歡迎隨時指正和批評。你可以透過下列方式告訴我們：
寫信：台北市104中山區民生東路二段141號9樓MOOK編輯部收
傳真：02-25007796
E-mail：mook_service@hmg.com.tw
FB粉絲團：「MOOK墨刻出版」www.facebook.com/travelmook

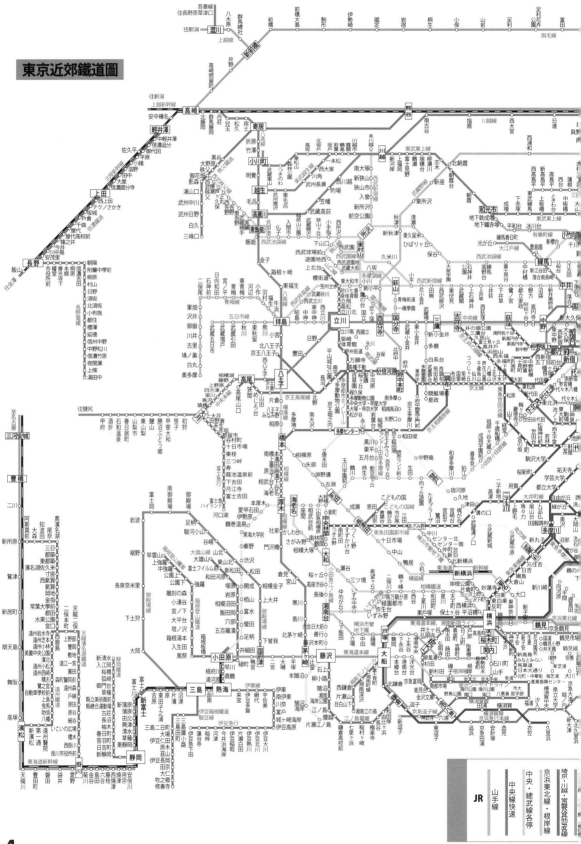

東京近郊鐵道圖

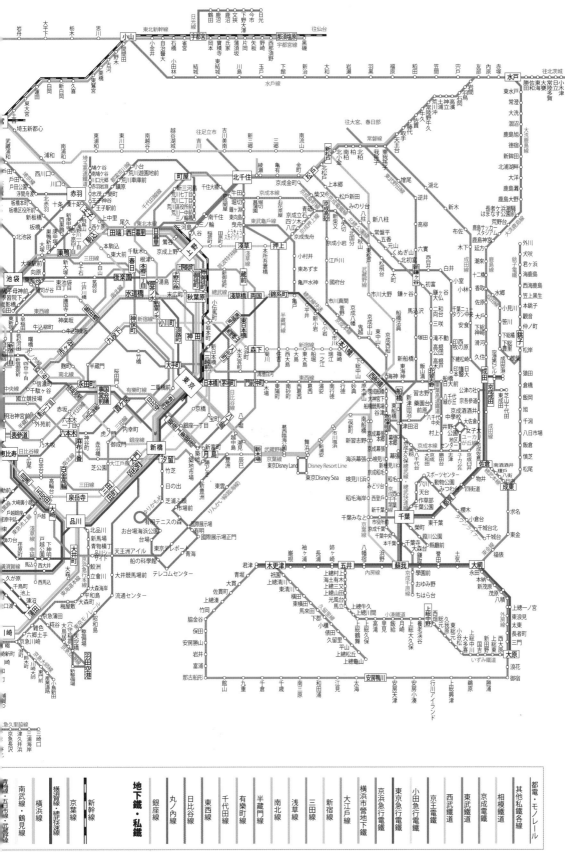

日光的諸多景勝中以東照宮最為知名，四季皆有從世界各地湧入的人潮，只為一睹其精湛的木工技藝、珍貴國寶，每到秋日處處點綴著豔麗楓紅更是令人屏息。

最美「日光」秘湯行

DAY 1

東京
↯
東武日光
↯
搭乘前往「湯元温泉」東武巴士，「三本松」站下車
↯
a.戰場之原
↯
搭乘開往「日光駅」東武巴士，「竜頭の滝」站下車
↯
b.龍頭瀑布
↯
搭乘開往「日光駅」東武巴士，「遊覽船発着所」下車
↯
c.中禪寺湖遊覽船

a.戰場之原
大片濕草原在四季呈現不同景色，不但沿路舖設步道，更可邊走邊看到日本對生態保育的重視。(見P.98)

b.龍頭瀑布
位在中禪寺湖通往湯瀧的必經路上，由於形狀特殊且四季景色優美，是中禪寺湖一帶的必遊景點。(見P.99)

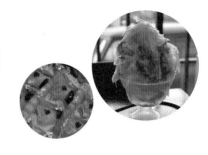

c.中禪寺湖遊覽船
奧日光男體山噴發時的火山熔岩形成的中禪寺湖，四周樹林茂密，風景優美，入秋後楓林如火最是優美。(見P.98)

DAY 2

d.華嚴瀑布
↯
華嚴の滝入口搭乘開往「日光駅」東武巴士，「神橋」站下車
↯
e.明治の館
↯
f.二社一寺
↯
g.日光珈琲
↯
東京

d.華嚴瀑布
是日本三大瀑布之一，寬7公尺，高低差達100公尺，氣勢磅礴。(見P.99)

e.明治の館
無論是裝潢還是服務人員的打扮，皆為古色古香的明治時代色彩。(見P.103)

f.二社一寺
分別為東照宮、二荒山神社、輪王寺，三處都位在同一區域，走路就能串聯。(見P.102-103)
・東照宮：大關東地區的世界遺產，除了富士山外，最值得一訪的便是日光東照宮。
・輪王寺：一到秋季，輪王寺的楓紅絢爛至極。
・日光二荒山神社：綠意環繞著神社，更添一股神祕能量。

g.日光珈琲

改建自老米店的御用邸通店的古民家氣氛濃厚，點份招牌刨冰舒服得讓人想在這裡賴上一整天。

如想找點不一樣的樂子，搭上地方電車「銚子電鐵」一站站拜訪銚子的生活風景，嚐嚐當地海味，最不一樣的極東小鎮之旅從這裡開始。

海濱極東之境「銚子」

DAY 1

東京
↓
銚子駅
↓
仲ノ町駅
↓
a.ヤマサ醤油工場
↓
觀音駅
↓
b.圓福寺 飯沼觀音
↓
c.佐野屋今川焼店
↓
犬吠駅
↓
d.溼仙貝
↓
e.犬吠埼灯台

a.ヤマサ醤油工場

參觀完還可以買一支以醬油製成的霜淇淋￥250，甜中帶點鹹味，吃來不膩。(見P.94)

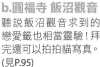

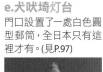

c.佐野屋今川焼店

香甜今川燒厚厚的一個讓人大飽口福，下午茶時段來一個超級幸福。

b.圓福寺 飯沼觀音

聽説飯沼觀音求到的戀愛籤也相當靈驗！拜完還可以拍拍貓寫真。(見P.95)

e.犬吠埼灯台

門口設置了一處白色圓型郵筒，全日本只有這裡才有。(見P.97)

d.溼仙貝

犬吠駅裡販售的溼仙貝可以買來當作伴手禮，也可以體驗手烤仙貝。(見P.96)

DAY 2

f.外川駅
↓
g.治ろうや鮨処
↓
h.榊原豆腐店
↓
犬吠駅
↓
Port Center
↓
i.WOSSE 21
↓
銚子駅
↓
東京

h.榊原豆腐店

百年豆腐專賣店，不能錯過店家自製的豆漿布丁。

f.外川駅

保存大正時期的木製建築，復古的白底黑字站牌沉穩地置於屋簷上。(見P.96)

g.治ろうや鮨処

每天由當地的外川港口進貨，將品質最鮮的海產製成握壽司。(見P.97)

i. WOSSE 21

最新鮮的魚市場、乾貨全部聚集一方，不時舉辦活動，不但有得玩，有得買還有得吃！

說起東京近郊的美好風景，一定不能錯過鎌倉；它代表了都市人心中理想桃花源的原型，樸實無華卻充滿豐沛心靈的無限可能。

古都「鎌倉」散策輕旅

DAY 1

品川駅
↓
北鎌倉駅
↓
a.明月院
↓
葉祥明美術館
↓
b.三日月堂 花仙
↓
c.建長寺
↓
d.鶴岡八幡宮
↓
e.段葛 こ寿々
↓
f.小町通り

a.明月院
以梅雨季時盛開的紫陽花聞名的明月院，若選在初夏前來可得要有人擠人的心理準備。(見P.52)

b.三日月堂 花仙
在銅鑼燒知名的和菓子老舖，與花朵共進四季風味甜品。

c.建長寺
鎌倉五大古寺之一，春天粉櫻、秋天楓紅使得這裡更添風華。

d.鶴岡八幡宮
鎌倉最重要地方信仰日本三大八幡宮之一，從第三鳥居隔著太鼓橋望向本殿可是定番拍照角度。(見P.52)

e.段葛 こ寿々
當地知名的蕎麥麵店，店內的蕎麥麵每日新鮮現做，樸實滋味與懷舊氣息相得益彰。

f.小町通り
短短500公尺的街道卻聚集了鎌倉地區最多最精彩的店家，可以一路慢慢逛慢慢買。(見P.50)

DAY 2

g.江之島
↓
h.鎌倉高校前駅
↓
極樂寺駅
↓
i.御靈神社
↓
j.成就院
或
k.一花屋
↓
l.鎌倉大佛高德院
↓
m.長谷寺
↓
鎌倉駅
↓
東京

g.江之島
以江島神社貫穿，除了文化外，江之島岩屋、稚兒之淵等可以看到美麗海景的景點也是十分推薦。(見P.58-61)

h.鎌倉高校前駅
鎌倉高校前駅的湘南海岸，是許多灌籃高手迷一定要造訪的地點。(見P.58)

i.御靈神社
鳥居前有江之電通過的風景，真是太美啦！

j.成就院
臨近海濱，比照般若心經的字數栽種的繡球花，讓這裡成為鎌倉的賞紫陽花名所。

k.一花屋
充滿昭和氛圍的古民房咖啡廳，引入滿室綠意，為炎熱的日子帶來一絲涼意。(見P.57)

l.鎌倉大佛高德院
鎌倉的必遊景點，繞到大佛的背後還可進入大佛身體內參觀。(見P.57)

m.長谷寺
以十一面觀音聞名的也是鎌倉的賞花名所，一年四季皆有不同花卉盛開。(見P.55)

想泡的是美人湯、或具有療效的硫磺泉，走在日本文學名著誕生的舞台、品嚐Q彈美味的溫泉饅頭，放鬆平時匆忙的腳步，享受慢活悠閒時光！

5天4夜自由行推薦④

「溫泉勝地」泡美湯，
慢遊避暑勝地「輕井澤」

DAY 1

東京(JR上越長野新幹線)➪高橋駅(群馬巴士)➪伊香保溫泉➪a.石段街
➪b.伊香保神社➪c.伊香保露天溫泉

a.石段街
走在石段街上逛逛買買各式土產，享受溫泉街風情。(見P.184)

b.伊香保神社
位於石段街最頂端的伊香保神社，氣氛莊嚴寧靜，可自由參拜。

c.伊香保露天溫泉
位在湧泉口旁的伊香保露天溫泉，位在大片樹林之中，空氣新鮮、氣氛寂靜，正好洗去旅程的一身疲憊。(見P.184)

DAY 2

d.石段之湯➪e.伊香保關所➪f.舊夏威夷王國公使別邸➪搭巴士前往草津溫泉

d.石段之湯
當地人排隊也願意的公共浴池，但要記得來此泡湯需要自備毛巾。

e.伊香保關所
走進關所，彷彿親身體驗當時來到伊香保通關的流程與心情。(見P.185)

f.舊夏威夷王國公使別邸
過去駐日夏威夷王國代表Robert Walker Irwin的公使別邸，現作為史蹟博物館供遊客參觀。(見P.187)

DAY 3 : g.草津玻璃藏⇨h.湯畑⇨i.西之河原公園⇨とん香⇨搭巴士前往湯田中澀溫泉

g.草津玻璃藏
預約最早的時段,前來體驗手作玻璃的樂趣。(見P.183)

h.湯畑
顧名思義為溫泉之田的意思,在這裡還可以採集到溫泉結晶。(見P.180)

i.西之河原公園
不同於常見公園的綠色景觀,這公園有溫泉流經,也有任何人都能享受的大露天風呂。

DAY 4 : j.地獄谷野猿公苑⇨手打蕎麥烏龍玉川本店⇨搭乘鐵道至中輕井澤駅k.雲場池⇨l.輕井澤Taliesin

k.雲場池
另一個名字為白鳥湖,池周圍有步道可供遊客散步,順道欣賞四周美景。

j.地獄谷野猿公苑
這裡是連猴子都可以自在泡溫泉的公園。(見P.178)

l.輕井澤Taliesin
集合了許多博物館的遊憩區,展示許多不同作家與藝術家的作品。(見P.165)

DAY 5 : m.愛爾茲玩具博物館⇨n.繪本之森美術館⇨輕井澤駅⇨東京

m.愛爾茲玩具博物館
來到玩具博物館可以一睹許多來自歐洲各地各式木製玩偶、玩具。

n.繪本之森美術館
隱身於森林中的美術館,隨季節舉辦各種不同的展覽。

大東京地區範圍廣、景點多，但只有5天4夜該怎麼安排呢？想賞花、想望山、又想去遊湖的你，不妨參考這個行程。

「箱根」季節限定美景，「河口湖」賞富士絕景

DAY 1

東京(JR中央線、富士急特急)⟶**a.**河口湖⟶**b.**河口湖~富士山全景纜車⟶河口湖周遊巴士⟶**c.**久保田一竹美術館⟶河口湖音樂盒之森美術館

c.久保田一竹美術館
美術館內收藏的華麗和服及庭園設計都值得一看。(見P.125)

a.河口湖
河口湖四周自然環境豐富，變化萬千，櫻花季、薰衣草節、花火節、紅葉祭等，四季皆有迷人風貌。(見P.122)

b.河口湖~富士山全景纜車
先將行李暫寄河口湖附近寄物櫃，即前往搭乘Kachi Kachi山纜車欣賞湖光山景。(見P.123)

DAY 2

河口湖遊覽船⟶周遊巴士⟶**d.**西湖療癒之里根場⟶野鳥之森公園⟶山中湖⟶**e.**山中湖文學之森⟶**f.**遊覽船「天鵝湖」

d.西湖療癒之里根場
富士山旁茅草蓋成的民家，與自然景觀融為一體，還有手作體驗，推薦給手作迷前往一遊。(見P.121)

e.山中湖文學之森
小山路上共有15座刻有名家作品的石碑，文學館內更收集了三島由紀夫的完整作品。(見P.127)

f.遊覽船「天鵝湖」
美麗天鵝造型山中湖遊覽船，以富士山為背景，成為山中湖最熱門的拍照點之一。

DAY 3

山中湖⇨御殿場⇨**g.キリン威士忌蒸餾所**⇨**h.箱根海盜船**⇨箱根神社⇨**i.箱根空中纜車**⇨黑玉子茶屋

h.箱根海盜船
多艘華麗造型的海盜船，內部寬敞舒適，邊遊蘆之湖邊遠眺富士山及箱根神社美景，好不愜意。(見P.72)

i.箱根空中纜車
隨著登山纜車向上攀升，從不同高度、視角欣賞壯麗的富士山。(見P.62)

g.キリン威士忌蒸餾所
御殿場蒸餾所所生產的威士忌都是用純淨的天然水，可進入工廠見學，品嚐富士山湧泉水蒸餾的威士忌加深味覺記憶。

DAY 4

登山纜車前往強羅⇨**j.箱根美術館**⇨**k.強羅公園**⇨**l.雕刻之森美術館**⇨田むら 銀かつ亭

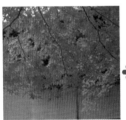

k.強羅公園
園區內櫻花、杜鵑、繡球花、玫瑰等花卉依時開放，園區內也有體驗工房，遊客可參與體驗各式活動。(見P.70)

j.箱根美術館
箱根地區歷史最悠久的美術館，以佈滿紅葉的庭園聞名。(見P.71)

l.雕刻之森美術館
由於是座室外美術館，展出各式大型雕塑，遊客可以親手觸摸到展示品。(見P.71)

DAY 5

宮ノ下溫泉⇨**m.箱根湯本溫泉街**⇨**n.饅頭屋菜之花**⇨小田原駅⇨東京

m.箱根湯本溫泉街
溫泉饅頭、手燒仙貝，各式伴手禮就在這裡買！(見P.66)

n.饅頭屋菜之花
最後一站了，千萬別錯過溫泉街上必買的傳統招牌點心。(見P.67)

5天4夜自由行推薦 06

海天風光「伊豆半島」自由行

想同時欣賞大自然動人風光、博物館及美術館的藝術洗禮、享受療癒溫泉及大啖新鮮海味美食，不妨就以伊豆為主要目標區域，來趟好玩又好吃的半島旅行！

DAY 1

東京➔熱海駅➔來宮駅➔**a.**熱海梅園➔來宮神社➔**b.**仲見世通り&和平通り逛逛➔**c.**延命堂

b.仲見世通り&和平通り
熱海最熱鬧好逛的商店街區，聚集伴手禮、餐廳、溫泉饅頭、煎餅等小吃。(見P.154)

c.延命堂
大正時代開店至今的老店，以來自北海道的紅豆內餡聞名的熱海招牌溫泉饅頭。(見P.156)

a.熱海梅園
從明治19年開園，種植59種472顆樹齡超過百年的古梅樹，白、桃紅、杏粉各種梅花熱情盛開。

DAY 2

熱海➔伊豆高原駅➔**d.**伊豆仙人掌動物公園➔**e.**大室山纜車➔**f.**大室山

d.伊豆仙人掌動物公園
與可愛動物一起並肩散步，還有不能錯過冬季限定超可愛水豚泡湯！(見P.146)

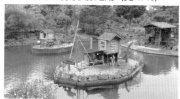

f.大室山
標高580公尺的大室山，從山頂可以將伊豆高原到伊東海岸、相模灣上的大島等景色一覽無遺。(見P.146)

e.大室山纜車
搭上大室山纜車，搶先預覽山頂最棒的360度的大景觀。(見P.146)

DAY 3 ： 伊豆市⇨**g.池田20世紀美術館**⇨**h.一碧湖**⇨城崎海岸駅⇨城崎海岸

g.池田20世紀美術館
私人的豐富收藏，包含雷諾瓦、畢卡索、達利等當代繪畫及雕刻收藏。(見P.149)

h.一碧湖
有伊豆之瞳之稱的一碧湖，湖畔四周有野鳥保護林，自然景觀豐富，四季風貌亦皆不同。

DAY 4 ： 下田⇨**i.寢姿山**⇨**j.培里之路**⇨**k.了仙寺**⇨下田駅搭乘巴士往修善寺溫泉⇨**l.修禪寺**

i.寢姿山
搭乘纜車登頂後，清晰可見停泊黑船的下田港，若天晴時，還可盡覽伊豆七島。(見P.150)

k.了仙寺
改變了日本近代史重要的開港歷史，江戶幕府與美國海軍的條約就是在此簽訂，也是來下田必知的歷史過往。(見P.153)

j.培里之路
沿著下田平滑川設置的石板步道延伸至港口，沿途流水畔柳枝搖擺、復古小橋，感受濃濃復古風情，周邊的咖啡廳、雜貨小店更是不能錯過！(見P.152)

l.修禪寺
幽靜的古剎，秋季時可來此欣賞紅葉美景。(見P.142)

DAY 5 ： 修善寺溫泉⇨**m.修禪寺五橋巡禮**⇨**n.修善寺虹之鄉**⇨修善寺溫泉搭巴士⇨東京

m. 修善寺溫泉五橋巡禮
以桂川為中心的修善寺溫泉區，區域內5座優雅小橋，順著五橋巡禮路線也可順便逛完全區。(見P.142)

n.修善寺虹之鄉
融合多國特色的主題樂園，園區內花卉豔麗綻放，就像是世界各地風采的精華版，來此一遊就像是環遊世界一般。(見P.145)

精選**10處**東京近郊
遊樂園&購物中心

只有美麗景點不夠看，東京近郊有哪些必玩遊樂園，讓大人小孩都能玩得盡興？
玩還不夠，搭配購物中心讓整個行程多采多姿到不行！

01
嚕嚕米主題樂園
ムーミンバレーパーク
MOOMIN VALLEY PARK

【ACCESS】
◎西武池袋線飯能駅北口1號月台搭乘往「Metsä(メッツァ)」、「メッツァ經由武蔵高萩駅」、「メッツァ停留所」等路線巴士。
◎JR八高線東飯能駅東口2號月台搭乘往「Metsä(メッツァ)」、「メッツァ停留所」路線巴士。

綠色帽子義大利麵(綠の帽子パスタ)以角色阿金作為發想，綠色麵條是加入菠菜製成，醬汁底為昆布茶與蒜頭。

©Moomin Characters™

2019年3月16日於埼玉縣飯能市開幕的「嚕嚕米主題樂園」，是亞洲第一間以嚕嚕米為主角的遊樂園，走一趟主題樂園能貼近這位來自芬蘭的可愛吉祥物！園區內分為Metsä Village及Moomin Valley Park兩大區塊，Metsä Village為免費入場，其以芬蘭度假風格為主，裡面有著不同的商店及市集，各種來自北歐的食物、雜貨及手工藝品統統有；Moomin Valley Park則需入場費，區域內又可分為四個部份POUKAMA(ポウカマ)、MUUMILAAKSO(ムーミン谷エリア)、KOKEMUS(コケムス)及YKSINÄISET VUORET(おさびし山エリア)，這裡有著各樣遊樂器材、展覽表演及體驗工坊等，還有超多嚕嚕米相關的周邊商品，讓嚕嚕米迷愛不釋手。

Map

Web

⌖埼玉縣飯能市宮澤327-6 ⏱Metsä Village：約10:00~19:00，依設施、店家而異，Moomin Valley Park：10:00~17:00，週末例假日~18:00 💴當日券大人(中學生以上)¥3600，小孩(4歲以上小學生以下)¥2200，預售票比當日券便宜¥200，且因當日券數量有限，建議可事先在網站購買預售票；園區內部份施設需額外付費

02
八景島海島樂園
八景島シーパラダイス
Hakkeijima Seaparadise

【ACCESS】
◎橫濱駅搭乘京浜急行至金澤八景駅，轉乘Seaside Line八景島駅即達。

◎橫濱駅搭乘JR根岸線至新杉田駅，轉乘Seaside Line八景島駅即達。

從羽田機場搭乘京濱急行空港線至金澤八景駅，轉乘Seaside Line八景島駅即達。

「八景島海島樂園」號稱是日本最大的海洋主題樂園，遊樂設施方面，不論是搭上驚險刺激的「波浪雲霄飛車Leviathan」、體驗全日本最高的「自由落體」衝向蔚藍海面，或是進入新開幕的「巨海」立體迷宮，多樣的遊樂施設讓你體驗一場海底冒險遊記。還可透過園區內的四大主題水族館「海族之館」、「海豚夢幻館」、「海洋親密館」、「海洋莊園」等親近大海。每年不定期舉辦的「花火交響曲」，更為海島樂園帶來夜晚的驚喜，煙火與海面相映成浪漫又美麗的景色，讓人一眼難忘、回味再三。

⌂神奈川縣橫濱市金澤區八景島　☎045-788-8888　🕐10:00~17:00，週末例假日~19:00(營業時間依季節而異，建議出發前先至官網查詢)　💲One day pass一票到底成人¥5600，中小學生¥4000，兒童¥2300

Map

Web

03
橫濱麵包超人博物館
横浜アンパンマンこどもミュージアム
YOKOHAMA ANPANMAN MUSEUM

【ACCESS】
◎搭乘橫濱市營地下鐵藍線，從高島町駅徒步約7分即達。
◎搭乘みなとみらい線至新高島駅徒步約7分即達。

孩子們心目中的大英雄「麵包超人」不只除暴安良，現在也來到橫濱與孩子們同樂了！橫濱麵包超人博物館共可分為3層區域，1F除了有賣場也有讓孩子們靜下心來看的麵包超人劇場，一天有4次可以欣賞博物館內獨家播映的卡通影片，還能與麵包超人來個近距離接觸。而2F與3F則是以麵包超人家族為主題的遊樂區域，除此之外，這裡也有能與大哥哥大姐姐帶動唱的兒童區、動手體驗的工作教室等，不只玩樂，也兼顧了教育。

玩累了還有一旁的的購物商場，衣服、雜貨、甚至是理髮廳、麵包店等都還原成卡通場景，商品也結合各個人物角色，

這裡有許多人偶與塑像，進入這裡就好像真的進入卡通之中，是孩子們的最愛區域。

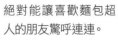

絕對能讓喜歡麵包超人的朋友驚呼連連。

⌂神奈川縣橫濱市西區みなとみらい6-2-9　☎045-227-8855　🕐10:00~17:00(最後入場16:00)　🚫1/1　💲博物館：1歲以上¥2200~2600。購物商場：免費

Map

Web

04
川崎市 藤子・F・不二雄博物館
川崎市 藤子・F・不二雄ミュージアム
FUJIKO・F・FUJIO MUSEUM

【ACCESS】

◎JR南武線或小田急線至登戶站下車,至博物館巴士乘車處,可搭乘川崎市巴士經營的博物館接駁巴士,一次￥220、兒童￥110。9:24起約10分就有一班車。

◎JR南武線至宿河原站,徒步約15分可達。

◎小田急線至向ヶ丘遊園站,徒步約16分可達。

位在川崎市藤子・F・不二雄博物館,讓喜愛哆啦A夢的人為之瘋狂!由於藤子・F・不二雄從50年前就移居來川崎市多摩區,至1996年辭世之前都不間斷創作,將歡樂的漫畫帶給支持他的讀者們。不只是人氣王哆啦A夢(ドラえもん),像是小鬼Q太郎(オバケのQ太郎)、小超人帕門(パーマン)等都帶給於許多讀者夢想、希望與勇氣。這裡收藏了藤子・F・不二雄聞名世界的多部鉅作,包含作品原稿與書信,大約有5萬多件,而現在開放給大家看的大約有130件,會依主題做更換,讓喜歡藤子・F・不二雄作品的人們每次來都能有不同的展覽看。

⌖神奈川縣川崎市多摩區長尾2-8-1 ☎0570-055-245 ⌚10:00~18:00(在10:00~16:00間,每整點開放一梯次入場,一天共有7梯次入館,請在指定時間開始的30分內(ex:10:00~10:30)入館,離館時間自由 ⌖週二,年末年始 ⌖成人、大學生￥1000,國中、高中生￥700,4歲以上~小學生￥500,3歲以下幼兒免費 ⌖館內不能拍照與飲食,而3F與2F的戶外廣場可以拍照留念。 預約方式:入場限預約購票,2個月前可以上網預約,或是到日本便利商店「LAWSON」,使用店內的Loopi系統購票之後列印,並至櫃台付款,取得預約券。詳情參考網址:l-tike.com/fujiko-m

Map

Web

展示室1(1F)

收集哆啦A夢、小鬼Q太郎、小超人帕門、奇天烈大百科等多部鉅作的珍貴手稿。牆面上有著藤子・F・不二雄的自畫像,讓整個展示室感覺較為溫馨。這裡還有個很有趣的「漫畫的形成(まんがができるまで)」單元,用獨特的立體動畫解說漫畫的工序,生動地帶大家了解漫畫是如何形成的。

大師的房間(1F)

入內首先是藤子・F・不二雄大師的辦公桌,不但可以看到大師的工作情況,一個抬頭,還有個高8.5公尺的大天井,裡頭有大約1萬部的私人藏書,另外像是大師收集的鐵道模型、恐龍化石等,讓人更了解藤子・F・不二雄私底下的一面。

展示室2(2F)

這裡展示藤子・F・不二雄的手稿畫作。2011年開館至今,展示的為大師作品的「第一話」,共有85項作品,想看哆啦A夢的第一話長什麼樣子的朋友可不能錯過了。

大眾廣場(2F)

大眾廣場有著寬廣舒適的空間之外,也可以體驗先進科技的互動遊戲,還有限定在川崎市 藤子‧F‧不二雄博物館發售的扭蛋。

漫畫區(2F)

在大眾廣場旁設置了閱讀專區,在這裡可以靜下心來仔細閱讀藤子‧F‧不二雄的出版漫畫。

孩童遊樂區(2F)

館方貼心提供學齡前孩童一個玩樂的場所,裡面有哆啦A夢的塑像,讓孩子手腳並用爬上爬下也沒關係。

F 劇院(2F)

這裡定時播放藤子‧F‧不二雄沒有公開過的動畫短片,片長約10分鐘,一次可容納約100名觀眾,是熱門景點之一。

賣店(3F)

在賣店販賣的商品有8成都是博物館限定商品,除了玩偶、文具,還推出許多讓人莞爾一笑的產品,比如「胖虎CD」,其次是金幣巧克力,給收到禮物的人一個大驚喜。

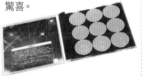

咖啡廳(3F)

藤子‧F‧不二雄的咖啡廳裡有許多可愛的餐點,像是人人想要的「記憶吐司」、小夫頭髮造型的可麗餅等,都是這裡的人氣商品。很多人可是一開館就會先衝進來享用一份「老師的早餐」呢!

05
三麗鷗彩虹樂園
サンリオピューロランド
Sanrio Puro Land

【ACCESS】
◎搭乘京王線往橋本的快速列車在多摩センター駅下車,另外也可搭乘小田急多摩、多摩モノレール,同樣在多摩センター駅下車,出站後徒步約5分即達。

來東京怎可以不去拜訪凱蒂貓的家呢!喜歡Hello Kitty、Kikirara或肉桂狗等三麗鷗家族同伴的大人小孩們,一定得來多摩市拜訪這個迷人又浪漫的城堡。讓所有凱蒂貓迷狂叫不已的彩虹室內主題樂園,是日本第一個室內樂園,在這兒不論晴天或雨天,都可以和凱蒂貓、大眼蛙、酷企鵝等一同進入童話王國。整個園區圍繞著智慧之木展開,遊行歌舞秀也是以此為起點。樂園中最吸引人的就是由卡通人物載歌載舞、領銜主演的動態表演秀。此外還有360度電影秀、凱蒂貓的家等遊樂設施,齊全的的凱蒂貓商品以及樂園限定商品,都能在這裡找到!

🏠東京都多摩市落合1-31

042-339-1111

8:30~17:00(時間依日期、季節不同) 不定休,見官網 一日通用passport,平日大人¥3,600~5,300,兒童(3~17歲)及65歲以上¥2,500~4,200。票價依日期不同 請不要攜帶食物與飲料入園,園內請勿吸煙

Map

Web

06
清水夢幻廣場
S-PULSE DREAM PLAZA

【ACCESS】
◎JR清水駅、靜鐵新清水駅可搭乘免費接駁巴士至夢幻廣場，車程10分。每日10:00~22:00，平日每30分鐘一班、假日15分鐘一班。

　面臨海港的清水夢幻廣場，輪轉的摩天輪十分引人注目。商場結合電影院、主題樂園、購物、餐廳等複合功能，包括小丸子博物館以及壽司博物館。清水壽司橫丁集合全國的壽司名店，而駿河土產橫丁則有從茶類到櫻花蝦等靜岡特產，特別是琳瑯滿目的小丸子商品，更是別地方找不到的。

Map

Web

⌂靜岡縣靜岡市清水區入船町13-15
054-354-3360 ⏱各店鋪營業時間不同，約10:00~20:00

清水壽司橫丁(1F)

⏱11:00~20:00

以江戶、明治時代的街區造景，光在這處集合了7家壽司店圍繞的廣場上環繞一圈，都覺得好有趣。以清水港的新鮮魚產提供美味壽司的夢幻美食處，嘗得到傳統老舖的江戶壽司、平價的迴轉壽司、壽司便當等各種型態的壽司店。與2樓壽司博物館出口串聯，想一起放入遊樂名單的話，記得先吃完壽司再去博物館，因為拿用餐單據買博物館門票可享半價。

清水彈珠汽水博物館/
清水ラムネ博物館(1F)

⏱10:00~20:00

空間迷你的博物館，大約只有一間普通店鋪的大小，視覺卻相當吸睛，裡面最大亮點當然是集合超過55種特色彈珠汽水，從復古包裝到新穎包裝、季節限定等通通都有。也有大正、昭和時期彈珠汽水製作器具、製造過程影片、海報及古早樣式的彈珠汽水等展示區。

伴手禮購物區(1F)

⏱10:00~20:00

從定番的全靜岡特色伴手禮到農產、海鮮乾物、綠茶、地酒等，幾乎蒐羅完備，整個1F將不同商品依品項分成駿河やげ橫丁、駿河みのり市場、清水かんづめ市場等數個分散賣場區域，簡直讓人逛到無法自拔。

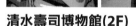

江戶場景造街超好拍！

清水壽司博物館(2F)

🕐 11:00~18:00　💰大人￥500、4歲~小學生￥200(清水壽司橫町用餐收據可半價入場)

由「鄉土料理研究家」日比野光敏先生所監修的這處壽司博物館，可說是日本首處的壽司主題博物館，不僅兼具知識性與分門別類的壽司細節雜學，更是再現穿街弄巷般的的江戶、明治時代的清水橫丁。博物館入口處也設置有和服租借處，可以穿和服進去大拍特拍，相當受年輕人歡迎。

小丸子商品SHOP(3F)

🕐 10:00~20:00

緊鄰著小丸子樂園的這處商品區，從衣服、手帕、玩具、面膜、手機吊飾、手機殼、餅乾、糖果、汽水飲料、杯墊、杯子應有盡有，2019年還推出全新馬賽克風格小丸子系列新商品。除了買，也有拍照機台可以跟小丸子一家自拍合照，其他像是玩DIY彩繪、小丸子郵筒也可以寄張明信片給自己喔。

可愛的面膜實用又搞笑！

CRAFT MARKET(2F)

🕐 10:00~20:00

位於2樓的這區CRAFT MARKET手創廣場，主要集結超過150名以上的手作創作者的各式作品，包含飾品、衣服、布小物、木工、花飾、兒童衣飾、包包、手織品等，琳瑯滿目的各式作品，是不想跟別人用一樣東西者的尋寶好去處。裡面也闢有一處DIY體驗空間，直接由創作者親自教授，你也能做個獨一無二的專屬小物。

摩天輪

🕐 4~10月10:00~21:00、11~3月10:00~20:00　💰大人￥600、3歲~小學生￥400

清水夢幻廣場的標誌性地標就是這座高達52公尺的摩天輪，轉一圈大約13分鐘，可以一覽日本三大美港之一的清水港，還能遠眺三保松原、富士山、廣闊的駿河灣等景致，天氣晴朗時整個周邊的日本平、北邊的南阿爾卑斯山等壯闊山景都全部收納眼底。

小丸子樂園(3F)

🕐 10:00~20:00(最後入館19:30)　💰大人￥1000、3歲以上￥700

來到清水怎能忘記這位糊塗又可愛的角色－櫻桃小丸子呢！位在清水夢幻廣場3F的小丸子樂園重現動畫中常見的教室、公園、客廳、房間場景，櫻桃小丸子迷絕對不能錯過！

海、陸交通串聯，巡玩清水魚市&夢幻廣場吧！

《水上巴士》河岸の市(清水)→日の出(夢幻廣場)🕐10:15~16:15，每小時一航班，船程35分鐘　💰單程￥400

來到清水玩，幾乎清水魚市&夢幻廣場都會一起安排，想要玩得順暢又有點不一樣的趣味，建議可以用船跟巴士來串連兩邊。上午從清水車站徒步5分鐘內就能先到清水市場，吃完買完後，市場旁就有水上巴士港口，買票搭乘前往夢幻廣場，沿途可欣賞海港風景與遠山外，還能餵食海鷗，非常有趣！抵達清水廣場盡情玩到晚上，再利用廣場提供的免費巴士回到清水站，這樣剛好海陸一圈。

07
東京迪士尼度假區
東京ディズニーリゾート
Tokyo Disney Resort

位於鄰近千葉縣的東京迪士尼度假區，是旅客造訪東京時最喜愛的景點之一。1983年，東京迪士尼樂園成立，2000年7月「伊克斯皮兒莉」購物商城與「迪士尼大使大飯店」落成，2001年全世界唯一以海洋為主題的迪士尼樂園「東京迪士尼海洋」隆重開幕，同時間成立「東京迪士尼海洋觀海景大飯店」。由兩座主題樂園、夢幻住宿飯店、精采餐廳和購物商城結合而成，總面積廣達200公頃的東京迪士尼度假區，由環狀單軌電車「迪士尼度假區線」串連起來，成為帶給無數人夢想與歡樂時光的迪士尼魔法王國。

 Map Web

ACCESS
車站電車路線對應
◎JR舞濱駅⮕京葉線、武藏野線
◎從東京駅搭乘JR，約15分鐘即可到達東京迪士尼度假區所的的舞濱駅，單程票¥230。

東京迪士尼度假區線／
DISNEY RESORT LINE
◎迪士尼度假區線是逆時針走的的單軌電車，串連度假區內的各大設施，是暢遊園區各處最方便的交通工具。除了可從高處一覽度假區全貌，車內還處處可見米奇的耳朵造型，十分有趣。度假區線的單程票¥260、半票(6-11歲)¥130，另有1~4日車票與回數券。

東京迪士尼度假區　🏠千葉縣浦安市舞濱1-1　📞0479-310-0733(英、日文)　🕐最長8:00~22:00
(依季節日期有所變動，請隨時上網確認)　💲請見下方各類票券價目表

票券種類	備註	全票	12~17歲學生	4~11歲
一日護照	須從東京迪士尼樂園或東京迪士尼海洋擇一入場	¥7900~10900	¥6600~9000	¥4700~5600
午後護照	週六、日及例假日15:00後入園	¥6500~8700	¥5300~7200	¥3800~4400
平日傍晚護照	週一~五17:00後入園	¥4500~6200		

票券種類(現正暫停販售中)	12歲以上	4~11歲	65歲以上
兩園全年護照	¥89000	¥56000	¥75000
東京迪士尼樂園或東京迪士尼海洋全年護照	¥61000	¥39000	¥51000

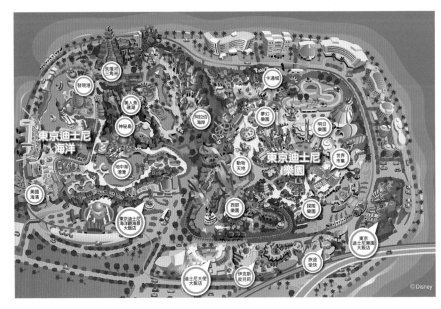

東京迪士尼海洋

東京迪士尼樂園

©Disney

玩瘋攻略~東京迪士尼度假區官方APP

以往樂園內有部分熱門設施，會設有「快速通行」發券機，抽到後只需在指定時間抵達，就不用浪費時間排隊。最新改變是樂園內已取消「快速通行」券，改以官方APP來統整。裡頭包含園區地圖及各設施目前排隊即時時間等，透過APP也可以線上免費抽當日釋放出的「預約等候卡Standby pass」（包括商店或遊樂設施，當日釋放的項目不一定）；或是付費的「DPA(迪士尼尊享卡)」，類似快速通行的概念，數量也是有限，一次¥1,500~2,500。APP大部分功能雖然必須在園區內才有作用，但可在台灣先下載熟悉一下介面。詳細最新功能請上官網查看。

怪獸電力公司「迷藏巡遊車」
Monsters, Inc. Ride&Go Seek !

夜深人靜的怪獸電力公司裡，各種怪獸和大家的老朋友阿布、毛怪蘇利文和大眼仔麥克，正準備和遊客們玩一場歡樂的捉迷藏。快登上巡遊車，準備好你的手電筒，一起找找看怪獸們到底躲在哪裡吧！

迪士尼樂園

星際旅行：冒險續航
Star Tours：The Adventures Continue

以電影「星際大戰」的宇宙為場景，實現了遊客遨遊天際的夢想。結合3D的虛擬實境以及多條嶄新的星際航線，組合出50種以上不同的故事情節和冒險內容，帶給遊客新鮮驚奇的冒險體驗。

迪士尼樂園

迪士尼海洋

玩具總動員瘋狂遊戲屋
Toy Story Mania!

玩具總動員系列電影延燒了十年熱潮，全新的遊樂設施「玩具總動員瘋狂遊戲屋」在2012年7月9日於東京迪士尼海洋隆重開幕。這裡以安弟的房間為場景，帶領遊客走進玩具總動員主角們的世界裡。

迪士尼海洋

忿怒雙神
Raging Spirits

在神秘的失落河三角洲，考古學家們挖掘出兩座古代神像，奇怪的事情也開始接二連三地發生。乘坐雲霄飛車體驗復活的神像們所引起的燃燒火焰、瀰漫的蒸氣，再加上連軌道都發生360度大翻轉的奇怪現象。喜愛刺激的人快來挑戰！

玩瘋攻略~別錯過舞台表演、夜間遊行與煙火

從樂園一開門到晚上22:00關門，一定要玩一整天才盡興，晚上的樂園最令人期待的當然是各式五光十色、極盡夢幻耀眼的夜間花車遊行，迪士尼樂園內有「東京迪士尼樂園電子大遊行～夢之光」大遊行，海洋那邊則有戶外演出，結合巨大水幕、雷射燈光以及水花、火焰等視覺特效，絕對精采不能錯過。

迪士尼樂園

米奇魔法交響樂
Mickey's PhilharMagic

歡迎來到夢幻樂園音樂廳！可愛的米奇在這裡擔任樂團指揮，沒想到正式演出前，幫倒忙的唐老鴨卻鬧出了意外。和唐老鴨一同在混亂中穿越「可可夜總會」、「美女與野獸」、「小美人魚」、「獅子王」、「小飛俠」、「阿拉丁」等膾炙人口的迪士尼動畫音樂世界，到底最後米奇能不能順利的完成演出呢？

迪士尼樂園

夜間遊行「東京迪士尼樂園電子大遊行～夢之光」
Dreamlights

⏰每日19:45開始，全程約45分。詳細資訊以官網公布為準。

迪士尼的夜間遊行一直被列為前來迪士尼必看的精采大秀之一。在熟悉的迪士尼歌曲聲中，從愛麗絲夢遊仙境、白雪公主到怪獸電力公司、海底總動員裡的卡通明星們一次到齊，讓大家再次享受迪士尼的美麗與夢幻。

玩瘋攻略~大肆採購可愛無極限

來到樂園玩幾乎沒有人能不被迪士尼各式可愛商品所攻陷，甚至還有不少限定商品，出了這個門，可是哪兒都沒得買。兩個樂園內都散落有數間商店外，萬一出了樂園還有遺憾，那麼舞濱駅旁及對面，還各有一家「旅途愉快BON VOYAGE」、「伊克斯皮兒莉IKSPIARI」，可以繼續補貨。

迪士尼樂園

世界市集World Bazaar

位於東京迪士尼樂園入口處的世界市集，數間商店販賣各式各樣的迪士尼獨家商品，有玩偶、餅乾、巧克力等不勝枚舉，每種設計都可愛得不得了。

園區外
舞濱駅旁

旅途愉快BON VOYAGE

⏰8:00~22:00(因樂園營運時間而更動)
🌐www.tokyodisneyresort.jp/tc/tdr/facility/bv.html

商店外觀源自於美國1930年代正興起旅遊風時所盛行的皮箱與帽箱。除了有東京迪士尼度假區內的商品之外，以旅遊為主題的商品亦是一大特色。度假區內買不夠，到這裡繼續買吧！

08
輕井澤
王子購物廣場
輕井澤
プリンスショッピングプラザ
KARUIZAWA PRINCE
SHOPPING PLAZA

讓人瘋狂血拼的王子Outlet購物廣場就位於輕井澤車站旁，購物中心分為5大區，EAST主要為運動及戶外用品，NEWEAST以流行服飾或飾品為主，例如大受台灣、香港觀光客歡迎的BEAMS。而WEST則是世界各國雜貨，NEWWEST為女性喜愛的品牌，另外日本年輕女生最愛的包包專賣店Samantha Thavasa NeXT page，就在此開了唯一一家Outlet。

⌂輕井澤町輕井澤　☎0267-42-5211　◉購物
10:00~20:00，美食街10:00~20:00、味の街餐廳11:00~21:00，時間依季節、店家而異　⊗不定休

Map　Web

輕井澤味の街

🔽11:00~21:00

區域廣大的購物廣場，不花個半天還真的逛不完，當然體力很重要，購物廣場鄰近輕井澤車站南側就有一處「輕井澤味の街」，集結數家美食名店，像是可嘗到信州牛的御曹司、人氣炸豬排老舖明治亭，還有能吃到每日新鮮漁產的築地ハレの日，加上串聯隔壁購物Mall內設的FOOD COURT，美食一次大串聯。

NEW WEST(NW)

離輕井澤車站步行稍遠的NEW WEST區，多以日本服飾或是雜貨品牌為主，像女生們最愛的earth music&ecology、LOWRYS FARM，眼鏡品牌JINS，或是已進駐台灣的niko and…等等。

CENTER MALL(CM)

做為購物商場大門的CENTER MALL，除了是輕井澤味の街的所在地，購物商場的遊客服務中心也在此，也有便利商店、咖啡廳MIKADO COFFEE。

TREE MALL(TM)

在TREE MALL的部份最引人注目的是廣大的綠色草地，這區是屬於寵物友善的園地，假日時可以看到許多可愛的小狗們；此區也進駐MICHAEL KORS、COACH、 GUCCI等國際品牌。

NEW EAST(NE)

想找服飾、配件來NEW EAST吧！GAP OUTLET可以找到超多兒童服飾，還有日系雜貨控別錯過的BEAMS也在這區，另外還有VANS、Paul Smith、LANVIN等品牌。

GARDEN MALL(GM)

想找更多國際大牌嗎，來GARDEN MALL就對了！Chloé、ARMANI、TOD'S、JIMMY CHOO等都在這裡，另外推薦化妝品專賣店THE COMETICS COMPAY STORE，倩碧、BOBBI BROWN、雅詩蘭黛等品牌齊全。一到晚上，園區內的大草坪上也能看到美麗的浪漫燈飾。

EAST(E)

戶外運動控請先來EAST區報到！NIKE、adidas最大OUTLET，商品、款式超齊全；戶外用具品牌ASICS、THE NORTH FACE、Columbia等，樣樣都不少！

09
三井OUTLET PARK 木更津
三井アウトレットパーク 木更津
MITSUI OUTLET PARK

2012年年初開幕的OUTLET PARK木更津，位置在千葉縣內，是首都圈規模最大的Outlet，從東京車站搭乘直行巴士前往約45分鐘，交通相當便利。這裡進駐的店舖數量多達279間，除了聚集了世界知名品牌外，餐

飲的選擇也相當豐富多元，有可以容納1,200人的美食廣場，還有Eggs'n Things、KUA`AINA等人氣美食，可以在此逛上一整天。

【ACCESS】
◎JR袖ヶ浦駅搭乘路線巴士約10分(平均每小時約4班)、JR木更津駅搭乘路線巴士約20分(平均每小時約1～2班)。或可利用直行高速巴士，可從東京車站八重洲口、新宿車站等處搭車，車程約1小時。

🏠千葉縣木更津市金田東3-1-1　☎0438-38-6100
🕙購物10:00~20:00、餐廳11:00~21:00、美食廣場
10:30~21:00　⊗不定休

 Map　 Web

10
多摩南大澤OUTLET
三井アウトレットパーク
多摩南大沢
MITSUI OUTLET PARK

【ACCESS】
◎東京或新宿搭乘往橋本的京王線，約40分後在南大澤駅下車，徒步約3分即達。

對喜歡敗家又想看緊荷包的人來説，OUTLET可説是一個購物天堂，不但品牌眾多，種類豐富又齊全，讓你下次還想再去！位於東京近郊的八王子，距離新宿只有40分鐘的車程，就有一家可以讓你驚呼買到賺到的OUTLET──三井OUTLET PARK 多摩南大澤，正好鄰近首都大學，由於位處郊區，空間寬闊，有別於熱鬧的東京都區，逛起來給人煥然一新的感覺。整體區域以南法普羅旺斯的山丘上居住的一家四口為主題故事來設計規劃，不僅可以看到法國鄉村的街景，還有不定期的活動舉行，外牆壁面上的彩繪更充滿了藝術性，每個星期會有戶外演唱會，是一個讓一家大小可以休閒一整天的地方。

🏠東京都八王子南大澤1-600　☎042-670-5777　⊙
商店10:00~20:00，餐廳11:00~22:00

 Map　 Web

搭飛機進入東京近郊區域

　　遊玩東京近郊區域，以東京的羽田及成田機場進出，可說是最普遍及便利的選擇，一方面班次很多，廉航的選擇也非常多，方便旅人做預算及時間的安排。當然鄰近東京的區域還有茨城縣的茨城機場、靜岡縣的靜岡機場也可飛抵，但飛航公司幾乎只有一個之外，班次也不是天天有，但若因行程安排想要甲地進、乙地出，只要時間安排得宜，也是一種可供思考的選項。以下就2個機場分別作介紹。

由機場進入東京

　　目前由台灣飛東京的航線為「台北松山－羽田機場」及「台北桃園－成田機場」二段，飛羽田的好處是離都心近，交通省時又省錢；而選擇飛成田的好處是航班多，選擇的時段也多。以下先介紹兩大機場，再介紹從兩個機場進入東京市區或直達近郊各景點的交通選項全攻略。

成田機場➜東京都心及近郊

　　成田機場位於千葉縣，距離東京市區有一定距離。但因為長時間作為主要聯外機場使用，各種交通設施十分完備，路線也標示得很清楚。進入市區主要的交通方式有JR、京成電鐵和利木津巴士，平均交通時間大概在1小時到1個半小時；如是轉乘高速巴士前往近郊，平均交通時間約2個小時至2個半小時。

往東京都市中心

　　想往東京都市中心，最方便的3種交通選擇分別是JR東日本(成田特快列車N'EX)、京成電鐵(Skyliner、ACCESS特急)以及串連各大交通站點與大型飯店的利木津巴士。可依想抵達的站點選擇想搭乘哪種交通工具，如果是住在上野淺草一帶，最推薦搭乘京成電鐵，最快只需42分鐘即可抵達日暮里。選擇電車搭乘雖快，但如果行李多、下車後還得轉車才能抵達，就推薦尋找可以最接近飯店點的利木津巴士。而如果要前往橫濱，則成田特快列車N'EX會是最便利選擇，而不論搭乘哪一種交通工具，都可以在機場購票櫃台依需要選擇各式優惠套票，像是來回票、單程+地鐵、來回+地鐵等，部分票種則必須出示護照才能享有優惠。

1-JR東日本(成田特快列車N'EX)

🌐 www.jreast.co.jp/tc/nex/

　　JR東日本提供兩條路線往返機場與市區，一條是成田特快列車N'EX，另一條是時間較長，票價也較便宜的總武本線快速列車。一般觀光客較常利用的是省時舒服、也方便攜帶大型行李的成田特快列車N'EX，欲直接前往近郊地區，列車也直通前往八王子、橫濱、大船等地。

●路線與價格指南

路線名	目的地	時間	價格
成田特快列車 N'EX	東京	約59分	￥3070
	品川	約70分	￥3250
	澀谷	約78分	￥3250
	新宿	約83分	￥3250
	成田	約15分	￥1530
	千葉	約40分	￥1970
	橫濱	約95分	￥4370
	大船	約110分	￥4700

2-京成電鐵(Skyliner、ACCESS特急)

🌐 www.keisei.co.jp，www.keisei.co.jp/keisei/tetudou/skyliner/tc (中文)

　　京成電鐵的Skyliner是連結成田機場與市區的特急列車，既便利又舒適，最高時速可達160km/h，由成田機場

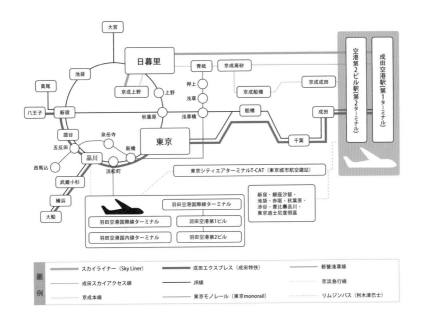

圖例

スカイライナー（Sky Liner）		成田エクスプレス（成田特快）		都營淺草線
成田スカイアクセス線		JR線		京浜急行線
京成本線		東京モノレール（東京monorail）		リムジンバス（利木津巴士）

至東京都心區的日暮里最快只需42分。除了Skyliner，不論是能直接前往押上(SKYTREE)、淺草、東銀座、日本橋的ACCESS特急(アクセス特急)，或是班次選擇多元又較便宜的京成本線特急列車，都能符合各乘客的需求快速地前往市區。

●路線與價格指南

路線名	目的地	時間	價格
Skyliner	日暮里	約42分	￥2570
	上野	約44分	￥2570
ACCESS特急	押上	約60分	￥1190
	日暮里	約55分	￥1270
	上野	約70分	￥1270
	淺草	約63分	￥1310
	品川	約84分	￥1550

3-利木津巴士(リムジンバス)

🌐 www.limousinebus.co.jp/ch2 (中文)

　利木津巴士連接成田空港第一ビル、空港第二ビル駅與新宿車站、東京車站、東京城市航空總站和橫濱巴士航空總站，並直達新宿、東京、池袋、銀座、汐留、澀谷、赤坂等各地的主要車站和特約飯店。主要是連結東京都各站點，搭乘時間依站點不同大約是1.5~2H左右，都中心區大約票價都落在￥3200。

往東京近郊

　鐵道交通除了成田特快列車N'EX可以便利直通橫濱、千葉幾個站點，其他區域城市大都必須要轉車，

依時間及價格需求，如是帶著大型行李的旅人可考慮利用巴士直達目的地，但搭乘時間較長。成田空港第一ビル、空港第二ビル駅除了利木津巴士，也有京成巴士、千葉交通、成田機場交通巴士等前往近郊神奈川、山梨、靜岡、埼玉、群馬、栃木、茨城等縣市。

1-利木津巴士(リムジンバス)

　從成田空港出發的利木津巴士除了大多以東京都內為主要目的地外，也有路線前往橫濱一帶，如果目的地是橫濱，除了成田特快列車N'EX外，也可以選擇利木津巴士，可以抵達橫濱城市航空總站及數個飯店站點(站點詳見網站)。成田空港→橫濱國際和平會議場，約100~130分鐘、票價￥3700。

2-其他公司巴士

路線名	目的地	時間	價格
京成巴士	富士急樂園、河口湖駅、富士山	4小時	￥5000
	沼津駅、富士宮	4小時	￥4600~5100
千葉交通	川越站西口	2小時	￥3400
	JR桐生駅南口、東武太田駅南口	3小時	￥4700
	JR日光駅、JR宇都宮駅西口	3小時50分	￥4300~4800
	水戶駅南口	1小時30分	￥3000
	日立駅中央口	3小時30分	￥3400
	勝沼	3小時	￥4200
成田機場交通	長野站(夜行高速巴士)	一日一班 20:45~6:33	￥7000~7500

※運行時間視道路情況而調整，部分路線因疫情關係停駛，出發前請再於官網查詢最新資訊。

京成巴士(京成バス)：www.keiseibus.co.jp/
千葉交通：www.chibakotsu.co.jp/
成田機場交通(成田空港交通)：www.nariku.co.jp/

羽田機場➡東京都心及近郊

　　2010年10月底正式與台北松山對飛的羽田機場位於東京市內，距離JR山手線上的轉運車站僅11分。嶄新的羽田國際線航廈不但充滿設計感，交通上也能快速抵達山手線的車站，比起成田機場，離市區近上不少。主要的交通選項有東京單軌電車、京急電鐵和利木津巴士，也可轉搭各路線高速巴士前往近郊景點。如果首站目地點是橫濱、河口湖、箱根一帶，以羽田進也相對快速很多，都有直達巴士可以串聯。而不論搭乘哪一種交通工具，都可以在機場購票櫃台依需要選擇各式優惠套票，像是來回票、單程+地鐵、來回+地鐵等，部分票種則必須出示護照才能享有優惠。

往東京都市中心&近郊

1-東京單軌電車(東京モノレール)

🌐www.tokyo-monorail.co.jp/tc (中文)

　　連接羽田機場與JR山手線上濱松町駅，分為機場快速線、區間快速線與普通車三種，價格都一樣，搭乘機場快速線由國際航廈到到濱松町駅最短時間為13分，在濱松町駅轉乘JR山手線在任一站下，聯票只要￥500。

2-京急電鐵

🌐www.haneda-tokyo-access.com/tc (中文)

　　連接羽田機場與JR山手線上的品川駅，因為與都營地下鐵直通運行，因此也可以不換車一路前往新橋、日本橋、淺草。至品川最短時間為13分、￥300，至橫濱為28

分、￥370，淺草為36分、￥570。

3-京濱急行巴士

🌐hnd-bus.tw (中文)

　　從羽田機場出境後可以選擇京濱急行巴士前往各地區，巴士上備有行李放置區，如是帶著大件行李的人不妨可選擇搭乘此巴士直達目的地。

📍羽田機場國際線客運大樓 2樓巴士售票處。

路線名	目的地	時間	價格
京濱急行巴士	東京	約1小時	￥1000
	川崎	約45分	￥280
	橫濱駅(YCAT)	約35分	￥500
	東京迪士尼度假區	約35分	￥1000
	山下公園、港區未來21、紅磚倉庫	1小時	￥800
	新橫濱	1小時	￥900
	北千住駅(轉乘東武日光線至東武日光駅或東武鬼怒川駅)	1小時10分	￥1100
	大船駅、藤澤駅、鎌倉駅	1小時~1小時30分(※8:15、11:25班次終站為鎌倉駅，其他班次終站為藤澤駅)	大船駅￥1350 藤澤駅、鎌倉駅￥1500
	箱根桃源台、御殿場	一日4~8班 到箱根桃源台約3小時30分 到御殿場駅2小時(其中部分車次終點站是御殿場，部分則延長終點至箱根桃源站)	箱根桃源台￥2600 御殿場駅￥2300
	河口湖駅、富士山駅(行經富士急樂園)	一日四班，約2小時30分 ※12:25班次夏季運行至富士山五合目	河口湖駅、富士山駅￥2520 富士山五合目(僅限夏季運行)￥3390

※運行時間視道路情況而調整，巴士路線因疫情減班中，最新情報請於出發前再行查詢。

4-利木津巴士(リムジンバス)

🌐www.limousinebus.co.jp/ch2 (中文)

　利木津巴士連接羽田機場與新宿車站、東京車站、東京城市航空總站，並直達新宿、池袋、銀座、澀谷、台場、淺草等各地的特約飯店；也可轉乘巴士直接前往近郊各車站及景點。

路線名	目的地	時間	價格
利木津巴士	東京	約55分	¥1000
	澀谷區	約55分	¥1300
	新宿地區	約60分	¥1300
	池袋地區	約75分	¥1000
	台場	約20分	¥700
	東京迪士尼樂園度假區	約60分	¥1000
	南大澤·京王多摩中心駅	約70~140分	¥1700~1800
	本川越駅·川越駅西口	約110分	¥1900
	高崎駅東口	約3小時	¥4200
	日立駅中央口·水戶駅南口	約2~4小時	¥3900~4300
	JR宇都宮駅西口·東武宇都宮駅西口	約3小時	¥4200

※運行時間視道路情況而調整，巴士路線因疫情減班中，最新情報請於出發前再行查詢。

由機場進入茨城

　從台灣前往茨城縣有兩個方式，一個是直接飛抵茨城機場，再轉巴士進市區。另一個則飛往成田機場，成田機場其實相當靠近茨城縣，從這裡也有巴士直接抵達水戶市中心。

　茨城機場位於茨城縣小美玉市、在水戶市南邊，2018年3月起，虎航每週2天皆有一航班往返台北桃園機場與茨城機場間。從茨城機場有巴士聯絡水戶駅，單程約40~70分鐘。

●航班

航班	飛航目的地	班次	時間
IT218	台北桃園機場→茨城機場	每週四、日各1班次飛抵	09:30~14:00
IT219	茨城機場→台北桃園機場	每週四、日各1班次出發	15:00~17:40

茨城機場網站：www.ibaraki-airport.net/

茨城機場➡水戶市區及鄰近區域

1-茨城機場⟳水戶駅

◎機場發9:50~21:00、水戶發車6:15~17:30，單程約40分鐘(約每小時一班) ⑤單程-大人¥1100、兒童¥550

2-茨城機場⟳往勝田駅(常陸海濱公園)

◎每天13:30發車一班次，約60分鐘
⑤單程-成人¥1450、兒童¥730
❶巴士僅抵達勝田駅，須從這裡另轉搭接駁巴士約15分鐘至常陸海濱公園西口。

3-茨城機場⟳石岡駅

◎7:13~21:00，單程約35分鐘(約每小時一班)。
⑤單程-成人¥630、兒童¥320

4-茨城機場⟳東京駅

◎機場發13:40(週日、一、四、五)、15:10(週日、四)，單程約2.5H
⑤單程¥1650
❶東京駅往茨城搭乘點在八重洲南口高速巴士站3號月台。

由機場進入靜岡

　靜岡富士山機場位於靜岡縣的中間地域，大約是靜岡市跟掛川市的中間，若是計畫前往濱松、濱名湖一帶，依照行程規劃，從這裡進、東京出也可以列入思考。靜岡機場只有華航從桃園飛抵，若要規劃行程，必須多注意。

*與荷蘭皇家航空、日本航空聯運，需注意現因疫情關係減少班次

航班	飛航目的地	時間
CI169	靜岡富士山機場→台北桃園機場	19:15~21:40

靜岡富士山機場網站：www.mtfuji-shizuokaairport.jp/chinese_t/

富士山靜岡機場➡靜岡市區及鄰近區域

　靜岡富士山機場並沒有直接與鐵道路線連結，必須搭乘巴士到藤枝駅再轉乘鐵道，或是直接搭乘空港巴士到周邊各城市，時間跟轉鐵道差不多，價錢也差異不大，所以搭乘巴士會最方便。直達巴士到靜岡市50分鐘、¥1100，如果轉乘鐵道，需從機場搭乘巴士至藤枝駅約35分鐘(¥500)，從這裡轉乘JR東海道本線到靜岡約20分鐘(¥420)。

●靜鐵巴士 (搭配班機營運時區)

目的地	時間	費用	班次
靜岡機場→新靜岡駅、靜岡駅	50分鐘	¥1100	約一~二小時1班
靜岡機場→島田駅南口	25分鐘	¥550	約一天2班
靜岡機場→藤枝駅南口	35分鐘	¥500	約兩小時1班。從這裡可以轉乘JR東海道本線前往靜岡各城市

東京近郊交通完全攻略

　　前往東京近郊各地可將東京都心作為出發點，利用鐵道來做跨區連結，從都心出發最常用到的鐵道交通系統為JR鐵路和其他私營系統，主要出發車站有東京、池袋、新宿、淺草等串連跨縣市路線，及抵達各分區後利用當地鐵道做景點串連，以下將就主要路線、特殊票券和方便的SUICA／PASMO深入剖析，讓你第一次遊東京近郊就上手。

鐵道路線介紹

　　JR(Japan Rail)原本是指的是日本國營鐵路，但政府不堪長期的虧損，於是將JR民營化，而依日本各個區域，分別成立JR東日本、JR東海、JR西日本、JR北海道、JR九洲、JR四國、JR貨運等幾個民營公司。

JR東日本(JR East)

🌐 www.jreast.co.jp

　　JR東日本可說是JR中營運規模最大的一個，以東京首都圈為首，整個營運路線擴及首都圈周圍區域外，北達岩手、秋田，西達新潟，東達茨城縣，南達山梨及靜岡的熱海，成為搭乘人次最大的熱門鐵道區域。以下介紹幾條觀光重要鐵道，讓旅人輕鬆串聯東京出發的旅程。

1-上越新幹線

重要車站➜東京、上野、大宮、熊谷、高崎、上毛高原、越後湯沢、長岡、新潟

為連接本州地區太平洋沿岸與日本海沿岸的新幹線，抵達高崎駅可轉搭吾妻線至長野原草津口駅，轉巴士至草津溫泉。

2-北陸新幹線

重要車站➜東京、上野、大宮、熊谷、高崎、輕井澤、佐久平、上田、長野、飯山、上越妙高、富山、金澤

目前北陸新幹線起於東京、終於金澤，未來將發展至敦賀、京都、大阪等地，係由JR東日本與JR西日本共同營運。

3-東北新幹線

重要車站➜東京、上野、大宮、宇都宮、那須塩原、福島、仙台、盛岡、新青森

是JR東日本轄區內距離最長的新幹線，抵達宇都宮駅後可轉搭日光線至日光駅。

4-京濱東北線

重要車站➜大宮、埼玉新都心、上野、秋葉原、東京、品川、新子安、橫濱

串連埼玉、東京都心與神奈川的鐵路，為近郊與都心的重要通勤鐵路之一。至終站橫濱站與根岸線銜接，可繼續串聯其他鐵道前往鎌倉、江之島。

5-中央·總武線

重要車站➜千葉、東京、飯田橋、新宿、中野、吉祥寺、三鷹

中央總武線是來往於東京都三鷹市與千葉站的捷徑，橫跨城區的路線，也是往來千葉與東京上班族的通勤電車。於東京駅轉乘總武本線潮騷號(しおさい，Shiosai)直達銚子駅。

6-埼京線

重要車站➜大崎、惠比寿、渋谷、新宿、池袋、大宮

行經東京都心各大重要區域是往來東京、埼玉兩地上班族的直通電車。抵達大宮駅後可再轉車至川越線川越駅。

7-東海道本線

重要車站➜東京、品川、川崎、橫濱、大船、藤沢、小田

原、湯河原、熱海

東海道線是連接東京至靜岡縣熱海區域的主要路線，從東京駅搭乘JR特急踊子號(踊り子)，約1小時20分即可抵達；再至熱海駅轉搭伊東線或伊豆急行線至各景點。

8-常磐線

重要車站→品川、東京、上野、水戸、日立

常磐線自上野駅駛出，經由千葉縣、茨城、福島沿岸，終站為宮城縣岩沼駅，是東京近郊前往茨城最快的交通路線，搭上特急列車只需1小時20分。

9-橫須賀線

重要車站→東京、品川、橫濱、北鎌倉、鎌倉

橫須賀線為串連東京都心和神奈川縣橫濱、鎌倉的最重要鐵道路線，抵達橫濱後可再轉みなとみらい線(港未來線)，或是鎌倉再轉江之電至各景點。

10-湘南新宿線

重要車站→高崎、宇都宮、大宮、池袋、新宿、渋谷、恵比寿、橫濱、鎌倉、小田原

湘南新宿線(湘南新宿ライン)從中心點新宿駅串連神奈川、埼玉、茨城、栃木、群馬等地區，是連結北關東與南關東的重要鐵路之一。例如從新宿搭往橫濱直達車只需30分鐘即達。

11-中央本線

重要車站→東京、新宿、大月、勝沼ぶどう郷、甲府、富士見、上諏訪、下諏訪、塩尻

中央本線起於東京，沿線經過神奈川、山梨、長野、岐阜至愛知縣名古屋，路線分別為東京−塩尻由JR東日本營運，塩尻−名古屋由JR東海營運。東京−塩尻路段經過山梨大月駅，可於其轉搭富士急行大月線至富士山駅與河口湖線河口湖駅。

JR東海

🌐 jr-central.co.jp

JR東海，原名為東海旅客鐵道，主要服務區域為東海道新幹線至近畿地方，山梨、長野、新潟等內陸地區，以及靜岡熱海、三島、掛川、濱松，及神奈川縣部份普通鐵路；東日本與東海雖同屬JR鐵路，但路線不同、周遊PASS也不通用，使用時需多注意。像是要從東京搭新幹線到靜岡，就必須向JR東海購買車票，若是買JR東日本的PASS，就頂多只能搭乘東海道本線到熱海為止。

1-東海道新幹線

重要車站→東京、品川、新橫濱、小田原、熱海、三島、新富士、靜岡、掛川、濱松、豐橋、名古屋、京都、新大阪

東海道新幹線為連接東京至新大阪之鐵路，也是日本第一條高速鐵路，因大部份列車與山陽新幹線直通車重疊將之合稱為東海道山陽新幹線，是想到靜岡縣最便利快速的選擇。

2-東海道本線

重要車站→熱海、三島、沼津、吉原、富士、清水、靜岡、掛川、濱松

其鐵道分別由三間公司營運，東京−熱海由JR東日本、熱海−米原由JR東海、米原−神戶由JR西日本；東海道本線主以靜岡地區車站為主，含熱海、三島、清水、靜岡、掛川、濱松等大型轉運站。

私營電車

除了JR，其他私營鐵道也各自有不同的區域路線營運，JR雖推出PASS方便旅人精省預算，但有些區域地點都必須轉車才能到達，而沒有直達車。私營電鐵有些就能補足JR系統的不足，一趟就能直達外，也推出一些與當地旅遊結合的套票優惠。在時間與優惠PASS中，可以自行取捨衡量需求，再決定購票形式。

1-東急東橫線

🌐 www.tokyu.co.jp

重要車站→渋谷、代官山、中目黑、自由が丘、橫濱

來往東京都內與郊區橫濱之間，連了兩個走在時尚尖端的區域「澀谷」與「港區21」，沿途盡是高級住宅區，要看東京時尚一族，搭這線就對了。抵達橫濱後可轉搭みなとみらい線(港未來線)，前往市區各景點。

2-東武伊勢崎線東京晴空塔線

🌐 www.tobu.co.jp

重要車站→淺草、東京晴空塔、北千住、東武動物公園、館林、伊勢崎

從東京都的淺草，經由栃木，再到群馬東部的伊勢市，搭此線至東武動物公園可轉搭東武日光線，前往東武日光駅，或至上今市駅轉往鬼怒川方向的鬼怒川溫泉駅。

3-東武東上線

🌐 www.tobu.co.jp

重要車站→池袋、川越、寄居

東武東上本線為連接東京與埼玉兩地的鐵道路線。由

池袋發車，於川越駅可轉搭JR東日本川越線，川越市駅可轉搭西武鐵道西武新宿線，終站寄居可轉至秩父鉄道。

4-西武池袋線

🌐www.seiburailway.jp/

重要車站➜池袋、練馬、所沢、飯能、西武秩父

西武池袋線沿途較沒有觀光景點。但由池袋線可以轉乘西武各線，更可轉乘至川越等地。而從池袋駅也有「レッドアロー号」特急列車，只要80分鐘就能到西武秩父駅。

5-西武新宿線

🌐www.seiburailway.jp/

重要車站➜西武新宿、高田馬場、所沢、本川越

西武新宿線為連接新宿與埼玉川越市的主要鐵路，起站於西武新宿，終點站本川越，是距離小江戶川越最近的站，步行距離內也可到川越市駅、川越駅轉乘東武鐵道東上本線，或是川越駅轉乘JR川越線。

6-小田急小田原線

🌐www.odakyu.jp

重要車站➜新宿、下北澤、新百合ヶ丘、相模大野、小田原

小田急小田原線連接新宿至神奈川西部的小田急，而要到東京近郊最具人氣的景點「箱根」，也可至小田原駅轉搭箱根纜車，至達箱根各個著名景點。

東京都心往近郊高速巴士

高速巴士和市區巴士不同，大多為縣與縣之間的長距離移動，且需要事先訂位。雖然現場有位子的話還是可以買票，但因為沒有站席，所以最好還是預先透過網路訂票，再到便利商店付款取票，或是線上刷卡列印訂單比較保險，有的路線早買還能享有折扣。

搭乘巴士好處是費用預算較省，若時間有限的人就不建議，但有時精算抵達某一目的地若須不斷轉車，也許可以直達的巴士也是可以考慮的。有的甚至有夜行巴士，晚上出發、早上抵達，省下一夜住宿外，也趁夜間行進就能抵達下一個目的地，但如果體力不夠好、一定要睡床的人就不建議。

善用轉乘查詢工具

JR、地鐵、私鐵分屬不同公司，既然不同公司，當然不能用JR車票轉搭地鐵或私鐵，反之，也不能用私鐵車票搭乘JR。不少人因為不清楚電車線路屬於哪家公司，結果拿著JR東日本優惠票券想搭私鐵，為了避免類似情況，安排行程時別忘了確認要利用哪些電車路線、屬於哪家公司，讓旅途順暢無阻。

另外整個東京近郊區域相當大，轉車在所難免，有時還得搭配巴士才能順利抵達，怎麼看都覺得很複雜？那麼善用一些網站檢索交通工具，要怎麼轉車、交通時間要耗費多少、班次時間甚至費用顯示，都能一清二楚，即使偶爾有一些些誤差，但準確率相當高。

轉乘查詢網站、APP

想確認票價或檢查搭車資訊，只要善用以下APP，就可以事先規劃，或是萬一搭錯車時可以趕快應變。

1-Yahoo!乘換案內

🌐transit.yahoo.co.jp/

Yahoo推出的轉乘APP，可以查找JR、地鐵、私鐵等電車資訊。若為ios系統，必須以日本帳號的Apple ID才可下載。

2-Jorudan

🌐www.jorudan.co.jp/

Jorudan是知名的交通資訊網站，除了網頁，也可以下載該公司推出的APP「乘換案內」，介面雖是日文但操作簡單。

3-NAVITIME for Japan Travel

ℹ️此APP檔案較大且需要簡單設定，出發前記得先安裝好。

🌐japantravel.navitime.com/zh-tw/

針對外國旅客推出的旅遊APP，不僅有WIFI、寄物等服務資訊，也有文化介紹，最方便的要屬轉乘搜索功能，可以直接從地圖點選車站，雖然是英文介面，操作卻十分簡單，頗為實用。

4-ekiten

🌐ekitan.com/

日文介面的全日本交通轉乘查詢系統，簡單好用，但只有日文介面，要注意起訖站點的文字必須是日文字，即使是漢字也要是日文體的漢字，才能查找喔。

5-Google Map

英日文操作介面如果都令你害怕，那麼最簡單的就是利用Google Map的路線規劃功能，能幫你依當下的時間點即將出發的交通連結方式、搭什麼車、幾點、多少錢都有，是解決即時交通狀況的最快速便利方式。

Suica& PASMO

簡介

東京都內的各交通系統從2000年開始就陸續合作，現在有JR發行的Suica(西瓜卡)和地下鐵與私鐵系統發行的PASMO兩張卡片可以選擇。2013年開始，這兩張儲值卡與日本其它鐵道交通儲值卡，如Kitaca、TOICA、manaca、ICOCA、PiTaPa、SUGOCA、nimoca等在乘車功能上可互相通用，一張卡幾乎就可以玩遍日本。如果是到近郊旅行不妨考慮購買鐵路通票，另需注意像是銚子電鐵、秩父鐵道等地方私鐵是無法使用交通儲值卡。

Suica：www.jreast.co.jp/tc/pass/suica.html
PASMO：www.pasmo.co.jp/buy/

特色

為類似台北捷運悠遊卡的儲值卡，同時並能作為電子錢包使用。雖然票價並沒有優惠，但因為可以自由換乘各線，乘坐區間廣，還能幫使用者直接算好複雜票價，因此仍廣泛受觀光客和本地人利用。

坐多遠

SUICA和PASMO均可在首都圈自由搭乘地下鐵、JR、公車等各種交通工具，另外還可用於JR九州、JR西日本、JR北海道、福岡交通局等區域。詳細使用區間請參考：
www.jreast.co.jp/suica/area

哪裡買

Suica在JR東日本各車站的自動售票機和綠色窗口都能購買。自動購票機並非每台有售，要找有標明「Suica發売」或「カード」(卡)的機器購買。

PASMO在各私鐵、地下鐵和公車站均可購買，自動售票機的話，一樣找有標明「PASMO發売」或「カード」(卡)者。

❶ 現不記名的Suica與PASMO卡暫停販售，但適用於短期訪日的Welcome Suica將繼續販售。

多少錢

Suica、PASMO都包括¥1000、¥2000、¥3000、¥4000、¥5000、¥10000幾種金額，一樣內含¥500的保證金。

如何加值

在各車站有寫PASMO／Suicaチャージ(charge)的自動售票機都可以按指示插入紙鈔加值，最高可加值¥20000。

如何退票

在JR東日本各站綠色窗口(Suica)和各地下鐵和私鐵辦公室(PASMO)可辦理退票。取回金額是餘額扣除¥220手續費後再加上¥500保證金。如果餘額低於¥220就直接拿回¥500。但由於卡片是10年都沒用才會失效，所以許多人都不退票，而是把卡片留著，等下一次赴東京旅遊時再繼續使用。Welcome Suica則無須押金，但有為期28天的使用期限。

東京近郊優惠票券

針對外國人的PASS一般要在海外購買，可以透過有代理的旅行社買到。在台灣會先買到一張兌換券，要到抵達日本後，在JR的綠色窗口兌換成可以使用的車票。最後，這類型的PASS大多是針對大範圍移動才會真正划算。如果你只打算在某地(例如東京)定點旅遊，那麼地鐵一日券等可能比較適合你喔！

JR東京廣域周遊券(JR TOKYO Wide Pass)
www.jreast.co.jp/multi/zh-CHT/pass/tokyowidepass.html

疑問	說明
多少錢？	連續3天成人￥10180，兒童(6~11歲)￥5090
誰能買？	持有外國護照的旅客，不限滯留期。
那裡買？	可持護照在羽田機場、成田機場、東京JR各大車站的JR EAST Travel Service Center直接購買。需出示護照購買。
怎麼用？	持JR TOKYO Wide Pass可連續三天自由搭乘「自由乘坐區間」內的JR東日本線、富士急行全線、伊豆急行全線、東京單軌電車全線、上信電鐵全線、埼玉新都市交通線(New Shuttle)的「大宮~鐵道博物館間」、東京臨海高速鐵道線全線之特快(含新幹線)、快速、普通列車之普通車廂指定座席和自由座席。 自由乘坐區間包括河口湖、伊豆、草津、輕井澤、那須高原、日光、水戶等著名觀光景點。 持JR TOKYO Wide Pass不可搭乘東海道新幹線、JR巴士、東北新幹線「隼(Hayabusa)」號、「小町」號，以及在東武線內出發與抵達或與東武鐵道相互直通的特快列車。 搭乘富士急行線「富士山特急」、「富士山View特急」、「富士登山電車」皆需另付車資。
建議	此券適合以東京都心為主，想至近郊做一日小旅行的旅客。

※2023年8月的資訊

JR東日本鐵路周遊券(JR EAST PASS) 長野・新潟地區

www.jreast.co.jp/multi/zh-CHT/pass/eastpass_n.html

疑問	説明		
多少錢？	類型	普通車廂	
	效期	大人 (12歲以上)	兒童 (6~11歲)
	連續5天	￥18000	￥9000
誰能買？	持有日本以外國家所發行護照的旅客。(居住在日本的外國人亦可購買)		
哪裡買？	在台灣可透過授權經銷商或代理店購買換票證。 到日本後再於羽田空港、成田空港與JR東日本各大車站、JR EAST Travel Service Center出示護照與換票證兌換。 現在也可以選擇線上購買，並將換票證(E-ticket)列印出來帶至日本兌換。 在日本可持護照在羽田機場、成田機場與JR東日本各大車站直接購買。		
怎麼用？	JR EAST PASS(長野・新潟地區)需在指定的開始使用日起連續使用5日，不可任選。若欲搭乘綠色車廂或GranClass超高檔車廂時需另外付費，且一次的旅行中每人只限購一張。 購買JR EAST PASS(長野・新潟地區)，就能在期限內無限搭乘JR東日本東京、長野、新潟地區(包含範圍內新幹線)、東京單軌電車、伊豆急行全線、北越急行全線、與東武鐵道互通直達的列車。 但要注意的是，東海道新幹線與部份JR巴士等無法搭乘。 要搭乘指定席時，最好事前至JR綠色窗口、旅行服務中心(View Plaza)出示JR EAST PASS即可免費兌換指定券，部分列車也可以從網頁上預訂。若無指定券，就只能憑JR EAST PASS搭乘自由席。		
建議	除了長野・新潟地區，另也有能與東北各縣串聯的通票： JR東日本鐵路周遊券(JR EAST PASS) 東北地區 網址：www.jreast.co.jp/multi/zh-CHT/pass/eastpass_t.html 價格：大人￥20000、兒童￥10000		

※2023年8月資訊

青春18旅遊通票(青春18きっぷ)

www.jreast.co.jp/multi/zh-CHT/pass/seishun18.html

疑問	説明		
多少錢？	一券5格￥12050，平均一格￥2410。		
使用期？		春季	夏季	冬季
	販售期	2月底~3月底	7月初~8月底	12月初~12月底
	使用期	3月初~4月初	7月中~9月初	12月初~1月初
	註：每年販售、使用期不一，詳洽JR官網。		
誰能買？	不管未滿18，年滿18，超過18，誰都能買。		
哪裡買？	JR綠色窗口、合作旅行社		
怎麼用？	一張青春18車票有5格，每用一次會在一格上蓋章，在使用期間內可使用5次。可以一個人分別用5次，也可以多人在同一天共用(最多5人)，要獨立或與朋友同遊，都是不錯的選擇。 使用時出示青春18車票，站務員會在上面蓋上當天日期，該日期間可無限搭乘JR的普通、快速列車自由席。 持青春18車票不可搭乘特急、新幹線等對號車，及JR巴士。		
建議	適合長時間旅行，有時間卻沒太多資金的背包客和學生。		

生活與交通手指日語

總之，先説這句

不好意思。
すみません。
su-mi-ma-sen.
❶ 不管問什麼，向人搭話時都先説這句比較
較禮貌。

我不會日文
日本語わかりません。
ni-hon-go wa-ka-ri-ma-sen.

我是台灣人
私は台湾人です。
wa-ta-shi wa Taiwan jin de-su.

生活日文

早安
おはようございます。
o-ha-yo go-za-i-ma-su.

你好
こんにちは。
kon-ni-chi-wa

晚安 (晚上時候與你好同樣意思)
こんばんは。
kon-ban-wa.

晚安(臨睡前)
おやすみなさい。
o-ya-su-mi-na-sai.

再見
さよなら。
sa-yo-na-ra.

你好嗎？
お元気ですか。
o-gen-ki de- su-ka.

謝謝
ありがとうございます。
a-ri-ga-tou go-za-i-ma-su.

對不起
ごめんなさい。
go-men-na-sa-i.

是 / 好
はい。
ha-i.

不是
いいえ。
i-i-e.

我知道了
わかりました。
wa-ka-ri-ma-shi-ta.

我不知道
わかりません。
wa-ka-ri-ma-sen.

身體不舒服
気分が悪い。
ki-bun ga wa-ru-i.

好像感冒了
風邪引いたみたい。
ka-ze hi-i-ta mi-ta-i.

肚子痛
お腹が痛いです。
o-na-ka ga i-ta-i de-su.

這裡痛
ここが痛いです。
ko-ko ga i-ta-i de-su.

數字

1 いち i-chi	4 し／よん shi／yon	7 しち／なな shi-chi/nana	10 じゅう jyu	百 ひゃく hya-ku
2 に ni	5 ご go	8 はち ha-chi	11 じゅういち jyu-i-chi	千 せん sen
3 さん san	6 ろく ro-ku	9 きゅう kyu	20 にじゅう ni-jyu	萬 まん man

交通日文

想問路嗎？

我想要去～。
～に行きたいです。
～ni iki-tai desu.

去～的月台／乘車處是幾號？
**～行きはどのホーム／乗り場
ですか？**
～yuki wa do no ho-mu／no-ri-ba
desuka.

直接這麼説！

搭什麼線比較好？
何線でいいですか？
nani-sen de ii desu ka.

請問在哪裡轉車？
どこで乗り換えますか？
doko de nori-kae masu ka.

那一個出口比較近
何番出口の方が近いですか？
nan-ban de-guchi no ho ga chi-kai
desu ka.

過不了改札口
改札口を通れませんでした。
Kai-satsu-guchi wo toore-masen de-
shi-ta.

車票不見了
**切符をなくしてしまいまし
た。**
kippu wo naku-shite shi-mai-ma-shi-
ta.

東西忘了拿
荷物を忘れてしまいました。
ni-mo-tsu wo wa-su-re-te si-mai-ma-shi-
ta.

餐廳日文

推薦的料理是什麼？
おすすめの料理はなんですか。
o-su-su-me no ryo-ri wa nan-de-su-ka.

請問有～嗎？
～はありますか。
～wa ari-ma-su-ka.

請給我菜單
メニューを下さい。
Menu wo ku-da-sai.

請問有中文（英文）的菜單嗎？
中国語（英語）のメニューはありませんか。
chyu-go-ku-go (e-i-go) no Menu wa a-ri-ma-sen-ka.

請問這是什麼？
これはなんですか。
ko-re wa nan-de-su-ka.

請不要放冰塊
氷は入れないで下さい。
ko-o-ri wa i-re-na-i de-ku-da-sai.

點的餐還沒來
料理がまだ来ません。
ryo-ri ga ma-da ki-ma-sen.

麻煩請結帳
お会計お願いします。
o-ka-i-ke, o-ne-ga-i si-ma-su.

想退票
払い戻ししたいんです。
ha-rai mo-do-shi shi-tain desu.

搭錯車
乗り間違えました。
No-ri machi-gae-ma-shi-ta.

坐過站
乗り過ごしました。
nori su-go-shii-ma-shi-ta.

請寫下來
書いてください。
Kai-te-ku-da-sai.

01

橫濱駅
よこはまえき Yokohama Station

橫濱駅是東京與東海道的交通轉運中心，也是橫濱最熱鬧繁華的一個區塊，附近百貨公司林立，商店街、辦公大樓與各式專賣店也不少。如果時間不夠可以利用轉車時在百貨公司裡逛逛，若有空還能從這裡搭水上巴士(Sea Bus)至港區未來21，玩遍全橫濱！

精密的縮小比例火車模型、絕對讓鐵道迷瘋狂！

❶原鐵道模型博物館

小編激推

☎045-640-6699　⌂橫濱市西區高島1-1-2(橫濱三井ビルディング2F)　⏰10:00~17:00(最後入場至16:30)　休週二、週三，遇例假日隔日休。年末年始、2月上旬　$大人¥1200~1300，國高中生¥900~1000，4歲以上孩童¥600~700(依平日假日與旺季等有所不同)　❗來館前須先在網路購買日時指定券，博物館窗口並無販售入館券

2012年開幕的原鐵道模型博物館，選在日本鐵道的發祥地——橫濱建造，館內展示著企業家原信太郎收藏、製作的鐵道模型品；精細製作的各式復古老鐵道縮影，能近距離欣賞鐵道的工藝之美，想像搭上火車來趟小旅行吧。館內**從最古老的蒸氣機關車開始，到近代的電氣機關車，原信太郎的收藏可以説是順著歷史軌跡，跨越了時空，讓人身在橫濱，卻能玩賞世界鐵道。**

Map

Web

九樓的「ボークス橫濱ショールーム」是模型專賣店。

人偶模型從頭到腳都可以自選搭配。

❷VIVRE

☎045-314-2121　⌂橫濱市西區南幸2-15-13　⏰11:00~21:00，週末例假日10:00~21:00　休不定休

於1985年開業的「VIVRE」，坐落於橫濱駅西口徒步約5分鐘的距離，其為九樓建築，樓層分為地下一樓與地上九樓，共有約100間店舖。**在2015年重新開幕後外觀新穎、時尚，是橫濱的老百貨之一。**其內集結眾多服飾、甜點、餐廳等品牌，是逛街或稍作休息的好去處。

等比例縮小的鐵道及建築物，作工細緻又栩栩如生。

ACCESS
電車

搭乘東海道線、橫須賀線、湘南新宿ライン、京濱東北線、根岸線、橫濱線、成田特快線(成田エクスプレス)於「JR東日本橫濱駅」下車。

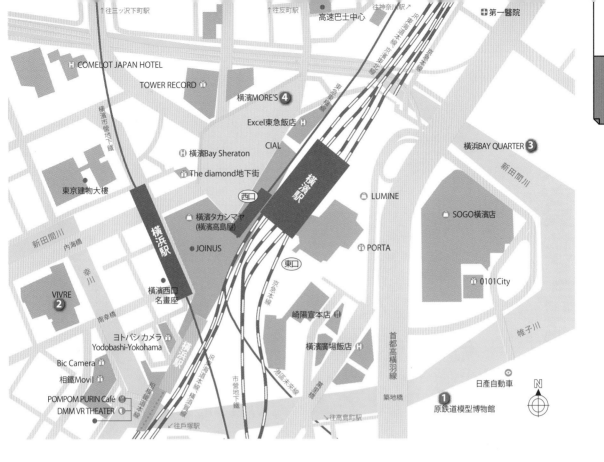

往三ッ沢下町駅
往反町駅
高速巴士中心
往神奈川駅
第一醫院

COMELOT JAPAN HOTEL
TOWER RECORD
橫濱MORE'S ④
Excel東急飯店 H
CIAL
橫濱Bay Sheraton H
The diamond地下街
東京建物大樓
西口
橫濱タカシマヤ
(橫濱高島屋)
JOINUS
橫濱西口
名畫座
VIVRE ②
南幸橋
ヨドバシカメラ
Yodobashi-Yokohama
Bic Camera
相鐵Movil
POMPOM PURIN Café
DMM VR THEATER
往戸塚駅

橫浜駅

橫浜駅

LUMINE
橫浜BAY QUARTER ③
新田間川
SOGO橫濱店
PORTA
0101City
帷子川
崎陽宣本店
橫濱廣場飯店
首都高橫羽線
築地橋
往高島町駅
日產自動車
原鉄道模型博物館 ①
N

③ 橫濱Bay Quarter

☎045-577-8123 ⬡橫濱市神奈川區金港町
1-10 ⬡商店11:00~20:00、餐廳11:00~23:00(
依店家而異)

　橫濱駅東口的Bay Quarter，**是一個吹得到海風，能看得到港口的大型百貨商場**，2樓就是往港區21水上巴士的乘船所，從這裡搭乘水上巴士，可以邊欣賞港灣風景邊前往港區未來21或山下公園繼續遊逛，經3樓的連絡通道Skyway可通往其他設施。約80間進駐的店舖中，有時尚家飾店Actus，寶貝狗狗用品店DOG DEPT，各式流行服飾品牌及生活雜貨，還有視野絕佳的美食餐廳。尤其到了晚上，這個傍水而建的商場，在夜色下的水中倒影更顯浪漫。

④ 橫濱More's

☎045-311-1471 ⬡橫濱市西區南幸
1-3-1 ⬡約10:00~21:00(依店舖而異)

　位於橫濱駅西口的流行百貨More's，**高格調的精品路線引領橫濱的流行風向**，1、2樓為流行精品名店SHIPS，5至7樓有東急手創，中間樓層有眼鏡專賣店Zoff，使用手縫沿條製法製作皮鞋的Handsewn Welted，以及以熟男為取向的Beams House等，**吸引橫濱潮男潮女至此朝聖。**

光鮮高樓林立 橫濱最熱鬧的購物娛樂地

橫濱港區未來21

よこはま みなと みらい21

Yokohama Minato Mirai 21

> 橫濱的港區未來21(みなと未来21)，現代感高層建築比鄰並列，串聯出港灣都市的現代化。另一方面，保存開港時期的歷史建築讓這裡充滿新舊都市的對比景觀，現代化之餘，依然能讓人感受昔日的優雅風情。

> 館內可以自己動手做泡麵及杯麵的專區。

> 劃時代的發明，一起了解杯麵的歷史！

小編激推

ACCESS

電車
1-搭乘みなとみらい線(港區未來)線在「みなとみらい駅」、「馬車道駅」下車。
2-搭乘JR根岸線、JR京濱東北線、JR橫濱線、橫濱市營地下鐵在「櫻木町駅」下車。

觀光巴士
區域內可徒步外，也可以利用橫濱觀光巴士あかいくつ(紅鞋巴士)，行經港區未來21區域的路線十分方便。◐成人¥220、兒童¥110

❶ 合味道紀念館 橫濱

Map

☎045-345-0918 　◎橫濱市中區新港2-3-4 　◷10:00~18:00，NOODLS BAZAAR 11:00~18:00，雞汁拉麵工廠10:15~17:00 　◐週二，遇例假日休週三，年末年始 　◈入館：大學生以上¥500，高中生以下免費。製作杯麵¥500。NOODLS BAZAAR：麵食一份¥500。雞汁拉麵體驗：中學生以上¥1000，小學生¥600

Web

　　曾經有人對杯麵下了一個這麼樣的註解：「日本人發明了杯麵，改變了全世界的食文化。」發明杯麵的，正是日清食品集團的創始人安藤百福。繼大阪池田的泡麵博物館之後，日清更於2011年在**橫濱興建了杯麵博物館，以「創造思考」為主題，介紹了泡麵與杯麵的發展歷程**。館內分成多個區域，有歷史、杯麵介紹展示區，也有動手體驗互動區、商店，也能在NOODLS BAZAAR 嚐到來自世界8國的不同麵食，體驗麵食的不同魅力。

❷ 水陸兩用巴士Sky Duck

Map

Web

☎03-3215-0008 　◎橫濱市西區港區未來2-1-1 日本丸紀念公園 　◷全程60分鐘，依季節調整運行時間，需事先上網查詢 　◐週三 　◈大人¥3600、小孩¥1800

　　想體驗遊玩橫濱的另類方法，推薦搭乘水陸兩用巴士「Sky Duck」，從不同的角度欣賞海港美景！全程60分鐘(路上20分鐘、水上40分鐘)，**過程中會經過橫濱地標塔、紅磚倉庫、橫濱三塔、摩天輪、萬國橋等地標**，一次的載客量為46人。雖然目前只有日文導覽人員，但看著眼前海景以及從海上遠眺建築的各個角度，也有不同的旅行氣氛。

> 乘客會獲得鴨子口哨紀念品，用途是在下水時一起吹響發出鴨子聲，有趣又好玩。

地圖標示：
- 横濱麵包超人博物館方向
- 美術廣場
- 横濱美術館
- MARK is
- 港區未來駅
- YOKOHAMA Grand Intercontinental
- Pier21
- Sea Bus乘船處
- 新港碼頭
- 横濱港
- Pacifi横濱Bay東急
- Queen Square
- 國際線
- 萬葉俱樂部
- 新港碼頭客船總站
- 三菱みなとみらい技術館
- 新港公園
- 横濱Cosmo World
- 合味道紀念館 横濱
- 横濱地標塔
- 新港公園入口
- JICA横濱國際中心
- 横濱Royal Park
- 日本丸紀念公園
- YOKOHAMA World Porters
- 舊横濱港火車月台
- 運河公園
- Circle Walk
- 日本丸
- 赤レンガ公園
- 赤レンガ公園
- ピア赤レンガ
- SKY DUCK
- 開港之道
- 横濱紅磚倉庫2號館
- 横濱紅磚倉庫1號館
- 首都高橫羽線
- 北仲橋
- 馬車道駅
- 櫻木町駅
- 郵船大樓
- 象鼻公園
- Hotel Terrace 横濱
- 櫻木町駅
- pm
- 日本郵船歷史博物館
- 縣警察本部
- 野毛小路 たべもの横丁
- 野毛小路
- 野毛町
- 神奈川縣立歷史博物館
- Hotel Edit YOKOHAMA
- N

③ 野毛小路

> 超人氣年輕人最愛的續攤居酒屋街！

> 小編激推

🏠橫濱市野毛町　🕐15:00~凌晨　🎫店家各異

　　位在JR櫻木町駅南口野毛町的「野毛小路」，在過去的印象中是大叔們最喜歡喝酒的區域，因此聚集眾多居酒屋或是風俗店；**但現在的野毛小路搖身一變，成為年輕人最愛造訪的地方，也是女子會的首選地點之一。**這裡有近600間店家，因客源逐漸年輕化也開始進駐新潮時髦的居酒屋，大部份店家下午4點後開始營業。

Map

> 「たべもの横丁」集結7間風格各異的居酒屋或是小酒館，燒肉、烤串、鐵板燒、立食壽司，連小酒館也有！

④ 日本丸紀念公園

📞045-221-0280　🏠橫濱市西區みなとみらい2-1-1　🕐10:00~17:00(入場至閉館前30分)　🎫週一(遇假日順延)、年末年始、不定休　💰日本丸+博物館共通券：大人¥800，中小學生¥300

　　橫濱是日本第一大港，當然少不了一座介紹海港與船隻的博物館，除了展示橫濱港開拓史的橫濱海事博物館外，**最精彩的當屬停泊在內灣的日本丸帆船，從操舵室、船長室、機關室等都保留著當年的丰采，加上美麗白帆**，是港區十分醒目的一景。2022年6月博物館也重新整裝再開放，以豐富面貌迎接來客。

Map

Web

①橫濱Cosmo World

☎045-641-6591　⌂橫濱市中區新港2-8-1　◷依日期而異，
11:00~21:00(最晚至22:00)，詳細時間請洽詢網站　㊡不定休　$
免費入園，價格依設施而異，需另外以現金購買票券，摩天輪￥900，雲
霄飛車￥900

摩天輪白天可俯瞰海景，夜晚則變成七彩交錯、絢麗浪漫。

　　從Queen Square往港灣方向就可以看到大型摩天輪，是橫
濱最受情侶歡迎的遊樂園橫濱Cosmo World(橫濱宇宙世界遊
樂場)。**宛如本區地標之一、標示著時刻的摩天輪，高度約113
公尺，搭乘一次約需15分鐘，可悠閒眺望日夜不同的景觀。**橫
濱Cosmo World樂園內共有27項遊樂設施，而圍繞著摩天輪高
低起伏，還會直接衝入水面的雲
霄飛車更是讓人驚聲尖叫。無
論是在一旁觀看或親身體驗，都
能感受到歡樂氣氛。

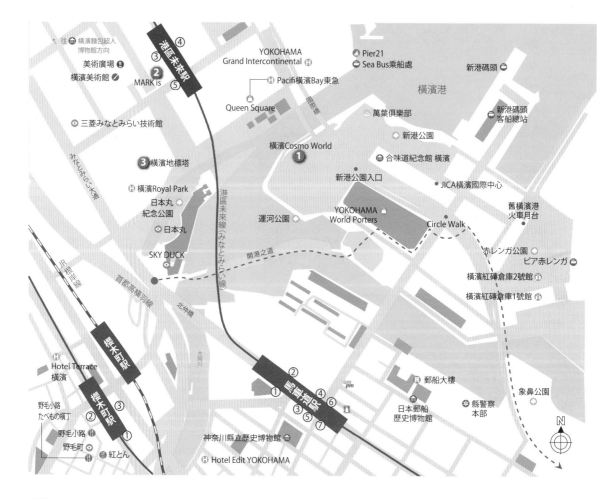

MARK is建築體像是天然的植栽牆，清爽又美觀。

結合休閒設施超好逛百貨，品牌眾多、空間舒適。

② MARK is

☎045-224-0650 ⊙橫濱市西區みなとみらい3-5-1 ●商店10:00~20:00，週末例假日、例假日前一天10:00~21:00；餐廳11:00~23:00 ⊗不定休

小編激推

MARK is以「MARK is here」發想命名，希望塑造新的生活方式，與當地居民一同努力成長，為這城市盡一份心力，進而成為橫濱幸福地標。B4~6樓佔地寬廣的賣場，有讓親子共同玩樂的室內遊樂場BorneLund，也有大阪燒餐廳橫濱こてがえし可品嘗美食，，還有可體驗農場種植樂趣的空中庭園。總共多達170個店鋪，可説是港區未來21區域中最大的商業設施，將購物、美食、自然休閒、體驗生態全都集合在這裡一次滿足。

Map

Web

③ 橫濱地標塔

☎045-222-5015、045-222-5030(SKY GARDEN) ⊙橫濱市西區みなとみらい2-2-1 ●商店11:00~20:00、咖啡與餐廳11:00~22:00；SKY GARDEN 10:00~21:00(入場至20:30)，週六、隔天為假日的週日10:00~22:00(入場至21:30) ⑤大人￥1000，高中生、65歲以上￥800，中小學生￥500，4歲以上小孩￥200

從69樓展望台居高臨下，眺望橫濱港灣美麗景色。

Map

Web

「橫濱地標塔」為一座複合式建築，高度達296公尺，建築內從地下2樓到地上5樓規劃為Landmark Tower Plaza商場，除了有聚集許多人氣品牌與餐廳、還有最頂級的Royal Park飯店，更可搭乘高速電梯直達69樓的空中花園展望台SKY GARDEN，360度的遼闊視野讓人心情舒暢，天氣晴朗時，甚至可遙望白雪冠頂的日本最高峰富士山。

✈ 橫濱三塔

除了橫濱市開港紀念會館的「Jack Tower」之外，在不遠處伊斯蘭風格的橫濱稅關本關廳舍又被稱為「Queen Tower」、神奈川縣廳本廳舍以日本帝冠樣式建造的「King Tower」。

❶ 橫濱紅磚倉庫

舊倉庫新生命，看展及吃喝玩買大滿足。

☎045-211-1515(1號館)、045-227-2002(2號館) ☖橫濱市中區新港1-1 ◷1號館10：00~19：00、2號館11:00~20:00(依店家而異)

小編激推

橫濱紅磚倉庫原本是橫濱港邊的舊倉庫群，建築於明治44年(1911年)，經巧手改築後，**1號館除作為展覽館之用，也進駐超過10家以上的橫濱原創品牌。2號館則是商業用途，各類充滿海洋風味的繽紛雜貨以及時髦的咖啡廳**，在充滿懷舊風情的紅磚空間內，每一家都有其獨特品味。這裡除了購物外，戶外廣場更是各式活動舉辦地，像是市集、美食節等，其中聖誕季節12~隔年2月時也會在戶外圈圍出一處廣大的溜冰場，無論日夜，成為情侶們最愛約會名勝。

Map

Web

冬天季節也有戶外滑冰場，吸引情侶及年輕人來這遊玩。

標誌性的紅磚圖案商品系列，絕對是來紅磚倉庫想買伴手禮時的首選。

Hamleys玩具店好買又好拍，是個宛如遊樂園般的玩具天堂！

充滿夏威夷海島風情的各式飾品、服飾，琳琅滿目很好逛！

❷ YOKOHAMA World Porters

百貨裡還有主題店中店，好吃又好逛。

☎045-222-2000 ☖橫濱市中區新港2-2-1 ◷購物10:30~21:00，餐廳11:00~23:00 ⊛一年二次

小編激推

YOKOHAMA World Porters就跟紅磚倉庫隔著大公園對望，一旁又連結著橫濱Cosmo World，明亮寬敞的購物空間中，共有150餘家店舖與餐廳進駐。館內雜貨商品豐富，也吸引不少人前來！新改裝後的1-2樓，引進2個主題商場，宛如店中店般，讓人在百貨商場裡遊逛時，一下子跳到另一個主題世界。每週三的「女性日」還有針對女性顧客推出的特惠活動喔！另外**一樓的「夏威夷TOWN」**，則集結夏威夷飲食、服飾等10多家店舖，加上熱帶造景，簡直像是鑽入夏威夷一般讓人大感新鮮。

Map

Web

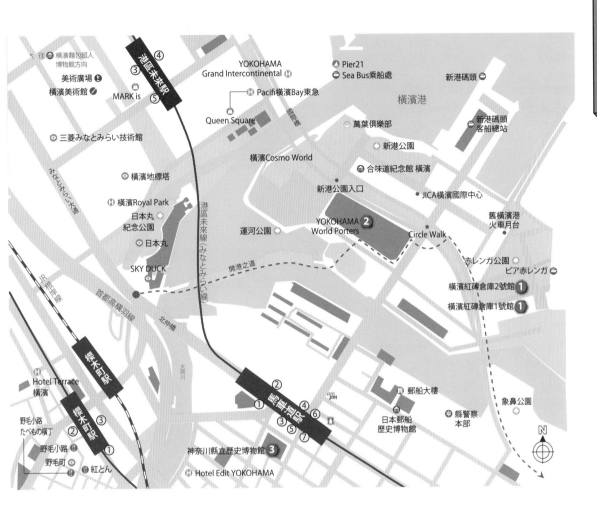

往 ⓜ橫濱麵包超人
博物館方向
美術廣場 ⓔ
橫濱美術館 ◆　MARK is
◆ 三菱みなとみらい技術館
◆ 橫濱地標塔
Ⓗ 橫濱Royal Park
日本丸
紀念公園
◆ 日本丸
SKY DUCK
港區未來駅 ④
③
YOKOHAMA
Grand Intercontinental Ⓗ
Ⓗ Pacifi橫濱Bay東急
Queen Square
橫濱Cosmo World
運河公園
新港公園入口
YOKOHAMA
World Porters ②
開港之道
Ⓜ Pier21
Ⓗ Sea Bus乘船處
新港碼頭
橫濱港
新港碼頭
客船總站
萬葉俱樂部
新港公園
合味道紀念館 橫濱
● JICA橫濱國際中心
舊橫濱港
火車月台
Circle Walk
赤レンガ公園
ピア赤レンガ
橫濱紅磚倉庫2號館 ①
橫濱紅磚倉庫1號館 ①
象鼻公園

UR根岸線
首都高橫羽線
北仲橋
大岡川
Hotel Terrace
橫濱 Ⓗ
野毛小路
たべもの横丁
野毛小路 Ⓜ
野毛町 Ⓜ 紅とん
櫻木町駅
櫻木町駅 ③
①
②
馬車道店
① ②
⑤
④ ⑥
⑤ ⑦
ⓟⓜ
郵船大樓
日本郵船
歷史博物館
● 縣警察
本部
N
神奈川縣立歷史博物館 ③
Ⓗ Hotel Edit YOKOHAMA

③ 神奈川縣立歷史博物館

☎045-201-0926　📍橫濱市中區南仲通5-60　🕐9:30~17:00(入館至16:30)　休週一(遇假日開館)、資料整理休館日、12/28~1/4　💰常設展20歲以上￥300，20歲以下、20歲以上學生￥200，高中生、65歲以上￥100，中學生以下免費

　有著藍綠色圓頂的「神奈川縣立歷史博物館」在港區未來大道上相當醒目，竣工於明治37年(1904年)，前身為橫濱正金銀行的建築物已經被指定為國家文化財，**主要展示與橫濱歷史相關的各種文物，除了從古代、中世紀、近代乃至現代的固定展覽之外，還會不定期舉行特別展和收藏展。**

03

元町・中華街

もとまち・ちゅうがい　Motomachi・chukagai

以みなとみらい線元町・中華街駅作為出發點，此區域涵蓋元町商店街、山手地區、橫濱中華街等重點街道。元町是領導橫濱潮流的流行發信地，大部分聞名日本甚至海外的橫濱廠牌皆發源於此；山手地區過去為外國人居留地，至今仍有許多古老的西洋建築。

ACCESS

電車
1-搭乘みなとみらい(港區未來)線在「日本大通り駅」、「元町・中華街駅」下車。
2-搭乘JR根岸線在「石川町(元町・中華街)駅」下車。

觀光巴士
區域內可以徒步抵達各景點，或利用橫濱觀光巴士あかいくつ(紅鞋巴士)往元町中華街、山手地區的橘色C路線。
Ⓢ成人￥220、兒童￥110

中華街裡的媽祖廟是華僑們的信仰中心。

日本最大中華街，聚集美味名店。

① 橫濱中華街

☎045-662-1252　⚑橫濱市中區
依各店舖而異　⏰依各店舖而異

小編激推

有著華麗中國牌坊的橫濱中華街，**聚集了數百家來自江浙、北京、四川、上海、廣東與台灣等地的料理餐廳，以及中國風濃厚的雜貨店**，這裡街邊小吃當然屬肉包最受歡迎，而其他港式等餐廳也很受歡迎，甚至有不少都已晉升日本美食名店地位。姑且不論偏近日本人口味的中國菜是否合乎胃口，不妨來此感受一下深受日本人喜愛的中華風吧。

Map
Web

樓上的點心麵工房好玩又好吃！

② 橫濱博覽館

☎045-640-0081　⚑橫濱市中區山下町145　⏰1F購物9:30~21:30，週五~六、例假日前夕9:30~22:00；2F點心麵工廠10:30~20:00，週末例假日10:00~21:00；3F咖啡庭園10:30~17:30，週末例假日至18:30　Ⓢ免費入場

小編激推

仿造成廟宇的博覽館從入口就氣派十足，是中華街區裡包含娛樂、美食與購物的最大設施，**1樓主要賣許多有橫濱特色的紀念商品**，還有中式點心專賣店開華樓；**2樓則是台灣也吃得到的模範生點心麵(ベビースター)的小型工房**，這裡可以買到各種口味的杯麵與剛炸好的點心麵。3樓有咖啡廳、橫濱觀光案內所與露天庭園。

Map
Web

③ 山下公園

☎045-671-3648　⚑橫濱市中區山下町　⏰全日開放

感受最美風情的港灣公園。

小編激推

山下公園是橫濱最具指標的觀光點之一，四周商家並不多，純粹享受橫濱港的海景和海風，並有海上觀光巴士可搭乘。公園內除了「水的舞台」、「水的階梯」等造景外，也**可以從公園沿港灣散步道，遠觀港區未來21以及海灣大橋**等，也有橫濱大棧橋國際客船中心及供參觀的郵船冰川丸。由於離港區未來21與元町、中華街都在徒步可及的距離，是個日夜都值得推薦的地方。

Map
Web

寬闊的公園內濱散步道，可遠觀港區未來21優雅的高樓美景。

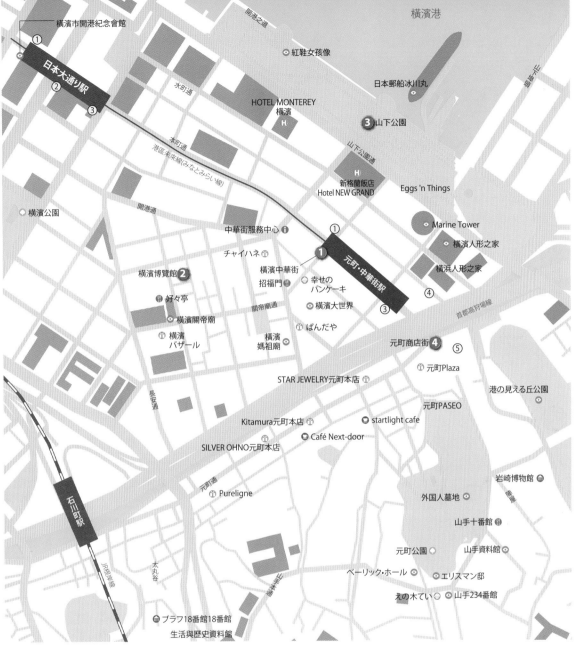

① 横濱市開港紀念會館
② 日本大通り駅
③

水町通
本町通
港區未來線（みなとみらい線）

HOTEL MONTEREY
横濱

横濱港
◉ 紅鞋女孩像
日本郵船冰川丸

❸ 山下公園
山下公園通

新格蘭飯店
Hotel NEW GRAND

Eggs 'n Things

横濱公園
開港通

中華街服務中心 ℹ️
チャイハネ
横濱博覽館 ②
① 好々亭
横濱關帝廟
横濱
バザール

横濱中華街
招福門
① 幸せの
パンケーキ
横濱大世界
① ぱんだや
横濱
媽祖廟

① 元町・中華街駅
①

❶

Marine Tower
◉ 横濱人形之家
◉ 横浜人形之家
④

③

元町商店街 ④
⑤

STAR JEWELRY元町本店 ①
① 元町Plaza
港の見える丘公園
元町PASEO

Kitamura元町本店
① startlight cafe
◉ Café Next-door
SILVER OHNO元町本店

岩崎博物館

外国人墓地
山手十番館 ①

元町通
① Pureligne
元町公園
山手資料館
ベーリック・ホール ◉
◉ エリスマン邸
えの木てい
山手234番館

石川町駅
JR根岸線

ブラフ18番館18番館
生活與歷史資料館

❹ 元町商店街

 Map Web

⏰依各店舖而異 🚇横濱市中央區元町 💰依各店舖而異 🏠依各店舖而異

　元町是開港時期領導横濱潮流的流行發祥地，當時大部分聞名日本甚至海外的横濱廠牌，或是從海外引進日本的品牌，不少都是發源自這裡，如今雖然流行購物重心已轉移至港區未來21一帶，但許多品牌老舖依舊深得在地人的心。商店街以主要街道元町通為中心，**道路兩旁盡是商店、甜點店與餐廳，特別是路上有許多優雅歐風造型的建築物**，無論購物或者閒逛都愜意極了。

① 港の見える丘公園

☎045-671-3648 ◎橫濱市中區山手町114
◎法國森林6:00~19:00(時間依季節稍有不
同) ⑤自由入園

位在山丘高台處公園，能一覽整個港區的好視野。

建立在山坡上的公園，可俯瞰港灣及大橋海景，美不勝收。

從元町沿著東側坡道而上，就可以來到這個山手地區的大型公園。洋溢著異國風味情的山手過去是外國人的居留地，

至今**仍有許多古老的西洋建築，氣氛也顯得別明亮開朗**。1926年由英國軍隊規劃的「**港の見える丘公園**」設置了可以眺望港區未來、橫濱港灣大橋的座椅，總是吸引情侶們賞景談心，也有許多人攜家帶眷來此郊遊，是山手地區一定要看的景點。

小編激推

公園內散策拜訪各式歷史洋館，也是山手區重點行程。

② 山手西洋館

◎橫濱市中區山手町 ◎9:30~17:00 ◎第2個週三(山手111番館、エリスマン邸、ベーリック・ホール、ブラフ18番館)(遇假日順延一天)、第4個週三(イギリス館、山手234番館、外交官の家)(遇假日順延一天)、12/29~1/3 ⑤免費

山丘上各式美麗歷史洋館散策。

位在山手町港の見える丘公園周邊的眾多歐風建築，被合稱為山手西洋館，其包括山手111番館、イギリス館(英國館)、山手234番館、エリスマン邸(Ehrismann Residence)、ベーリック・ホール(Berrick Hall)、外交官の家、ブラフ18番館(Bluff No.18)等**7間建築**，不妨可將這些地點串連成自己的歐風散策地圖。

小編激推

西洋館精彩最推薦！

ベーリック・ホール

英國商人Berrick的宅邸，也是山手西洋館群中現存最大的一幢房屋。以西班牙式建築為基調，再配合上多彩的元素，忠實呈現當時建築美學。

エリスマン邸

由被日本譽為現代建築之父的Raymond為瑞士商人所設計打造，唯美白色系木造二層樓建築，展示建築師所設計的家具修復品及山手地區資料，也設有咖啡廳。

山手234番館

1927年完成，原是以外國人為對象的公寓，1樓完全公開當時的外國人起居空間，2樓提供各種活動展覽使用，不定期可以看到和橫濱有關的展覽。

本町通
港區未來線(みなとみらい線)

山下公園通

H 新格蘭飯店
Hotel NEW GRAND

Eggs 'n Things

横濱公園

開港通

中華街服務中心 ①

① Marine Tower

横濱人形之家

チャイハネ

① 元町・中華街駅

横浜人形之家

横濱博覽館

横濱中華街
招福門

幸せの
パンケーキ

④

好々亭

關帝廟通

③

横濱關帝廟

横濱大世界

横濱
バザール

ぱんだや

横濱
媽祖廟

元町商店街

⑤

STAR JEWELRY元町本店

元町Plaza

港の見える丘公園
①

元町PASEO

Kitamura元町本店

startlight cafe

SILVER OHNO元町本店

Café Next-door

石川町駅

岩崎博物館

元町通

Pureligne

外国人墓地

JR根岸線

山手十番館

太丸谷

元町公園

山手資料館

ベーリック・ホール ②

② エリスマン邸

えの木てい ③ ②

山手234番館

ブラフ18番館18番館
生活與歷史資料館

優雅洋房內
享受美好午
茶時光。

生奶油和伯爵茶
作成的紅茶戚風蛋糕
是必點甜點。

③ えの木てい

小編
激推

☎ 045-623-2288　🏠 橫濱市中區山手町89-6　
12:00~17:30(L.O.17:00)，週末例假日11:30~18:00(L.
O.17:30)　💰 ケーキセット(蛋糕飲料套餐)¥1386起

洋風甜點舖「えの木てい」創於大正時代，位在山手地區
的**本店外觀紅瓦白牆的古老英式建築乃出自日本設計師
朝香吉藏之手**，當初原本是美國檢察官的住所，後來則被え
の木てい老闆的父母買下，並
開設成咖啡廳，讓人也可以
在古老的洋館中品嘗咖啡甜
點，渡過悠閒時光。

Map　Web

鎌倉駅

かまくらえき Kamakura Station

ACCESS
電車
JR橫須賀線、江之島電鐵線在「鎌倉駅」下車。

> 每個月有150萬人次到訪的鎌倉駅，是鎌倉的遊逛中心，在車站周邊有許多現代卻又帶點日本風味的小店，而小町通上老舖和菓子、和雜貨與隨著觀光客興起的名產店家，更讓人逛得不亦樂乎。往北稍走一點即達鎌倉信仰中心鶴岡八幡宮，日本風情滿溢。

> 小町通り裡集結富地方特色的小店、名菓等，有許多排隊人氣店。

> 小町通り的排隊名店與人氣伴手禮店！

① 小町通り商店街

📞0467-23-3000(鎌倉市觀光商工課) 📍鎌倉市小町~雪ノ下 🕐店家營業時間各異

【小編激推】被喻為美食天堂的鎌倉，其中以小町通り商店街人潮最多，鄰近鎌倉站東口徒步3分鐘即可抵達入口，而走完商店街則可串聯至鶴岡八幡宮。長約400公尺的街道兩旁聚滿**超過250間以上的店家、餐廳、甜點屋、伴手禮店、日式雜貨、咖啡廳**等，連橫向小巷弄裡也有不少店家，相當熱鬧，一路吃吃喝喝逛到鶴岡八幡宮，一點也不覺得遠。

> 清淡茶香到超濃厚MAX版茶味，抹茶控千萬不能錯過！

② 鎌倉茶々

📞0467-84-8829 📍鎌倉市雪ノ下1-6-8 🕐10:00~19:00(閉店時間依季節調整) 🏠不定休 💲抹茶冰淇淋¥540起

【小編激推】「鎌倉茶々」選用產自茶鄉靜岡曾連續3年獲得農林水產大臣賞受賞茶園的抹茶，其與一般和菓子帶點苦味的抹茶不同，這裡的冰淇淋帶著濃厚抹茶香。店內只販售抹茶商品，並有**層級1到5的抹茶冰淇淋濃度口味之分**，愛抹茶成痴的人不妨可嚐試MAX超濃版。

> 來到いも吉館必買的還是紫色蕃薯口味的霜淇淋。

③ いも吉館 本店

📞0467-25-6038 📍鎌倉市雪ノ下1-9-21 🕐10:00~17:30，週末~18:00 🏠不定休 💲紫色蕃薯霜淇淋¥380

　　巨大的紫色蕃薯是いも吉館最醒目的標誌，來此畢業旅行的學生**人人手上都會有一支紫色霜淇淋**，店內產品都是以鹿兒島**自家公司栽種的紫色蕃薯製作**，除了最早開始販賣、完全不添加人工色素的三色羊羹，還研發了可樂餅、薯泥甜點、甜甜圈等特色點心。也有當地限定的紫陽花口味。

④ 源吉兆庵本店／吉兆庵美術館

☎ 0467-23-2788 ⬧ 鎌倉市小町2-9-1 ⬧ 店鋪10:00~18:00，美術館10:00~17:00(最後入館16:30) ⬧ 無休(美術館每月第1、3週的週一、換展期休館) ⬧ 美術館大人¥600、中小學生¥300

　紅底印上墨黑色的圓圈意象，在各日系百貨公司都可以看到和菓子代表的「源吉兆庵」，**強調從自然題材，依照四季創作帶有季節感造型與色彩的精美和菓子，更經營自家農園栽種好品質水果**，美味與精緻職人手藝，成為贈禮的最佳選擇。另外本店正後方也設有美術館，以和菓子相關的「器」為收集及展示主軸，總共3層樓的空間，包含各式陶器、漆器、書畫等表現四季的各種工藝，其中更不乏北大路魯山人等名家的陶器收藏展。

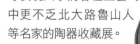

店內知名的就是依季節更迭而變化出四季旬味和菓子。

2 喫茶ミンカ

 Map Web

☎0467-50-0221 ⌂鎌倉市山ノ內 377-2 ◷11:30~17:30 ㊡週五 ⑤ナ ポリタン(拿波里義大利麵)¥1200

　由80年木造古民家所改建的喫茶ミンカ，維持原有建築的古 老面容，**木樑柱、復古家具和古董小物，保留該年代的美好光 暈。**店內餐點也貫徹了簡單生活的原則，定番的拿波里義大利 麵，番茄醬汁完全裹住麵條，色澤呈現鮮豔澄紅，搭配青椒、火 腿和起司粉，看似樸素，味道卻毫不馬虎。

> 木造古民家建 築更顯溫暖，緩緩 地沁入人心。

> 來到鎌倉必訪神 社，朱紅鳥居、靜 謐社境間散步讓 人感受日式情懷。

1 鶴岡八幡宮

☎0467-22-0315 ⌂鎌倉市 雪ノ下2-1-31 ◷5:00~21:00、 10~3月6:00~21:00；寶物殿 9:00~16:00 ㊡換展期間 ⑤境內 自由參觀；寶物殿大人¥200、小 孩¥100

小編 激推

　擁有廣大腹地的鶴岡八幡宮，除了是鎌 倉象徵，也是歷史與政教中心。1063年開 創鎌倉幕府的源賴朝，在權威鼎盛時使其 轄內的鶴岡八幡宮的威 望遠盛過京都任一神社。 以典型日本神社建築式樣打 造的鶴岡八幡宮目前則是日 本的重要文化財。分成上 宮與下宮的這裡，走到上 宮的位置甚至能看到鎌倉街 道風景。

Map

Web

> 絕美圓窗景的 日本寺社風情， 又有「繡球花 寺」美稱！

3 明月院

☎0467-24-3437 ⌂鎌倉市山ノ內189 ◷ 9:00~16:00、6月紫陽花季開放時間可能變更 ⑤高中 生以上¥500，中小學生¥300

小編 激推

　位於北鎌倉的明月院原本只是北條時賴修業佛 堂的禪興仰聖禪寺(最明寺的前身)其中一間別院， 於室町時代建立，到了明治初期禪寺逐漸荒廢，僅 存留今天所見到的寺舍。**明月院也是繡球花的賞花名所，參 拜的主要石砌道路兩旁與寺院境內栽種近 2500株**，盛開花期交織出一幅多彩的圖畫， 美不勝收，而且隨著開花時間日日變深，難以形 容的優雅藍，也被愛稱為「明月院之藍」。

Map

> 明月院紫花陽盛 開時，絕對是這裡人 潮最多的季節。

④ 葉祥明美術館

☎0467-24-4860 🏠鎌倉市山ノ内318-4 ⏰10:00~17:00(最後入館16:30) 💰大人¥600、中小學生¥300

Map

Web

　通往明月院的小徑上，獨棟紅磚西洋式建築的葉祥明美術館擁有開闊的歐風庭園，為這處充滿傳統和風情緒的地區帶來不同的風采。本名葉山祥明、畫風以水彩渲染出安靜又詩意的繪畫世界，以童話書插畫為主題創作。**美術館本身就像是一部立體的繪本，其他區域則以葉祥明自己的家庭為藍圖，值得進入好好參觀各式畫作。**

內部展示水彩、油彩等80件童趣繪本的原畫創作外，也有相關商品可以購買。

05

長谷寺

はせでら Hasedera

長谷寺距離鎌倉市中心只有短短3站，但卻呈現與市區完全不同的古都樣貌。從長谷寺車站向北走沿路小店林立直至鎌倉大佛，熱鬧卻不喧鬧。而往南的海岸邊、小巷內則藏有文藝咖啡廳，想看海、度過悠閒下午就該來這裡。

ACCESS

電車
江之島電鐵線在「長谷駅」下車。

巴士
區域內可以徒步方式抵達各景點，或在鎌倉駅東口，有多路巴士都可以到達長谷寺、大佛前。

鎌倉大佛(高德院)

折笠商店

鎌倉文学館

華正樓　　いも吉

鎌倉紅谷

かまくら 晴々堂　　鎌倉ねこや

雷神堂　　鎌倉てづくり屋

大仏通り商店街

川端康成記念館

光則寺　　かまくら 花ぐるま　　鎌倉ジェラート

à bientôt

鎌倉いとこ

鎌倉オルゴール堂　　梅太郎 梅之助　　❷恵比寿屋

長谷寺 ❸

海光庵

鎌倉まめや　　❶ cafe Luonto

往鎌倉駅↗

御霊神社

江ノ島電鉄　　32　　長谷駅

←往極楽寺駅

てぬぐいカフェ 一花屋　　Greenroom Gallery

力餅家

Café坂の下　　SAIRAM

成就院

相模灣

緊臨落地窗前座位，宛如特等席般，以美味咖啡與蛋糕，佐眼前電車動畫風景。

邊喝咖啡、邊欣賞窗前江之電的最佳視野！

小編激推

❶ Cafe Luonto

☎0467-53-8417　🏠鎌倉市長谷2-11-21
🕙10:00~18:00　❌週二　☕美式咖啡¥660

藍白調的可愛木屋咖啡店「Cafe Luonto」，優雅舒適的小巧空間內，**最大魅力就是緊鄰著江之電鐵道邊，邊喝咖啡就能邊欣賞眼前不斷穿越的江電風景**。當然店內咖啡、茶及甜點也都令人讚賞，採用東京熱門挪威咖啡店 Fuglen的咖啡豆、Bellocq紅茶，讓賞江電通過同時，也能品味好咖啡。

Map

Web

② 惠比壽屋

☎0467-22-0231 ♠鎌倉市長谷2-14-26 ◐9:00~17:30
休週四 ⑤大佛觀音煎餅￥750/5入

　位在長谷觀音寺前十字路口的惠比壽屋,是從
江戶時期便傳承下來的古老和菓子店,擁有200年以上的悠久歷史,
融和四季風情的各式和菓子與大福是當地人的最愛,而**以高德院的**

**大佛與長谷寺的觀音形象烤出來的造型仙貝,口感香
脆,是的指定銘菓**,另外也有推出印有大佛圖案的大佛
奶油餅乾(大佛サブレー),十分適合當作鎌倉的代表伴
手禮。

③ 長谷寺

☎0467-22-6300 ♠鎌倉市
長谷 3-11-2 ◐4~6月8:00~
17:00、7~3月8:00~16:30 ⑤大
人￥400、小學生以下￥200

　長谷寺供奉著日本最大的木造觀音像,開滿菖蒲花的庭
園非常優雅,6月也是繡球花賞花名所,四季不同花卉綻放
讓這裡也有花之寺的稱號。來此祭拜之外,因寺院位居較
高山丘位置,**在見晴台可以將鎌倉的市街景致與海面完全
納入視野,而境內繞行的步道上的茶屋潮音亭甚至可眺
望到三浦半島。**

參拜長谷寺時也別錯過這裡!

弁天窟

　設置於山洞內的弁天窟據説曾是
弘法大師閉關之處,裡面石壁上雕
有弁財天及十六童子,是求財必拜
的地方。

海光庵

　以素食、蔬食為飲食精神的這處
食事處,將與佛教連結甚深的咖哩
也加入餐飲中,透過居高的視野也
能一覽窗外風光。

良緣地藏

　表情溫柔又可愛的良緣地藏,在寺
院內總共設有三處,據説認真地把這
三處良緣地藏找到並拍照存起來,就
能獲得良緣!

大仏通り商店街

一出江之電長谷駅後可以沿著「大仏通り商店街」一路逛到高德院看鎌倉大佛，返程時再到長谷寺成為一個順遊行程。這條約500公尺的商店街，可以看到許多餐廳、個性小店、和菓子舖、和風雜貨店可以買伴手禮。像是在充滿昭和時代感的木造建築裡「花ぐるま」販售和服與相關配件，喜愛和風的人，或是對於和服古布料圖案著迷的人，一定要來這裡挖寶看看；其他像是鎌倉大佛造型點心、大佛觀音煎餅等，都是受歡迎的伴手禮。

鎌倉大佛(高德院) ②
折笠商店
鎌倉文學館
華正樓 いも吉
鎌倉紅谷
かまくら 晴々堂 鎌倉ねこや
雷神堂 鎌倉てづくり屋
大仏通り商店街
川端康成記念館
光則寺 かまくら花ぐるま 鎌倉ジェラート
鎌倉いとこ à bientôt
鎌倉オルゴール堂 梅太郎梅之助 恵比寿屋
長谷寺
海光庵 往鎌倉駅
御靈神社 鎌倉まめや cafe Luonto
江ノ島電鉄 長谷駅 32
往極樂寺駅
てぬぐいカフェ Greenroom Gallery
③ 一花屋
力餅家 ①
Café坂の下 SAIRAM
成就院
相模灣

① 力餅家

☎0467-22-0513 ⚑鎌倉市坂の下18-18 🕘9:00~18:00 🈲週三、第3個週二 🏷求肥権五郎力餅 ￥750/10入

元碌時期開始至今的和菓子老舖力餅家已經超過300年歷史，除了招牌的力餅外其實也有其它季節銘菓，但旅人來到這裡大多還是想嘗嘗那香軟Q彈的力餅。**力餅家的力餅可分為求肥與麻糬兩種，求肥較香軟，而麻糬則較Q彈。**要注意的是求肥力餅需要當天食用完畢，而麻糬力餅則可擺放2~3天，可帶回國當作伴手禮。

求肥力餅是將豆沙餡包覆麻糬上層的和菓子，由於保存期限僅有1天，建議當場吃最美味。

莊嚴大佛是鎌倉的另一面貌，訴說著當地的信仰風俗。

❷ 高德院

☎0467-22-0703　🏠鎌倉市長谷4-2-28　🕐8:00~17:30、10~3月
8:00~17:00；大佛內拜觀8:00~16:30　💰¥300、小學生¥150，大佛內部參觀加
收¥50

小編激推

「沒有看過大佛，就別説你來過鎌倉」，**依照阿彌陀如來佛塑像而成的大佛，與奈良大佛並列為日本二大大佛**，佛身高度有11.312
公尺，佛體重量121噸，是鎌倉的精神象徵。參觀者也可以繞到大佛的背後，另外付費進入大佛身體中內部參觀，細細欣賞這700年以上的歷史軌跡。

鎌倉大佛胎內拜觀，一次只能讓30人進去，有機會可別錯過。

店內陳列著約100種圖案的手拭巾、個性手作陶器、江戶千代紙等和風雜貨。

❸ てぬぐいカフェー花屋

☎0467-24-9232　🏠鎌倉市坂ノ下18-5　🕐10:30~17:00　🈷週
二、三　💰蛋糕套餐¥1000起

隱身在住宅區裡，不起眼的古民房門口擺著小小的招牌，一花屋是間充滿昭和氛圍的古民房咖啡廳，幽靜的老屋中既能喝咖啡用餐，也有手作和雜貨販售。**飲品及餐食素材皆採用有機無毒**，像是神奈川咖啡品牌**THE FIVE BEANS**的豆子、和歌山的有機紅茶葉等，吃得到來自日本各地的好食，對支持在地好物食材的用心看得見。

江之島

えのしま Enoshima

參拜・美食・海景・湘南海島度假勝地

江之島面積雖小，卻以擁有供奉女神弁財天的江島神社而著稱，從江戶時代即是吸引日本全國遊客參拜兼行樂的觀光勝地。想要全覽江之島的景點，約需3至4小時，可以嚐海鮮美食外，也有展望燈塔可以瞭望過去曾有「日本邁阿密」之稱的湘南海岸景緻。

鎌倉高校前駅的湘南海岸，是許多灌籃高手迷一定要造訪的地點。

ACCESS
電車
*搭乘江之島電鐵在「江之島駅」下車。
*搭乘小田急江之島線在「片瀬江之島駅」下車。
*搭乘湘南モノレール江之島線在「湘南江之島駅」下車。

注意
江之島駅下車後須徒步約15-20分鐘經過商店街及江之島大橋才能抵達島上，也可選擇搭乘巴士前往。

搭上復古電車、融入當地生活，計畫湘南海岸的悠閒散策之旅。

小編激推

① 江之島電鐵

◉藤澤～鎌倉 ◉每小時2~5班次，藤澤往鎌倉的首班車5:36發車，末班車23:42發車。鎌倉往藤澤的首班車5:20發車，末班車23:37發車

◉藤澤～鎌倉￥310、鎌倉～江之島￥260

0466-24-2713

　　被暱稱為江之電的江之島電鐵，運行於鎌倉、江之島到藤澤之間，通車已逾百年。原本只是因為方便當地居民交通，除了具有通勤的功能之外，由於穿梭於海濱與住宅街區之中，使其觀光色彩更加濃厚，成為最熱門的電車路線，也因**維持著原始樣貌的車廂，在復古風潮興起後廣受歡迎，只要一想到鎌倉腦中就會浮現江之電的畫面**。

Map

Web

行走在街道上、民居旁的江之電，畫面看起來有點奇妙卻合諧。

② すばな通り商店街

◉藤澤市片瀬海岸一丁目9~13 ◉店家營業時間各異

　　「すばな通り商店街」以江之島駅做為商店街開端、在前往江之島的地下道路口結束，**全長約500公尺聚集超過20間店家，像是餐廳、咖啡廳、服飾店，或是風格各異的餐車**，融合了年輕與復古元素，巷弄內也可一窺充滿湘南海岸度假風的店家或住家，邊逛邊看地一路朝江之島前進，讓這段路程一點也不無聊。

Map

江之島駅前鐵欄杆上的小鳥們每個季節都會換上新裝扮。

開業超過百年的片瀬写真館充滿復古味。

❸ 弁財天仲見世通り商店街

🚏 藤澤市江之島
🕐 店家營業時間各異

　沿著すばな通り商店街走過地下道、江之島大橋後即正式進入江之島區域，眾多商店與周邊四起的店家叫賣聲，讓這條窄小不到200公尺的商店街、熱鬧非凡。直通往江島神社的商店街共聚集超過50家商店，有**溫泉旅館、咖啡廳、伴手禮店，因臨近海港海鮮餐廳更是不勝枚舉，走進巷弄內還有更多驚喜的小店家可逛**，明明短短一小段，走起來卻也得花費一點時間呢。

各種海鮮熱壓現做成的仙貝，新奇又好吃！

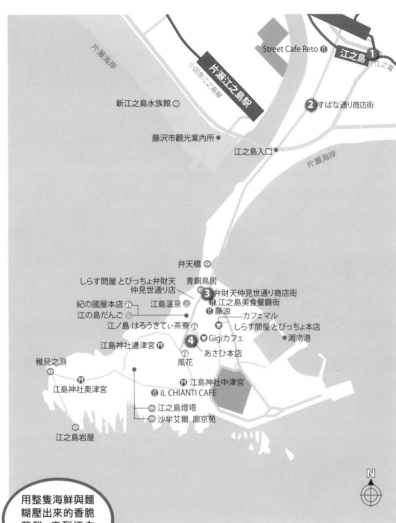

Street Cafe Reto

江之島 ❶

片瀨海岸

小田急江之島線

片瀨江之島駅

新江之島水族館

❷ すばな通り商店街

藤沢市觀光案內所

江之島入口

片瀬海岸

弁天橋

しらす問屋 とびっちょ弁財天仲見世通り店

青銅鳥居

紀の國屋本店　江島溫泉

❸ 弁財天仲見世通り商店街
　江之島美食餐廳街

江の島だんご

藤浪　カフェマル

江ノ島 はろうきてぃ茶寮

しらす問屋 とびっちょ本店

江島神社邊津宮

❹　Gigiカフェ

湘南港

稚兒之淵

あさひ本店

風花

江島神社奧津宮

江島神社中津宮

iL CHIANTI CAFE

江之島燈塔

沙牟艾爾. 廓京苑

江之島岩屋

N

用整隻海鮮與麵糊壓出來的香脆煎餅，來到江之島一定要合照！

小編激推

❹ あさひ 本店

📞 0466-23-1775　🚏 藤澤市江之島1-4-10

🕐 9:00~18:00　🗓 週四　🍴 丸焼きたこせんべい(章魚仙貝)¥500，丸焼きエビせんべい(蝦仙貝)¥600

　在すばな通り只要看到大排長龍的地方，那就是あさひ本店沒錯了。主打熱壓海鮮仙貝，一片大仙貝裡有三至四隻完整的章魚，放到鐵板上後發出滋滋聲響，與麵糊一同煎成薄片，江之島的排隊美食就這樣完成了！**あさひ本店利用章魚做仙貝打響名號後，還推出了小龍蝦、海蜇等新鮮海味做的奇妙仙貝**，到現場可以買到剛做好熱騰騰的仙貝，美味值得排隊！

日本三大弁財天之一，一邊爬山一邊參拜，旅行氣氛滿點。

① 江島神社

🏠 藤澤市江の島2-3-8

0466-22-4020 ⏰自由參拜；奉安殿8:30~16:30；手扶梯8:50~19:05

整個江之島其實是座小山丘，想參拜江島神社，尤其是本社邊津宮階梯最辛苦，推薦搭手扶梯前往較輕鬆。

小編激推

免費參觀；奉安殿大人¥200、國高中生¥100、小學生¥50。手扶梯：1區¥200(可達邊津宮)、全區¥360(可達邊津宮、中津宮、奧宮&展望燈塔)

江島神社是島上的三間神社——邊津宮、中津宮、奧津宮的總稱，始於552年，原先祭祀著神道教中的三位姊妹神，之後受到佛教影響，**信奉弁財天女神，保佑海運安全和商運昌隆。宮與宮之間須爬段山路，如累了有手扶梯可搭乘**，按照參觀順序，會先抵達本社邊津宮，其後中津宮，最後才是奧津宮，越往裡面氣氛也越幽靜。

往上走到中津宮可以看到相當漂亮的海景，是不少人拍照留念的地方。

江島神社三宮參拜，能量滿點！

中津宮

從邊津宮徒步走大約2層樓階梯即可抵達，這裡奉祀的是三女神中的市寸島比賣命，是祈求變美與良緣之處。

邊津宮

江島神社的玄關口，奉祀女神田寸津比賣命。另外這裡的奉安殿裡頭藏有鎌倉和江戶時代流傳下來的弁財天像，是日本三大弁財天之一，也是著名的求財熱點。

奧津宮

由江戶時代畫師酒井抱一所繪製的綠龜，據說不論從哪個角度看都像是看著觀者而得名。

Street Cafe Reto　江之島　江之竈
片瀨海岸
小田急江之島線
片瀨江之島駅
新江之島水族館
藤沢市觀光案內所
江之島入口
片瀨海岸
すばな通り商店街

弁天橋
しらす問屋 とびっちょ弁財天仲見世通り店　青銅鳥居
弁財天仲見世通り商店街
紀の國屋本店　江島溫泉　江之島美食餐廳街
江の島だんご　藤浪　カフェマル
江ノ島 はろうきてい茶寮　しらす問屋 とびっちょ本店
Gigiカフェ　湘南港
江島神社邊津宮 **1**
あさひ本店
風花
稚兒之淵 **1**
3
江島神社奧津宮　**1** 江島神社中津宮
2 iL CHIANTI CAFE
江之島燈塔
沙牟艾爾.廓京苑
江之島岩屋

N

燈塔所在的沙牟艾爾·廓京苑是個美麗的花園,植滿南洋風格花卉。

3 江之島展望燈塔

☎0466-23-2444　🏠藤澤市江之島2-3 Samuel Cocking Garden內　🕘9:00~20:00(入場至19:30),依季節調整　⊗天候不佳時　💲展望燈塔¥500。聯票:入苑門票+展望燈塔+手扶梯套票大人¥700、小孩¥350

展望燈塔是江之島的地標,最早是跳傘訓練的跳台,1950年代以後轉作觀光用途,現在的燈塔則是在2003年重建。高約60公尺的燈塔上,可盡情鳥瞰湘南海岸風景,**天氣晴朗時,更可遠眺橫濱地標塔、大島、箱根或富士山等,夕陽時分更是許多人前來賞景的好時段**。燈塔所在的沙牟艾爾·廓京苑則是由過往英國商人所建的和洋風格花園,推薦購買聯票一起欣賞。

Map

Web

180度海景滿喫的人氣餐廳!

2 iL CHIANTI CAFE

小編激推

☎0466-86-7758　🏠藤澤市江之島2-4-15　🕘11:00~21:00(L.O.20:00)　💲加勒比沙拉(M)¥1150、披薩(M)¥1670起

Map

Web

立地於江之島的島中央高處懸崖邊、一旁就是燈塔入口處,讓「iL CHIANTI CAFE」坐擁180度霸氣海景。餐廳以義大利西西里島為意象,打造一處能品嚐義大利美食與欣賞美麗海景的地方,光多達100多樣的豐富菜單,就讓人眼花撩亂,當然臨海的地產海鮮美味也是讓人排隊也要來吃的吸引點。用餐、下午茶外,也推薦在傍晚時刻,點杯葡萄酒坐在陽台區邊看海景夕陽也很浪漫。

除了室內座位區,也有面海的廣闊戶外區,可以吹海風、享美食、聽潮音。

視野由平面轉成360度美景，居高而下鳥瞰美景。

07 箱根 はこね Hakone

温泉、名山大湖、美術館 四季皆美旅遊勝地

以地點來説，元箱根與箱根町位於江戶時代的交通樞紐「東海道」的要衝，有著濃厚歷史氣息；不論是從東京出發、當天往返的閒遊，或是數日的假期讓名山大湖、和風溫泉來作陪，四季皆美的自然景觀與豐富的藝術養分，讓遊客留連忘返。

ACCESS

電車

*小田急的特急列車浪漫號(ロマンスカー)中的はこね(Hakone)、スーパーはこね(Super Hakone)號在「箱根湯本駅」下車。

*JR東海道新幹線搭到「小田原駅」，再轉搭箱根登山鐵道前往「箱根湯本駅」下車。

PASS

區域範圍廣大，建議利用區域內登山列車、巴士、纜車、海賊船等串聯。有箱根周遊券(箱根フリーパス)2~3日券可以購買利用。

乘著鐵道與纜車玩遍箱根

🚃箱根登山鐵道：小田原~強羅
箱根登山纜車：強羅~早雲山
箱根空中纜車：早雲山~桃源台
🕐登山鐵道每小時2~6班車、登山纜車每小時1~3班車、空中纜車每隔1分鐘開出
💰登山鐵道：小田原~強羅￥770；登山纜車：強羅~早雲山￥430；空中纜車：早雲山~桃源台￥1500

　來到箱根，利用各式不同登山交通工具串聯一路前進，也變成是旅遊特色的一種，趕快來看看怎麼玩吧。行駛於小田原、箱根湯本到強羅之間的箱根登山電車，列車隨著山勢，以「Z」形前後擺盪上山，一路上樹影婆娑景致優美，沿途視野開闊、風景如畫；強羅與早雲山段的登山纜車，配合地形設計成階梯狀車廂，利用電纜將車子往上拉，短短距離卻要花9分鐘才能抵達，隨著海拔上升到早雲山站，景致也逐漸開闊；轉搭早雲山的空中纜車，讓遊客旅遊視野由平面轉為立體，將蘆之湖周邊的湖光山色盡收眼底。

① 箱根空中纜車

🚌從箱根湯本駅搭乘箱根登山巴士(T路線)至桃源台站下車 ☎0465-32-2205 📍足柄下郡箱根町桃源台／強羅 🕐9:00~16:15 (依季節改變，詳洽官網) 💰早雲山~桃源台單程￥1500，來回￥2500。持箱根周遊券可自由搭乘 ❶近年由於火山地質活動頻繁，大涌谷至桃源台這一段的纜車不時會關閉，若遇上關閉情況雖會緊急加開巴士，但時刻不一定，所以出發前一定要先上網確認運行狀況，才不會白跑一趟！

Map

　箱根ロープウェイ(箱根空中纜車)路線正好位於蘆之湖畔的山坡地上，坐上它，你就可以將蘆之湖周邊的湖光山色盡收眼底，搭乘此段空中纜車行經大涌谷段風景時，記得往行進方向的右手望去，**運氣好碰上了晴朗日子，在姥子~大涌谷一段甚至還可看見富士山呢。**

Web

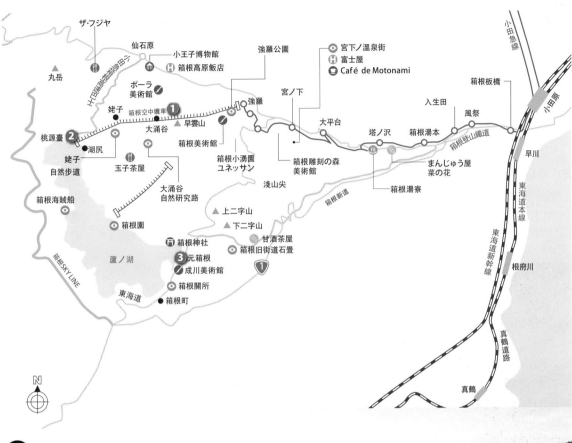

小田急線

小田原

箱根板橋

入生田

風祭

早川

東海道本線

根府川

東海道新幹線

真鶴道路

真鶴

ザ・フジヤ

仙石原

小王子博物館

箱根高原飯店

強羅公園

宮下ノ溫泉街
富士屋
Café de Motonami

丸岳

ポーラ美術館

箱根空中纜車

姥子

早雲山

大涌谷

強羅

宮ノ下

大平台

塔ノ沢

箱根湯本

箱根登山鐵道

桃源臺

湖尻

箱根美術館

箱根雕刻の森美術館

大平台

まんじゅう屋菜の花

姥子自然步道

玉子茶屋

大涌谷自然研究路

箱根小湧園ユネッサン

箱根湯寮

箱根海賊船

箱根園

上二字山
下二字山

淺山尖

箱根新道

箱根SKY LINE

蘆ノ湖

箱根神社

元箱根

成川美術館

箱根關所

箱根町

甘酒茶屋

箱根旧街道石畳

東海道

N

②桃源台駅

🚌從箱根湯本駅搭乘箱根登山巴士(T路線)至桃源台站下車

蘆之湖畔的桃源台駅，可説是最多人以這裡為中心點，開始箱根周邊旅行的地方，知名的海賊船搭乘點，也從這裡出發；另外，這裡也是箱根空中纜車的起點站，可以搭乘纜車前往最高點的早雲山，從制高點一覽整個箱根區域美景；站外也有各路線巴士，方便接駁前往箱根各地區。

③元箱根

🚢從桃源台搭乘遊船抵達，或是搭乘區域內巴士至元箱根下車

呈狹長型的蘆之湖，從桃源台出發後，遠遠的東南側對岸就是元箱根，是搭乘遊船幾乎必停的大站點，元箱根這側剛好遠遠面對富士山，可以將湖景與富士山一次收納入眼底。**沿著湖畔名勝古蹟很多，不只有神社、美術館，也有許多溫泉旅館、美食餐廳與商店小舖。**

❶ 成川美術館

🚌 搭乘箱根登山巴士至「元箱根港」站下車徒步2分　🏠 箱根町元箱根570　☎0460-83-6828

🕐9:00~17:00　💰成人￥1500、高中大學生￥1000、中小學生￥500

　座落於蘆之湖畔稍高台地位置的成川美術館，就位在元箱根港鄰近。館內主要展示現代日本畫作，展出平均每年更換4次。**四千件館內收藏品中包含仕女、風景、靜物等主題，筆觸精緻細膩、用色淡雅柔和，每一幅皆具有高度藝術價值。**遊客需搭乘三段細長的手扶梯，才能夠到達美術館正門，在手扶梯緩緩上升中，可邊欣賞蘆之湖的綺麗風光，而來到館內，也有面對蘆之湖的觀景台與咖啡廳，可享受片刻美好。

❸ Café de motonami

🚃 箱根登山鐵道宮ノ下駅徒步5分；或搭箱根登山巴士「宮ノ下溫泉」下車徒步3分　☎0460-87-0222　🏠足柄下郡箱根町宮ノ下366　🕐10:00~18:00　❌週四　💰和風聖代￥800

　由富士屋旅館舊公車亭所改建而成的咖啡店，建築物本身就已經有80年的歷史，外觀極為洋風典雅，內部經由精心巧手佈置地色彩繽紛、四處掛滿了藝術作品，整體氣氛相當地摩登舒適卻又帶點懷舊情懷。**店內的招牌點心為使用北海道十勝紅豆和沖繩黑糖所製作，漂亮又可口的各式各樣和風聖代，除了甜點及咖啡之外也有提供咖哩套餐。**

異國風洋溢老街，吸引外國遊客目光。

❷ 宮之下溫泉街

🚌 搭乘箱根登山巴士‧伊豆箱根巴士至「宮ノ下溫泉」站下車　☎0460-87-0222(箱根町宮ノ下商店會)　🏠箱根町宮ノ下　🕐依店舖而異

　宮之下溫泉在江戶時代就以溫泉地知名，後來1878年時有著500年歷史的旅館藤屋，變身成和洋優雅湯屋旅館、也是日本第一家度假型西式飯店－富士屋旅館，外國遊客逐漸增多，明治、大正時代在這條溫泉街上稱得上新穎的建築，現在反而成了滿溢異國老式洋風的氛圍。**街上有不少充滿日本情調的古董店、陶器店，**時常可以看到外國背包客在古董店中留連。

④甘酒茶屋

老茅草屋、囲炉裏、甘酒，箱根懷舊歷史情緒。

茶屋中的小憩時刻讓人彷彿回到過往，感受歲月的靜美。

🚌箱根登山巴士「甘酒茶屋」站下車徒步約1分 ☎0460-83-6418 🏠足柄下郡箱根町畑宿二子山395-28 ⏰7:00~17:30 💲甘酒(甜酒釀)¥400，力餅(麻糬)¥500

小編激推

這家老舖茶屋，位在箱根舊街道石疊的入口處。從江戶時代經營至今已是第13代，店面依然維持著昔時茅草建築，再加上一幅展揚於路旁的紅旗，而成了箱根懷舊風景。**一如店名，來到這兒的客人，一定會點杯日本式甜酒釀「甘酒」，再配上力餅(麻糬)一同入口。**

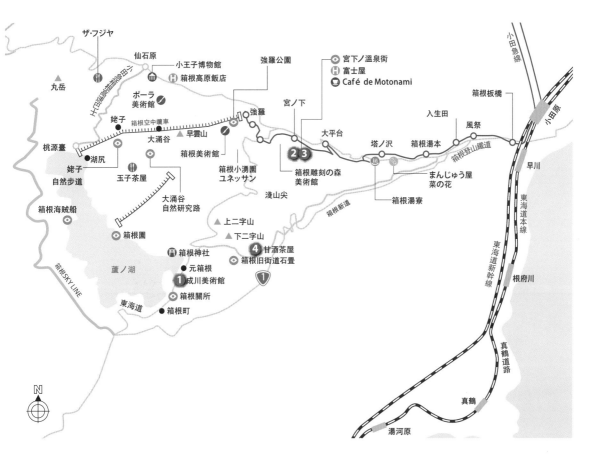

08

箱根湯本

はこねゆもと Hakone-yumoto

箱根湯本的地理位置就如同是箱根地區的玄關，從這裡遊客可以搭乘鐵道或巴士前往仙石原、強羅、蘆之湖等觀光景點，而車站前的道路兩旁，土產店、餐廳一間挨著一間，尤其每到週末假日更是擠滿了遊客，是個商店雲集、充滿活力的小鎮。

ACCESS
電車
同箱根。
注意
箱根湯本區域內老街景點大都徒步即可達。

① 箱根湯本溫泉街

◔9:00~18:00，店家營業各異

一出箱根湯本駅即可看到道路兩旁的伴手禮店，全長約400公尺，聚集超過30間店家，其中包括**知名溫泉饅頭店、手燒仙貝店、各式伴手禮店家，可以買到五花八門的禮品**，像是GRANDE RIVIERE箱根的招牌砂糖脆餅，就是來到箱根必帶的熱門伴手禮，其他口感特別的蔬菜、梅子、海產等醃漬商品店，老舖不少，可以慢慢逛逛。

Map

Web

包裝復古可愛的糖果罐，有箱根限定的蜜柑味外，還有特殊的芥末口味。

N

箱根湯本駅

① 箱根カフェ
スイーツショップ

① 箱根湯本溫泉街

③ 箱根の市
① えゔぁ屋

① 無料送迎バス

① 菊川商店
丸嶋本店

饅頭屋菜之花 ② 箱根湯本溫泉街
GRANDE RIVIERE箱根 ①
杉養蜂園
手燒堂 ①

① 揚げたて工房
籠屋清次郎

① ひより 箱根湯本店
◎ 箱根焙煎珈琲

箱根登山鐵道

① 箱根八里

箱根縁結び
福久や 九頭籠餅
①

東海道

① 山安箱根湯本店

◎ 茶のちもと
藤屋商店

④ 箱根銘菓
湯もち本舗 ちもと

② 饅頭屋 菜之花

☎0460-85-7737 ⌂足柄下郡箱根町湯本705
🕘9:00~17:00 ㊡不定休 💰月のうさぎ(月之兔)¥
240

　位在車站旁的菜之花為溫泉街第一家店舖，無論何時，永遠是人聲鼎沸。這間源自神奈川小田原地區的和菓子，融入獨特創意造出「創作菓子」，**招牌點心為「月のうさぎ」(月之兔)，皮薄餡多的饅頭中，包入了一整顆糖煮栗子**，讓口味多了層次感，大受歡迎。

現在菜之花還有開設饅頭工房，店面更大，人潮也不斷。

③ 箱根の市

☎0460-85-7428 ⌂箱根湯本駅內
🕘9:00~20:00 💰便當¥930起、各式伴手禮¥500起

　位在箱根湯本駅出站口的「箱根の市」，**網羅箱根當地的知名特產**，像是溫泉饅頭、寄木細工商品、可愛的鐵道周邊小物、大涌谷黑色蛋、醃漬物、仙貝或是各地銘酒等，都是這裡的人氣商品。**除了伴手禮，也可以買到依季節不同而推出的限定名物便當**，近40種不同搭配的日式便當，選擇超多！

④ 湯もち本舖 ちもと＆茶のちもと

☎0460-85-5632 ⌂足柄下郡箱根町湯本690 🕘湯もち本舖 ちもと：9:00~17:00；茶のちもと：平日10:00~16:30(L.O.16:00)，週末、假日10:00~17:30(L.O.17:00) 💰湯もち¥280/1個、ちもとの御菓子套餐￥1000

　開業將近70載的「湯もち本舖 ちもと」，代代傳承的傳統手藝，美味屹立不搖。店內販售約10種不同的品項，其中**以帶有柚子香氣的「湯もち」以及可愛鈴噹造型的「八里」最有人氣**，另有帶著花生香味的「与五郎 忍」、國產蕨粉製作的「わらび餅」，還有推出週末限定的「結び文初花」，季節限定的「さくら餅」(春季)、「栗むし羊かん」(秋季)等，都是推薦的品項。

買伴手禮之外，位在店舖旁的「茶のちもと」可以現場品嚐和菓子與茶香融合的美味。

❶ えゔぁ屋

☎0460-85-9881　🏠足柄下郡箱根町湯本
白石下707-1　🕐9:00~18:00　㊡不定休　💲商品

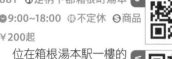

¥200起

位在箱根湯本駅一樓的「えゔぁ屋」是以販售日本動畫「新世紀福音戰士」的官方周邊商店,**主因箱根是此動畫裡「第3新東京市」的拍攝背景,因而吸引眾多動畫迷到訪箱根朝聖**,像是箱根登山電車、大涌谷等。在店裡可以看到眾多相關周邊商品,從服飾、文具、生活用品等都有,除了動畫人物、還帶著箱根溫泉特有的古味。

箱根湯本分店的蘆之湖與富士山限定款。

優雅的包裝各自適用於不同膚質,由左至右:敏性、乾性、油性。

❷ ひより 箱根湯本店

☎0460-85-7055　🏠足柄下郡箱根町湯本702-1　🕐
10:00~17:00　💲吸油面紙¥350起

　來到箱根不止吃吃喝喝,也得買美妝品牌「ひより」來當伴手禮!總店在關西奈良的「ひより」,以吸油面紙為主打商品,並研發周邊天然保養品,其知名的產品是摻有金箔成份的吸油面紙,包裝年輕、可愛,且講究根據膚質而開發不同用途的吸油面紙,各分店還有限定款式,像是箱根分店即有蘆之湖與富士山限定款,另外像是另有帶香味的吸油面紙,包裝可愛充滿少女心。

N

箱根湯本駅

ⓘ 箱根カフェ
スイーツショップ

ⓘ 箱根の市
1 えゔぁ屋

ⓢ 無料送迎
バス

ⓘ 菊川商店
丸嶋本店

饅頭屋菜之花 ⓘ
GRANDE RIVIERE箱根 ⓘ
杉養蜂園
手焼堂 **3**

ⓘ 揚げたて工房
籠屋清次郎

2 ひより 箱根湯本店
ⓢ 箱根焙煎珈琲

箱根登山鐵道

箱根八里 ⓘ

箱根緑結び
福久や 九頭龍餅
ⓘ

東海道

山安箱根湯本店 ⓘ

茶のちもと ⓢ
ⓘ 箱根銘菓
湯もち本舗 ちもと

藤屋商店 ⓘ

3 手焼堂

☎0460-85-6003 　⌂足柄
下郡箱根町湯本704-7 　
10:00~17:00 　㊡週二 　⑤仙貝
¥120起

 Map

 Web

　走在溫泉街會聞到陣陣的炭火與醬料香，原來是「手焼堂」的火烤仙貝傳來的味道，老闆在店前每一片親手燒烤仙貝，濃濃米果香伴隨著醬油味誘人極了。這裡販售適合當伴手禮的仙貝，其口味超過10種，單賣仙貝外也有組合包，**另外還可以品嚐到現場手工烘烤的仙貝，其中以超大的圓型以及愛心型的海苔捲仙貝最受年輕人的歡迎。**

09

強羅

iɡõra Gora

箱根區域廣闊，若要在短時間領略箱根的美好，就千萬不能錯過強羅區域。這裡充滿知性與感性的美術館、華美的人文風景，建議可以花個半天慢慢遊賞，品味四季皆美的自然景觀與豐富的藝術養分。

園內一年四季都可以看到數百種嬌豔動人的花兒。

① 強羅公園

箱根的後山花園，賞景、體驗、美食一次到位。

小編激推

☎0460-82-2825 🏠足柄下郡箱根町強羅1300 ⏰9:00~17:00(入園至16:30)。茶苑10:00~12:00、13:00~16:00 💴大人¥550、小學生以下免費，持箱根周遊券免費。

白雲洞茶苑：抹茶附和菓子¥700

超過百年歷史的強羅公園，於2013年列入國家的登錄紀念物，並擁有整齊美觀的法式庭院，**園內櫻花、杜鵑、繡球花等花卉依時開放，其中玫瑰花園有140種類，共千株以上的玫瑰**，與初夏的新綠、秋季的紅葉相襯，格外優美。境內還有一間典雅的茶室「白雲洞茶苑」，可以來這邊喝杯抹茶，體驗純正的日式風情。

Map **Web**

Crafthouse是位在強羅公園境內的體驗工房，可以玩DIY外也有附設商店和藝廊。

ACCESS
電車
箱根登山鐵道可分為鐵道線與鋼索線，以「強羅驛」為轉車中繼站。
巴士
搭乘箱根登山巴士、伊豆箱根巴士至「強羅驛」下車。

人氣排隊炸豬排店，酥脆又多汁，美味不在話下！

飯後來個かつ工房的甜點，畫下完美句點。

② 箱根美術館

⚲足柄下郡箱根町強羅1300 🕙4~11月9:30~16:30、12~3月9:30~16:00(入館至閉館前30分) ⓦ週四(11月除外，週假日開館)、年末年始 💰大人¥1300、高中大學生¥600、國中生以下免費

　　1952年由岡田茂吉成立的箱根美術館，**是箱根地區歷史最悠久的美術館，館內展出約150件江戶時代與中世時期的陶器**，其中還包括了1萬年前日本新石器時代「繩文時代」的陶器。除了主展館外，還有別館「岡田茂吉の世界」的展出，岡田在東京的住居富士見亭也被移來這裡。美術館精彩外，優美的美術館的庭園以紅葉、新綠聞名，青綠色的青苔襯托紅楓綠葉更加鮮明，讓來此參觀的遊客彷彿身處畫境般，也被列為國家登錄紀念物，絕對不能錯過。

 Map

 Web

③ 箱根雕刻之森美術館

☎0460-82-1161 ⚲足柄下郡箱根町二ノ平1121 🕙9:00~17:00(入館至16:30) 💰大人¥1600、高中大學生¥1200、中小學生¥800

廣大空間，不只室內各館，室外裝置藝術更是精彩可期。

小編激推

　　來到箱根最出名的觀光地，就是戶外裝置了各式大型雕塑的雕刻之森美術館。其開館於1969年，**是日本第一個室外美術館，遊客可以倘佯在廣達7萬平方公尺的大片綠地**，親手撫觸亨利摩爾、羅丹、畢卡索等眾多大師的雕塑作品，數量多達300項，可充分體會大自然與藝術的和諧之美。

  Web

④ 田むら 銀かつ亭

☎0460-82-1440、0460-83-3501(銀かつ工房) ⚲足柄下郡箱根町強羅1300-739 🕙11:00~14:30、17:00~19:00，週二11:00~14:30；銀かつ工房10:00~16:00(售完為止) ⓦ週三 💰豆腐かつ煮御膳(煮豆腐炸豬排套餐)¥2750

 Map

Web

　　傳統和風外觀流露出沉穩寧靜的氣息，這間超高人氣的田むら 銀かつ亭(田村銀勝亭)餐廳，**招牌菜色為煮豆腐炸豬排，豆腐夾入國產豬絞肉後下鍋油炸再放入土鍋燉煮，美味多汁又超級下飯**。想再續攤的話，也可以到一旁的系列餐廳「かつ工房」，品嘗炸豬排三明治、可樂餅、豆乳甜甜圈、豆乳聖代等輕食。

館內許多裝置藝術都是絕佳的拍照地點！

10 芦ノ湖

あしのこ Ashinoko

元箱根一帶位於蘆之湖東南一側，沿著湖畔名勝古蹟很多，不只有神社、美術館，也有許多溫泉旅館。除此之外這裡也是著名的賞楓景點，如果配合旅館的純泡湯行程，從泉湯中欣賞紅葉，浪漫指數更是百分百。

冬天船內還有暖氣，讓旅客可以舒適地欣賞湖光景色。

ACCESS

電車
搭乘箱根空中纜車在「桃源台駅」下車。

巴士
搭乘箱根登山巴士、伊豆箱根巴士至「桃源台」、「元箱根」站下車。

❶ 箱根海賊船

裝飾有特色，運行於美麗湖水上，不用海盜出海尋寶，這艘船就是座寶山。

小編激推

☎0460-84-8618(桃源台)、0460-83-7550(箱根町)、0460-83-6022(元箱根) ⚐足柄下郡箱根町 ◷箱根町發船時間9:30~16:20(7月26日~8月25日加開17:05班次)，箱根町~元箱根約10分、元箱根~桃源台約30分 ⑤箱根町~桃源台一等艙成人¥1800、小學生¥900、二等艙大人¥1200、小學生¥600，持箱根周遊券可自由搭乘 ❶搭乘地分別位於箱根町港、元箱根港、桃源台港

箱根海賊船仿造17世紀歐洲戰艦造型，色彩鮮豔明亮，還有許多華麗的立體裝飾，目前共有仿法國的Royal II南歐皇家太陽號、英國的勝利號，以及擁有金色船身的Queen蘆之湖號。內部座椅寬敞舒適，冬天待在充滿熱呼呼暖氣的船艙中，仍**可以欣賞湖面風光，天氣晴朗更可遠眺壯麗的富士山**。船班可分為三條路線，從桃源台發的船原則是途中停靠箱根町港再至元箱根。

Map

Web

芦ノ湖

蘆之湖為一細長形的火口湖，它形成於40萬年前的一場火山爆發，面積約為7平方公里。**湖畔終年波平如鏡，搭配兩旁的湖光山色美不勝收，為箱根的代表景色之一。天氣晴朗時，可以遠眺富士山景，倒映在湖裡的富士影像，堪稱為箱根第一美景。**不只美景迷人，在蘆之湖上有兩種遊覽船，一種是雙體白色遊艇，另一種就是最有人氣的海賊船，吸引許多觀光客前來，搭遊船可選擇不同站點下船遊覽外，另一個最大樂趣便是欣賞富士山與湖共成的山水美景。

蘆之湖畔紅色鳥居，充滿神秘色彩讓人一心嚮往。

❷ 箱根神社

Map

Web

☎0460-83-7123 ⚐足柄下郡箱根町元箱根80-1 ◷自由參拜，寶物殿9:00~16:30(入館至16:00) ⑤境內免費、寶物殿大人¥500、小學生¥300

箱根神社自古以來就是箱根地區山岳信仰的中心，主要供奉瓊瓊杵尊、木花咲耶姬命與彥火火出見尊，據說是在天平寶字元年(757年)，由萬卷上人所創設。千餘年來神社得到當地民眾以及源賴朝、德川家康等信奉。**矗立蘆之湖上的朱紅色鳥居，彷彿訴說其千百年不變的崇高地位。**

館內展出許多
古物,讓今人一探
歷史記憶。

③ 箱根關所

☎0460-83-6635 ♢足柄下郡箱根
町箱根1 ◷9:00~17:00(12~2月至
16:30),入館至閉館前30分 ⑤大人¥
500、小學生¥250,與箱根關所資料
館共通使用

了解箱根的歷史
特色,並藉由古
文物明白日本江
戶的關口機制。

**小編
激推**

　江戶幕府當初為了固守如今的東
京地區之勢力範圍,而在全國各個重要據點
設置關所,表面上作為監督出
入旅人身份的關卡,然而其實
際目的是為了防止全國武士的
謀反叛變,**箱根關所於元和5年
(1619年)設置,明治2年(1869
年)廢止,曾經坐鎮了250年之
久,並且於2007年復原重現世
人眼前。**

Map

Web

仙石原

せんごくはら Sengokuhara

高原絕美秋芒草原 美術館、度假村群聚處

> 仙石原一帶森林環抱，尤其每到秋天會吸引許多人來這裡欣賞遍野的芒草草原，十分壯觀。另外這裡也有仙石原溫泉，因此飯店林立，而高爾夫球場、主題特色美術館點綴其間，是箱根區域中的渡假休閒聖地。

ACCESS
巴士

*搭乘箱根登山巴士、伊豆箱根巴士至「仙石」站下車。
*搭乘可以連結各大觀光景點為主的觀光設施巡迴巴士，在「仙石原」站下車。

1 ポーラ美術館

> 綠意中鑑賞名畫，體驗藝術與自然共生美學。

☎0460-84-2111 ⊙足柄下郡箱根町仙石原小塚山1285 ◷9:00~17:00(入館至16:30) ⊗換展期間 ⊙大人¥1800、高中大學生¥1300、中小學生以下免費

小編激推

彷彿淹沒在青翠綠意中的POLA美術館，館內採用大片玻璃帷幕，引進自然天光，讓藝術作品以最自然美好的狀態呈現，**館藏以雷諾瓦、夏卡爾、梵谷、莫內等畫家為首，西洋印象派畫作加上日本現代作品共九千五百件**。美術館也有附設餐廳、咖啡廳與商店，不定時會搭配企畫展推出期間限定菜單。

Map

Web

2 仙石原芒草原

> 天蒼茫茫、秋日的箱根另類浪漫景致。

◉箱根湯本駅搭箱根登山巴士(T路線)，約30分，至「仙石原高原」站下車，徒步5分 ⊙神奈川縣足柄下郡箱根町仙石原 ◷9月下旬~11月中旬 ⊙自由參觀

小編激推

Map

被選為「神奈川縣勝景50選」、「神奈川花景100選」的仙石原芒草原，位在箱根台之岳上，每到秋天便有大批遊客前來，為的便是在黃金芒穗中留下美麗倩影。大約從9月下旬開始慢慢轉黃，搭配翠綠草原充滿幻想氣息。**10月下旬至11月中旬整片草原轉為金黃，最是夢幻**，一直到初冬變成茶色，算是觀賞期十分長的景點。

松月堂菓子鋪
仙石案內所前
仙石原小
SOLO PIZ"Z"A
仙石原小前
箱根ラリック美術館
文化中心前
永井醫院
Albergo bamboo
若葉土產店　大原
仙石窯
仙石原公園
湯河原箱根仙石原線
濕生花園前
和之宿俵石閣
La Foret
箱根武士の里美術館
小田急箱根
HighLand Hotel
俵石ウェルテル
仙石原中前
品の木
濕生茶屋
箱根裏街道
俵石・箱根
ガラスの森前
箱根濕生花園
川向
箱根玻璃之森美術館
往宮城野・宮下
湯遊の里　南甫園
仙石原YH
早川
仙鄉樓前
四季俱樂部
フォレスト箱根
元湯場　沙羅亭
箱根リハビリ
テーション病院
仙鄉樓別邸

除了玻璃製品商品，以楓糖製作的水果果醬完全不使用砂糖，也意外成為熱賣項目。

仙石原芒草原

ポーラ美術館

庭園內以16萬粒水晶玻璃作成的玻璃展品令人驚嘆。

❸ 箱根玻璃之森美術館

☎0460-86-3111　⌂足柄下郡箱根町仙石原940-48　⏱10:00~17:30(入館受理至17:00止)　❌成人之日(1月的第2個星期一)隔天起11日間　💲大人¥1800、高中大學生¥1300、中小生¥600

宛如群山圍繞下的高原城堡般夢幻，箱根玻璃之森美術館內展示有100件珍貴的16~19世紀製作的威尼斯玻璃的珠寶名品，藏品中也有義大利重要文化資產等級、西元1500年前後所製作的威尼斯高腳杯「點彩花紋附蓋高腳玻璃杯」，走在館中細細欣賞作品宛如化身貴族及貴婦人一般優雅。除了室內展出，連戶外庭園也相當美麗，6~7月時，200種玫瑰及70種繡球花會爭奇鬥艷的綻放，而世界僅有、以16萬粒水晶玻璃作成的玻璃展品在陽光下閃耀著七種顏色的情景更是不能錯過。附設有優雅咖啡餐廳及能買到各式玻璃製品的商店。

小編激推

Map
Web

12 秩父
ちちぶ Chichibu

宛如尚未被發掘的自然淨土，處在河川流往東京源流之一的秩父，純淨水源、高聳山景，造就天然美景、美酒與美食；此外當地的絹製和服「秩父銘仙」更被指定為國定傳統工藝品。每年12月初的「秩父夜祭」更是最大重頭戲，屋台山車、煙火，將氣氛炒熱到最高點。

ACCESS
電車
＊搭乘西武鐵道「西武秩父駅」下車。
＊搭乘秩父鐵道在「秩父駅」、「御花畑駅」下車。
注意
市中心的的這三處電車站點都相當接近，下車後徒步即可達市中心區域。

① そば処まるた

品嚐使用秩父丘陵地湧出、富含有機物質的水所製之自家製蕎麥麵。

☎0494-24-2489 ⊕秩父市熊木町12-7 ⏰11:30~16:00 ㊡週四 ⊛蕎麥冷麵(ざるそば)¥800、天婦羅蕎麥麵¥1600、啤酒¥450起、日本酒(300毫升)¥680

小編激推

位在秩父銘仙館對面的「そば処まるた」，是一間**以自家製蕎麥粉而知名的手打蕎麥麵專門店**。店面像是一般民居的まるた，小小店內卻氣氛溫馨，**店內主打以石臼研磨秩父出產的蕎麥加入絕佳水質的手工蕎麥麵**，再沾上由高級本枯節熬煮的沾醬，甘甜順口令人回味無窮。在地人推薦如果想品嚐蕎麥麵最原始的美味，一定要點冷蕎麥麵，才能吃到最Q彈的滋味。

Map
Web

鮮脆的蔬菜天婦羅一定要沾著店家準備的抹茶鹽一起吃，解膩又帶著茶香。

② 安田屋

Map
Web

☎0494-22-4322 ⊕秩父市番場町19-9 ⏰9:00~18:30 ㊡週三
⊛コロッケ(可樂餅)¥80、ハムカツ(炸火腿)¥100

開業於大正五年(西元1916年)的「安田屋」以店家自製的牛、豬肉味噌漬最為知名；充滿昭和氣息的木製建築也在2004年登錄為有形文化財。安田屋除了味噌漬，**還可以在現場吃到超美味的現做可樂餅，在地人的吃法是先到對面的「Milestone」麵包店購買貝果後夾入可樂餅**，一口咬下，和洋風格交融在口中碰撞出新滋味。

淋上鹹甜醬汁的貝果夾可樂餅，份量超飽足！

為了壓制傳説裡天池中暴躁的龍，而在神社的東北門上雕刻上青龍，並用鎖鏈將之鏈住。

③秩父神社

☎0494-22-0262 ⚐秩父市番場町1-3 ⏰8:30~17:00

創立於2100年前的「秩父神社」，與長瀞寶登山神社、三峯神社齊名為秩父三社，為秩父地區的總社，每年12月舉辦的秩父夜祭更吸引上萬的各地遊客。德川家康於1592重建其建築，請來名將左甚五郎在神社四周外牆雕刻著不同的動物圖案，「鎖龍」(つなぎの龍)、「養子之虎」(子育子寶の虎)，另外兩面為象徵聰明的北辰之梟(北辰の梟)、元氣三猴(お元気三猿)，整體呈現出莊重及華麗美感。

Map

Web

🎌 秩父夜祭

在每年12月2、3日舉辦的「秩父夜祭」已有300多年歷史，其與京都祇園祭、岐阜縣飛驒的高山祭並稱為日本三大曳山祭，同時「秩父夜祭的屋台行事與神樂」也被登錄於聯合國無形文化遺產。活動期間華麗的笠鉾屋台穿梭街道及最後八千發的華麗煙火秀，讓祭典期間秩父市內擠滿國內外觀光客，絕對值得親自去體驗看看。

武甲酒造

秩父宮ノ側郵便局

秩父駅

208

秩父神社 ③

秩父まつり会館

73

札所十五番母巣山少林寺

299

パリー ②

安田屋 Milestone

140

東町商店街番場通り

東町

御花畑駅

慈眼寺

熊木町

秩父鉄道

そば処まるた ①

ちちぶ銘仙館

西武秩父駅

西武秩父線

長瀞
ながとろ Nagatoro

山川圍繞自然秘境 峽谷泛舟美不勝收

19世紀起就以觀光聞名，因自然景致及特殊地理風貌而知名，尤其流經長瀞區域中央的荒川，更帶來許多人慕名而來的遊船行程，沿途欣賞岩疊與峽谷美景，四季美不勝收。目前長瀞町全區不僅被指定為縣立長瀞玉淀自然公園區，荒川兩岸也被指定為名勝及天然紀念物保存區域。

ACCESS
電車
搭乘秩父鐵道在「長瀞駅」下車。
巴士
區域內景點大都步行可到，也可搭乘接駁巴士至寶登山纜車、寶登山神社。

代表長瀞絕美景色，四季變化皆有看頭！

① 長瀞岩疊

◎秩父郡長瀞町(乘舟處附近的荒川沿岸)

小編激推

位在長瀞玉淀自然公園內的「岩疊」，因天然特色奇景而成為日本指定名勝以及天然記念物。此處在八千萬年前都是位在海域範圍，因板塊擠壓而逐漸演變成奇岩及河川地勢，從高處往下看的奇岩群，看起來像是榻榻米般層疊交錯故名「岩疊」。另外，位於**對岸有秩父赤壁之稱的斷崖絕壁更是不能錯過，不妨可以選擇搭乘和舟或是橡皮艇等方式，沿著荒川欣賞沿途地質美景。**

寬80m、長501m的岩疊，仔細一看其石頭紋路都是水流花紋。

Map

每年的冬季1月下旬至3月初旬為寶登山的蠟梅花季，春天又變成櫻花名所。

秩父三大神社，掌管金運隆盛黃金色神社！

② 寶登山神社

☎0494-66-0084 ◎秩父郡長瀞町長瀞1828 ●自由參觀，纜車運行約9:40~16:30(1小時2~4班)

小編激推

擁有1900年悠久歷史的「寶登山神社」，端坐於標高497m的山頂上，為秩父地區的三大神社之一，鎮守這裡的**守護神以開運解厄、過止火事、解除災難等廣為人知，而神社名「寶登山」有登上寶山之好意，也吸引眾多參拜人潮。**其本殿為江戶時期建築，於2010年重新整修而有現在新穎樣貌，有著華麗的社殿建築與美麗雕刻之外，白色的鳥居也相當特別，在「米其林日本綠色指南」中也獲得1星評鑑而聞名。

Map

Web

坐著寶登山纜車登上寶登山神社是最快、最輕鬆的方式！

③ 長瀞ラインくだり

欣賞長瀞荒川河景與岩疊絕景的超棒泛舟體驗。

小編激推

📞案內所：0494-66-0950 　🏠埼玉縣秩父郡長瀞町長瀞489-2 　🕐ラインくだり(泛舟)：3月上旬~12月上旬9:00~16:00。こたつ船(冬季限定)：1月~2月 約10:00~14:00 　💲ラインくだり(泛舟，分A、B及全程路線)，A、B各大人¥2000、兒童¥1000。こたつ船(冬季限定)：大人¥1000、兒童¥600

體驗長瀞荒川之美的最好方式就是搭上木製的和舟，來一趟悠閒又刺激萬分的遊河之旅！可以**遊覽岩疊及斷崖奇景**，**因荒川的水流千變萬化，乘坐當中有時平穩悠閒，有時突遇激流，十分刺激**。冬天有可能因旱水期或是強風而停止活動。

---

④ 囲炉裏庵 花水木IRORIAN

 Map　 **Web**

📞0494-66-1113 　🏠埼玉縣秩父郡長瀞町長瀞449 　🕐11:30~14:30、17:00~20:00 　💲そばの花套餐¥2000(稅外)、野の花套餐¥2500(稅外)、風の花套餐¥3500(稅外)、水の花套餐¥4500(稅外) 　❗現因疫情休業中

花水木IRORIAN為長瀞當地百年旅館「長生館」別館的食事處，**利用古時的民居改為用餐空間，分為12間個室，透過個室大片窗戶可將長瀞荒川河景一覽無遺**。囲炉裏庵花水木主以和食料理為主，分有4種不同的套餐，餐點中有一品項是可以親手煮烏龍麵，硬軟口感都可自行調整。

手煮烏龍麵一併附上沙漏計算煮麵時間，煮好的麵條超Q彈。

地圖標示

寶登山纜車下車處　寶登山神社奧宮　寶登山小動物公園　寶登山ロウバイ園　寶登山登山步道　寶登山纜車上車處　②寶登山神社　寶登山參道　阿佐美冷藏 寶登山道店　小路通り　蔵前通り　駅前通り　秩父鐵道　長瀞駅　南櫻通り　④長瀞ラインくだり案內所　①大沢屋　NAGATOROetGALET　万寿庵　④囲炉裏庵 花水木IRORIAN　①長瀞岩疊　③長瀞ラインくだり搭乘處　荒川　秩父赤壁

穿越時光 宛如走入江戶時代老街街道

14 川越
かわごえ Kawagoe

有「小江戶」之稱的川越，是關東地區最富有江戶時代風情的老街，沿著川越市街道兩旁，可以看到覆蓋著漆黑屋瓦與千本格子窗的老式商家建築，彷彿走入了百年前的時光隧道，來到繁榮的江戶時代。

ACCESS
電車
*搭乘JR東日本埼京線、東武東上線在「川越駅」下車。
*搭乘西武鐵道新宿線本在「本川越駅」下車。
巴士
最熱鬧的藏之街距離車站有段距離，建議搭乘東武巴士全線巴士前往各景點，或搭乘小江戶名所巡迴巴士、小江戶名所周遊巴士。

① 川越大師 喜多院

大火重生後的川越代表名剎。

小編激推

☎049-222-0859 ◎川越市小仙波町1-20-1 ◎3月~11月23日平日9:00~16:30、週日例假日9:00~16:50；11月24日~2月平日9:00~16:00、週日例假日9:00~16:20 ㊡不定休 ⑤家光誕生房間＆春日菊化妝間共通券：大人¥400、中小學生¥200

1638年的大火，將喜多院燒得只剩山門，將軍德川家光為了重建，將江戶城紅葉山住所拆掉，移到這裡建了現在所看到的客殿、書院以及庫裏(佛教修行房舍的一種)，所以來到喜多院，還可看到「家光誕生的房間」與「春日菊的化妝間」等景點，而境內的多寶塔、五百羅漢也都是難得一見的景色。

Map
Web

② 小江戶OHANA (本店)

超人氣玉子燒&親子丼。

小編激推

☎049-225-1826 ◎川越市仲町2-2 ◎11:00~15:30(L.O.)，週末例假日~16:30(L.O.) ⑤極上親子丼¥1350

用餐時刻總是一位難求的這家知名親子丼專賣店，**以雞蛋及雞肉這兩個主食材烹調出讓許多人都甘願排隊的美味，主要餐有親子蓋飯、玉子燒、玉子燒三明治及數量限定的玉子燒御膳**。美味的秘密就藏在雞蛋、雞肉及高湯這金三角，以特定飼料及管理法產出的雞蛋及雞肉，少了腥味，取而代之的是濃厚美味與營養，加上以7種魚介類熬出的高湯搭配，讓美味不用多說，光看每桌朝天的空碗就知道。

Map

Web

半生熟的蛋舖在親子丼上，嘗得到蛋中高湯美味，連雞肉都軟嫩到令人讚賞。

③ 菓子屋橫丁

日本懷舊菓子街，想感受昭和時代來這裡準沒錯！

小編激推

☎049-222-5556(川越市觀光案內所) ◎川越市元町2丁目 ◎商店營業時間約10:00~17:00

Map Web

這條古趣十足的小街上聚集了十來家賣「駄菓子」也就是懷舊零嘴的商家，可以嘗到用**川越名物芋頭所做成的芋菓子、芋頭冰淇淋**，還有昭和年代風情的點心糖果與彈珠汽水，許多流行雜誌在夏天時都喜歡來這裡取景，穿著夏季浴衣的模特兒與街道上紅豔的和傘構成一幅美麗的圖畫。

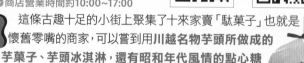

古味十足的街道，聚集各式菓子老舖，是小朋友的天堂。

④冰川神社

☎049-224-0589 ⌂川越市宮
下町2-11-3 ⊙自由參拜

　　川越冰川神社1500年來一直以戀愛神社聞名，每早8點還有限量20份的免費「戀愛石」(縁結び玉)。神社境內有條「祓いの川」，據說在此放流代表自己的小紙人，就能化解厄運，在主殿旁的**繪馬參道相傳古時候這裡有奉納給神社的真的馬匹，後來由繪馬代替真馬，漸漸形成了繪馬隧道十分壯觀。**小小的寺境因香火鼎盛，人潮不少，參拜結束後，可以沿著神社旁的河岸散步，春天還能欣賞滿開的櫻花，十分舒適愜意。

集結超多繪馬，而形成壯觀的繪馬隧道。

春天時鄰近寺社周邊盛開的櫻花更是絕美畫面。

④冰川神社

市立博物館

51

市立美術館

川越城本丸御殿

●市役所

蘭山記念美術館

大沢家

鐘つき通り

菓子屋橫丁 ③

蔵の街

時之鐘

★星巴克

松陸製菓

翠扇亭

にっぽんCHA CHA CHA

かすが

大八勝山

川越椿の蔵

ぽっちり

右門

開運亭

亀屋

②小江戶OHANA

井口甘納豆

川越歷史博物館

大正浪漫夢り通り

シマノコーヒー大正館

喜多院 ①

仙波東照宮

小江戶藏里

②

①

39

川越新富町商店街

中院

本川越駅

川越市駅

西武新宿線

東武東上線

JR川越線

川越八幡宮

八幡通り

三番場通り

川越駅

39

N

川越的精神指標街道，極富古味的懷舊氣氛。

1 藏之街

049-222-5556(川越市觀光案內所) 川越市幸町~元町一帶

小編激推

商店營業時間約10:00~17:00

因為一場毀掉全川越城三分之一建物的大火，現在川越所看到的商家建築都是明治26年(1893年)後重建的，再建時為了防火選擇耐火的土藏造，黝黑的建築體，形成今日川越藏之街的最大特色。由於關東大地震與戰爭，**東京都內土藏造建築漸漸消失，川越市卻完整保留約30多棟，現在改為商家極富古意**，遊逛其間，宛若時光倒轉，相當有意思。

Map

造型特異的「時之鐘」是川越老街地標，每到6點、12點、15點、18點時準時鳴鐘。

青銅屋頂的崎玉りそな銀行建於大正7年，已指定為國家有形文化財。

地圖標示
氷川神社
51
市立博物館
市立美術館
蘭山記念美術館
大沢家
菓子屋橫丁
松陸製菓
蔵の街
翠扇亭
時之鐘
1
● 市役所
川越城本丸御殿
星巴克
鐘つき通り
にっぽんCHA CHA CHA
かすが
大八勝山
川越椿の蔵 2
ぼっちり
開運亭
右門
龜屋
小江戶OHANA
4
井口甘納豆
大正浪漫夢通り
川越歷史博物館
3
シマノコーヒー大正館
喜多院
仙波東照宮
小江戶藏里
39
川越新富町商店街
中院
川越八幡宮
八幡通り
三番橫通り
川越市駅
本川越駅
②
①
西武新宿線
東武東上線
JR川越線
川越駅
39
N

❷ 川越椿の蔵

宛如和風雜貨的寶藏屋。

小編激推

📞049-227-7030　🏠川越市幸町3-2

10:00~18:00、假日10:00~19:00；足湯喫茶
12:00~17:30、假日10:00~18:30

　沿著一番街商店街散步，不難發現許多店舖都會販賣懷舊小物和一些和風擺設、首飾等等。而「椿之蔵」則可以說是一家集大成的店！**長達30米深、2層樓的店舖內分成多個部分，包括和洋雜貨、食品、可以泡足湯的喫茶店，以及2F能量石區域店舖，包羅萬象**。店內可愛的品項多得讓人眼花繚亂，每個人絕對可以在這裡挑到心頭好！

1F走到底是一處可以邊欣賞庭院花草、邊喝咖啡泡足湯的特別喫茶店。

❸ シマノコーヒー大正館

📞049-225-7680　🏠川越市連雀町13-7(大正浪漫夢通り)　🕐12:00~17:00　💰咖啡¥700起

　「シマノコーヒー大正館」是在地知名的老咖啡店。位在大正浪漫夢通り的店，不論從外觀、招牌上的字體到進入咖啡館裡、大叔咖啡師，無一處不充滿大正時代的風雅。自家烘焙咖啡發散令人放鬆的氣息，復古感充滿的店內流溢著爵士音樂，讓人完全放鬆。

這裡洋式建築、和洋建築居多，優雅的石坂道及許多老舖，也讓電影愛來此取景。

❹ 大正浪漫夢通

🏠川越市大正浪漫夢通り

　雖然與人潮洶湧的藏造一番街平行、僅鄰一個路口距離，但**「大正浪漫夢通街」卻是一副安靜、充滿大正時代浪漫氣息的商店街風貌**。歷史悠久的這條商店街曾有銀座商店街的稱號、熱鬧非凡，此時所見的街區雖為平成初期重新整建，但不同於江戶風的一番街，充滿洋式大正時代氛圍。

15 成田

なりた Narita

距離成田機場只要10分鐘左右車程的成田市，因氣氛莊嚴隆重的成田山新勝寺而聞名，光是從成田車站出站到成田山新勝寺的表參道就可以逛半天，充滿古色古香的街道上在近幾年也紛紛進駐多間氣質咖啡廳，感受古老氛圍的同時也可品味優雅午茶。

從東京運來的天燈為鐵製，重達800公斤。

被指定為國家重要文化財的三重塔建於正德2年(1712年)，高度約25公尺。

大本堂內供奉的不動明王像是寺內最珍貴的文物之一。

ACCESS

電車
*搭乘JR成田線在「成田駅」下車。
*搭乘京成電鐵本線在「京成成田駅」下車。

注意
從電車站前方即可以成田山表參道串聯到新勝寺，將近1公里路程也可以先搭公車到新勝寺，再沿途逛回到電車站。

① 成田山新勝寺

成田市成田1　0476-22-2111　自由參拜

來到成田必參拜！氣派莊嚴不動明王之寺。

小編激推

　成田山新勝寺為真言宗智山派的大本山，總佔地22萬平方公尺，從940年開山至今已經有超過千年的悠久歷史，每年約吸引千萬人前來參拜，**在1月1至3日的三日間，甚至就有近300萬人來此初詣(新年參拜)，人數僅次於明治神宮。**境內的大本堂建於昭和43年(1986年)，是舉行御護摩祈願的場所，以御護摩向不動明王祈願是真言密宗的特殊儀式，自平安時代流傳至今，寺方會替祈願者焚燒御護摩，火代表著不動明王的智慧，御護摩則象徵著對塵世的熱情。

Map

Web

古色古香的街道走起來相當舒適，感受古老氛圍的同時，也能吃喝購一次滿足。

參拜結束新勝寺門前熱鬧參道美食齊聚，不能錯過！

小編激推

② 成田山表參道

成田山新勝寺前參道　店家營業時間各異

　參拜完成田山新勝寺後，決不能錯過寺院門前的成田山表參道，總長近1公里，兩側古色古香的建築，讓這條帶有古時風味的參道，齊聚眾多美食名店、伴手禮、街邊小吃等商家，在結束寺廟巡禮後再來到參道補充體力、採買伴手禮，再開始下一站的旅行。

Map

③ 川豐本店

☎0476-22-2711　⊕成田市仲町386　◷10:00~17:00　✖不定休(休日會依時期不同而有差異,詳細日期請見官網)　◉うな重(鰻魚飯)¥2900

小編激推

成田一帶使用利根川與印旛沼的野生鰻魚,在參道上就有多間店家提供鰻魚料理,而且各都具有廣大擁護者,在如此多的競爭者中,**川豐本店**的鰻魚飯可說是無人能出其右,堅持每日在店內「現殺、現蒸、再現烤」,帶著淡淡甜味的醬汁滲入鮮嫩魚肉,滋味甘美鮮甜,香氣餘韻久久不散。

表參道上的鰻魚飯人氣名店,讓人欲罷不能的現烤鰻魚!

現點現烤的鰻魚,等再久也只為這噴鼻的醬香味。

老師傅熟練的處理新鮮鰻魚,像是在看一場表演秀。

④ なごみの米屋 総本店

☎0476-22-1661　⊕成田市上町500　◷8:00~18:00(依季節調整)　◉ぴーなっつ最中(花生最中)¥150

Map
Web

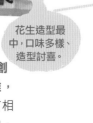

明治32年(1899年)從製作栗羊羹起家,是千葉縣最受歡迎的銘菓。除了**提供加入整顆肥大栗子的羊羹外**,也研發了許多獨創的和菓子,各個造型優雅,送禮相當大方,其中還有相當討喜的超可愛花生最中,幸運的話還可以買到手拿幸運草的版本喔。

花生造型最中,口味多樣、造型討喜。

① 成田山新勝寺
駿河屋
又兵衛
江戶久
成田山門前旅館
成田山表参道 ②
成田観光館 ⓘ
③ 川豐本店
三芳家
藤倉商店
杉養蜂園
成田ゆめ牧場
三橋鷹女の像
後藤だんご屋
④ なごみの米屋
金時の甘太郎
長命泉酒藏
成田駅
京成成田駅
Mercure HOTEL成田
JR成田線
京成本線
←往佐原駅、成田空港駅
往成田機場→
←往京成酒々井駅
往酒々井駅↓

16 佐原

さわら Sawara

佐原過去為江戶幕府直轄領地(天領)，因位處水運道──利根川與小野川旁，成為水運貨物的集散地，活絡的商業活動帶動佐原的發展，讓當地繁盛一時，使佐原有著「小江戶」之稱。尤其忠敬橋附近一帶，還留存著當時的土藏造商町建築，滿溢著歷史風情街景。

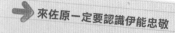

來佐原一定要認識伊能忠敬

伊能忠敬到底有多令人敬佩，讓他在佐原到處都有紀念碑。首要當然是一訪紀念館，分10多張分區繪製完成的地圖，複製展示在館內，整個繪製的宏大之旅不僅紀錄下地理與地形，也包含天文與日月觀測，後世也將這非凡成就的地圖稱為「伊能圖」。

ACCESS

電車
搭乘JR成田線在「佐原駅」下車。

巴士
車站離景點有點距離，建議在佐原駅前搭乘佐原循環巴士、或往小見川的千葉交通巴士，可抵達忠敬橋、香取神宮等景點。

臨小野川的店鋪在伊能忠敬入贅前即已存在，歷史悠久。

① 伊能忠敬舊家

☎0478-54-1118　⌂香取市佐原イ1900-1
🕘9:00~16:30　🚫年末年始　💰免費

屋宅就面臨著小野川與樋橋，這裡是伊能忠敬17歲入贅伊能商家後，店鋪兼住宅之處。伊能在此生活了30年，直到50歲才離開前往江戶(東京)學習天文學。經營釀造業的伊能舊家，可以進入參觀店鋪內部外，店鋪後方則是住宅、庭院及土藏，江戶時代的建築歷史、加上是伊能30年生活遺跡，因此昭和時即被指定為國定史蹟。

令人驚豔的古地圖繪製法。

② 伊能忠敬紀念館

☎0478-54-1118　⌂香取市佐原イ1722-1　🕘9:00~16:30　🚫週一、年始年末　💰一般¥500、中小學生¥250

小編激推

忠敬舊家穿過小野川對岸就是「伊能忠敬紀念館」，50歲前致力經商，卻在50歲後發憤學習天文地理，江戶時代的地圖測繪家反而成了他留名青史的稱呼。50歲後至73歲過世，他傾後半生心力踏遍日本、終於在他逝世後3年，由弟子接力完成日本第一張全國地圖《大日本沿海輿地全圖》，不但準確度與現今真實日本相當接近，更打開自古以來日本自身與世界對日本的認知。

伊能忠敬像

館內展示將當時田野調查的縝密紀錄及測量儀器，讓人敬佩在江戶年代，艱辛的地圖繪製工作。

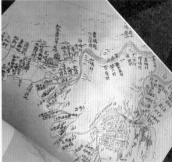

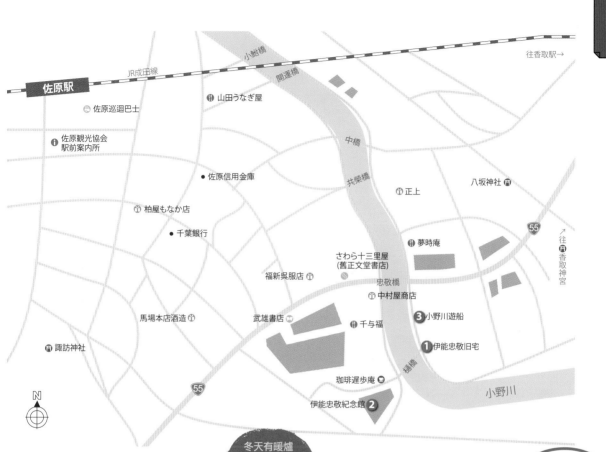

佐原駅

JR成田線

小舟橋

開運橋

往香取駅→

🚌 佐原巡迴巴士

🅿 山田うなぎ屋

ℹ 佐原観光協会
駅前案内所

● 佐原信用金庫

中橋

共榮橋

🅿 正上

八坂神社 ⛩

55

↑往 ⛩
香取神宮

🅿 柏屋もなか店

● 千葉銀行

さわら十三里屋
(舊正文堂書店)

福新呉服店 🅿

🅿 夢時庵

忠敬橋

🅿 中村屋商店

❸ 小野川遊船

馬場本店酒造 🅿

武雄書店

🅿 千与福

❶ 伊能忠敬旧宅

⛩ 諏訪神社

珈琲遅步庵 ☕

大通橋

小野川

伊能忠敬紀念館 ❷

N

冬天有暖爐
遊船,在寒冷天
氣裡也能舒服遊
覽水鄉。

游逛水鄉佐原
的舒適方式,
坐上木船來趟
小野川巡禮。

❸ 小野川遊船

📍 香取市佐原イ1730-3 伊能忠敬
紀念館前乘船 🕐 10:00~16:00(依
季節而異),一趟約30分 ⊗ 年末年
始、不定休 💰 大人¥1300、小學生
¥700

小編
激推

被指定為重要傳統建造物群保存地
區的佐原,懷舊商家建築滿溢著江戶情
緒,要想細細品味佐原水
鄉的美好風情,最推薦的
就是小野川遊船。**全程約
30分鐘的航程中,可欣賞
兩岸的土藏造建築與綠
意垂柳夾道的美景,幸運
的話還可看到火車從頭
頂上行駛而過。**

Map

Web

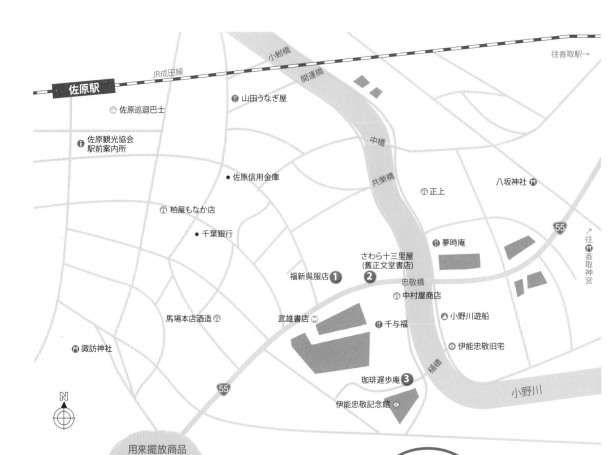

佐原駅

JR成田線

小舟橋

開運橋

往香取駅→

中橋

共榮橋

⑤ 佐原巡迴巴士

⑪ 山田うなぎ屋

ⓘ 佐原観光協会
駅前案内所

● 佐原信用金庫

⑪ 柏屋もなか店

● 千葉銀行

⑪ 正上

八坂神社 🏯

55

⑪ 夢時庵

さわら十三里屋
(舊正文堂書店)

福新吳服店 ❶

❷

忠敬橋

往香取神宮→

福新吳服店 ❶

武雄書店

馬場本店酒造 ⑪

🏯 諏訪神社

⑪ 中村屋商店

🚢 小野川遊船

🏯 千与福

🏛 伊能忠敬旧宅

珈琲遅步庵 ❸

樋橋

小野川

55

N

伊能忠敬記念館

用來擺放商品
的傢俱都是歷代流
傳下來的記憶,紀念
性十足。

古色古香的土
藏造店舖,感
受江戶情懷。

❶福新吳服店

☎0478-52-3030　⌂香取市
佐原イ505　🕘9:30~18:00　休不
定休

**小編
激推**

　以土藏造老建物為店舖
的福新吳服店,洋溢著老房
子懷舊風味的店內,可看到有著悠久
歷史的大型木櫃,再往內走則可欣賞各
式古道具與和服展示。這裡**主要販售
布的周邊商品,尤其以花色繽紛的手
拭巾最吸引目光,相當適合買回家自
用或送禮**。除了逛逛店內商品外,建築
也相當值得細看,因
為這座土藏造店舖及
中庭倉庫,都已經被指定
為千葉縣的有形文化財。

Map

《東京下町古書店》(日文劇名《東京バンドワゴン~下町大家族物語》)就是以此為古書店拍攝背景。

❷ さわら十三里屋(舊正文堂書店)

☎0478-51-1105 　香取市佐原イ503

11:00~17:00 　週一 　烤番薯¥540起

古書屋建築裡品嘗和菓子。

小編激推

黑色厚重、2層樓的藏建築，建築物外面掛著「正文堂」招牌，但往裡一看卻是一家和菓子店&喫茶處。建於1880年的這個老建築，過往是老書店正文堂，書店消失後再歷經地震整修，成為縣指定文化財的建築就被重新運用，「さわら十三里屋」進駐並以佐原名物的地瓜做成創新風味銅鑼燒，美妙的滋味與老建築合奏出令人難忘的風味。

QQ的銅鑼燒餅皮中包覆著紅豆泥跟蕃薯，淡淡黑糖風味也讓這美味口感再提升。

由江戶末期出生的名書家巖谷修所書寫的「正文堂」，也是建築的亮點之一。

❸ 珈琲 遲步庵いのう

☎0478-54-2335 　香取市佐原イ1721-12 　11:30~17:00 　週三 　咖啡¥500

　從伊能忠敬舊家穿過樋橋前往對岸的伊能忠敬紀念館前，在橋頭有一棟非常有韻味的老建築，門前大大的木頭店招牌「東京バンドワゴン」雖然讓人摸不著頭緒，但一旁的手寫板就標示著「珈琲 遲步庵いのう」。這裡是伊能家後代所開設的咖啡廳，獨特的老氛圍讓人情不自禁想推開木門入內，這裡有咖啡、甜點外，也陳列一些伊能家代代使用的古道具、古美術品。

探訪歷史遺風 江戶時代軍事建城重要守衛地

17 佐倉 さくら Sakura

佐倉為江戶時代保護德川幕府最重要的東邊軍事防衛地，在那時以城下町而開始商業繁榮發展，如今回歸日常的佐倉，遺留的江戶遺風、明治的近代化風貌，不論是佐倉城遺跡、江戶時代醫療史跡、武士屋敷等，讓這裡觀光、歷史價值倍增。

超大遺跡公園內，春櫻、秋楓知名外，也有冬梅、夏菖蒲&繡球，四季花團錦簇。

1 佐倉城址公園

☎043-484-0679 ⊙佐倉市城內町官有無番地 ◐全日開放

腹地相當廣闊的「佐倉城址公園」，說是公園裡有城址遺留、還不如說是整個遺址裡變成了公園。佐倉城雖在明治維新時被拆除變成了軍營所在，但也因軍隊的利用，讓整個城的原本範圍及舊城輪廓位置，幾乎仍舊存在可辨識。昭和年代重新整理後，佐倉城的各個建築位置地基、壕溝、土壘等都被保留，讓人可以完整描繪出佐倉城的形制與規模，因此即使地上物已不復存在，相當特別的是，它仍被名列日本百名城之一。

Map Web

本丸的天守閣雖已不再，但遺跡位置範圍卻相當明顯，如今成了散步、打球之處。

ACCESS
電車
＊搭乘JR總武本線、成田線在「佐倉駅」下車。
＊搭乘京成電鐵本線在「京成佐倉駅」下車。
注意
整個佐倉市中心區域主要位在JR佐倉駅與京成佐倉駅中間的區域，全靠走路串聯會太遠，建議搭配市區巴士行進。

傳統及民常歷史物品、風俗等分門別類展示，部分展示甚至提供體驗。

日本規模最大的民俗博物館。

小編激推

2 國立歷史民俗博物館

☎043-486-0123 ⊙佐倉市城內町117 ◐9:30~17:00(3~9月)，9:30~16:30(10~2月) ⊛週一(遇假日順延至隔日)，12/27~1/4，不定休 ◐一般￥600，大學生￥250，高中以下免費

位在城址公園北側的「國立歷史民俗博物館」，這裡展示的文物精采度絕對超乎你的想像。屬於國家學術研究資料等級，不論深度、廣度都非同凡響，在廣達12萬坪的博物館區域內，包含7大展間，從遠古一直到現代，以日本的歷史與民俗、常民生活切入，更用大量的精細模型複製場景，讓參觀者更容易理解，想一覽全貌，花個2-3小時絕對必要。

Map Web

京成本線

⑥65

海隣寺の坂

京成佐倉

京成本線

② 國立歷史
民俗博物館

ℹ️ ㊙️ 小川園
佐倉市
観光協会

① 佐倉城址公園

藏六餅本舖
木村屋

成田街道

◉ 佐倉新町おはやし館

麻賀多神社 ⛩️

③

◉ 佐倉市立
美術館

🍜 房州屋本店

猿が脇の坂

武家屋敷住宅群

⑥296

旧堀田邸(櫻花庭園) ◉

⑥136

總武本線

佐倉

ℹ️
JR佐倉駅前
観光情報中心

結合茶屋&
藏的和菓子
老舖。

③ 藏六餅本舖 木村屋

📞0120-540-021 🏠佐倉市新町222-1 ⌄
9:00~17:00 🈺週三、1/1 💰佐倉城最中(1
個)¥140,藏六餅(1個)¥450

與東京銀座的木村屋同為姊妹店,在明
治15年以2號店在佐倉開設麵包舖,後來轉變成以
販售和菓子為主。將**江戶時代統
治佐倉長達141多年的堀田家、
祖傳五彩龜甲模樣的「藏六石」為意
象,製作成和菓子最中,從此成為佐
倉最具代表的茗菓**,從昭和年代
熱賣至今。本店除可買和菓子外,
也併設一小處飲茶區,並開放江戶後
期蓋建的藏與古器具供參觀。

小編
激推

Map

Web

藏六餅有粒狀紅豆
泥、沙質紅豆泥及白豆
沙泥三種口味,也有做
成佐倉城的最中。

近來受到外國旅客注目的這處竹林古道秘境,也很適合租武士服或和服來此取景。

在地人氣蕎麥麵屋。

①房州屋

小編激推

☎043-484-0402 ⚲佐倉市新町233 🕙11:00~15:00 (休)週一(遇假日延至隔日休) 🍴佐倉七福神そば¥1200

位在麻賀多神社旁邊、前往城址公園主幹道上的蕎麥麵老舖「房州屋」,**90年的傳統滋味不但在地人熱愛,連外地觀光客都愛來,用餐時間有時還得排隊。** 人氣首選除了以地產大和芋磨成泥當蕎麥麵沾醬外,融合7種配料的佐倉七福神そば,既具吉祥意涵也讓口感多樣豐盛。

老式傳統氛圍的店內,來一碗美味蕎麥麵,吃起來就更加帶味。

③古徑 ひよどり坂

四季綠意的竹林隧道。

☎043-484-6146 ⚲佐倉市城內町5-23 🕙全日開放

小編激推

位在武士屋敷鏑木小路底端的這條綠意竹林道,通過它可以前往佐倉城。**從江戶時代起就有的這條土坂階梯竹林道古徑、被完整保留,大約有160公尺長,**在江戶的古書中也發現過記載這條古道的描述。兩側綠竹參天宛如隧道,中間點也設有座椅休憩,讓人可以悠閒想像江戶時代武士們往來這條路徑的景象。

②武家屋敷

☎043-486-2947 ⚲佐倉市宮小路町57(旧河原家住宅入口售票處) 🕙9:00~17:00(最後入館16:30) (休)週一(遇假日延至隔日休),12/28~1/4 💰一般¥250、學生¥120

回顧佐倉城下町當時樣貌的巡禮地,**這條鏑木小路裡有五棟連綿的武士屋敷,見證當時武士們的生活樣貌。**其中三棟開放參觀的屋敷分別是舊河原家住宅、舊但馬家住宅、舊武居家住宅,內部展示當時的生活物件外,透過三棟不同形制的屋敷,也能理解不同武士身分層級下所住屋敷大小、建築細節都有嚴格規範。

走在這條武士屋敷小徑上,可感受到江戶時代的武家町氣氛。

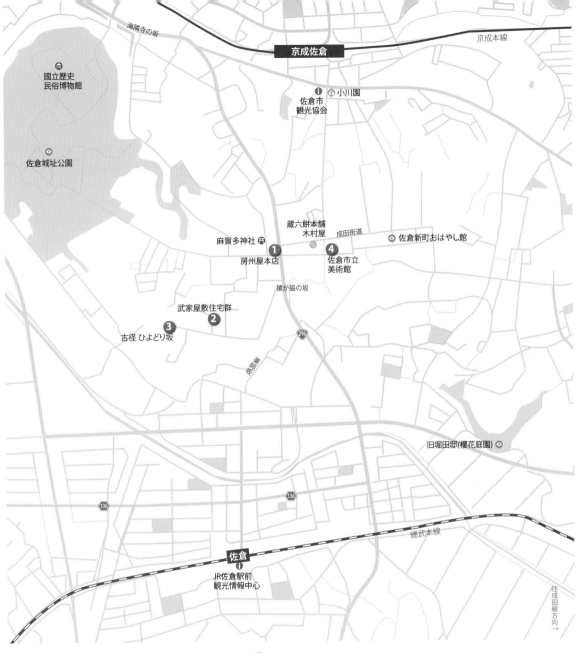

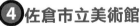

4 佐倉市立美術館

 Map Web

📞043-485-7851　📍佐倉市新町210
🕐10:00~18:00(最後入館17:30)　㊡週一
(遇假日延至隔日休)，12/28~1/4　💰免費

　　從京成佐倉駅前直挺挺的道路走到底，就會看到位於成田街道上的美術館，充滿歷史感的洋式紅磚洋樓就是美術館的入口。穿過洋樓內部再通過一道門才是美術館本體，這裡以收藏展示佐倉、房總在地藝術家或是**以當地景緻為創作題材的近代作藝術品收藏**，另外也企劃展出一些現代美術作品等，讓這個老城多了些現代藝術氛圍。

大正時代作為銀行建築，內部其實相當小，現僅做為美術館入口或活動空間使用。

18

銚子
ちょうし Choshi

> 由一條地方電車串聯的關東極東小鎮——銚子，有著大都會與觀光地區少見的恬淡風情；這裡有著日本最大流域的河川——利根川，發揚了銚子的漁業與醬酒，而位在關東地區最東端的犬吠埼可以看到日本最早升起的日出。

ACCESS
電車
*搭乘JR總武本線、成田線在「銚子駅」下車。
*搭乘銚子電鐵在「銚子駅」、「觀音駅」、「犬吠駅」、「外川駅」等下車。

PASS
銚子電鐵從起站銚子駅~終點站外川，隨意上下車拜訪是最棒遊玩方式，可利用1日PASS(銚子弧迴手形1日乘車券)最方便省錢。

> 列車內可能會出現愛心握把，聽説和心儀的人一起握的話會有好結果哦！

① 銚子電鐵
☎0479-22-0316

1922年設立的地方鐵道「銚子電鐵」，位在關東平原的最東側，連接了JR路線後沿著海濱行駛，沿路風景美不勝收。由於人口過疏化，過去曾因營運資金不足而一度面臨廢線危機的銚子電鐵，因自製溼仙貝(ぬれ煎餅)營救一度遭遇危機的電鐵，而造就地方的傳奇故事。想找點不一樣的樂子，搭上銚子電鐵，一站一站拜訪銚子的生活風景，嚐嚐當地海味，讓這段鐵道小旅行更加有趣。

Map

Web

小編激推

> 慢行於田園海濱之上，極東之境的鐵道小旅行。

> 銚子知名在地老品牌，細聞飄香醬油味。

小編激推

② ヤマサ醬油工場
🚶銚子電鐵仲ノ町駅徒步2分
☎0479-22-9809 📍銚子市北小川町2570 🕐見學時間：9:00~11:00、13:00~15:00 (需預約) 週末例假日，夏季休假，年末年始
💰醬油吊飾¥314，手拭巾¥990

從1645年營業至今的醬油老店，在江戶時代末期幕府還授予其「最上醬油」的稱號，現在則開放一般民眾免費參觀，在20分鐘的影片介紹後即開始30分鐘的工場見學，從可填裝大豆、小麥等原料的20公尺高筒倉，到發酵室、歷史展示品等都可以看到，**結束後每個人會得到一包紀念品醬油，離開前還可以到賣店買醬油相關的周邊商品。**

Map

Web

> 以醬油製成的霜淇淋甜中帶點鹹味，有點像海鹽焦糖口味。(現因疫情暫停販售)

③圓福寺 飯沼觀音

🚃銚子電鐵觀音駅徒步5分 ☎0479-22-
1741 📍銚子市馬場町293 🕐自由參觀

　千葉縣銚子市的圓福寺為坂東觀
音靈場33所之一，**其以本尊十一面
觀音的「飯沼觀音」最為知名，自
江戶時代起參拜人潮絡繹不絕，
而成為當地名剎**；爾後經由電視節
目介紹寺內有眾
多寺寶，例如美
術品「奈良時代銅造
鐃」、享德在銘的銅
鐘、「天正墨書
銘的戒躰函」、
古文書等成為來到銚
子必訪景點。

④一山いけす

🚌銚子駅搭乘開往海鹿島、黑生的市巴士在「鳶岩」
站下車 ☎0479-22-7622 📍銚子市黑生町7387-5 🕐
11:00~19:30(15:30~17:00準備時間) 🚫週四、12月31
日 💰餐點¥275起、套餐¥2695起

　　創業60載的「一山いけす」，**主打將新鮮漁
獲生鮮養殖在店內的巨大魚缸內，可以看到像
是龍蝦、比目魚、烏賊等在魚缸內游動，並有廚
師可以當場現點現料理**。因店家建造在地理位置較高處，從用
餐處可以看到絕佳的太平洋海景，讓視覺、味覺都充滿享受。

❶ 外川駅

⊙銚子市外川町2-10636

　銚子電鐵的終點站「外川駅」，外觀保存了**大正時期的木製建築，復古的白底黑字外川駅站牌沉穩地置於屋簷上**。在過去外川駅曾為NHK長篇戲劇「澪つくし」為拍攝舞台，對於老

Map

一輩日本人有著不同的情感。沿著外川駅附近老街、巷弄小路進行小小的散策旅行也是不錯的選擇。

銚子電鐵之旅必吃代表。

❷ 溼仙貝

Map

小編激推

🚉銚子電鐵犬吠駅內　⊙銚子市犬吠埼9595-1　☎0479-25-1106　🕙10:00~18:00　💰ぬれ煎餅¥500(5片)、烤仙貝體驗¥100(1片)

　濕仙貝可說是銚子電鐵的救世主，來搭銚子電鐵時絕對不可錯過，**在犬吠駅內就有溼仙貝賣店，不僅可以買回家當伴手禮，也可以買一片剛烤好的暖呼呼仙貝當場品嘗，濕潤的口感與鹹香的滋味相當獨特**。另外，這裡也有仙貝製作體驗，一步步跟著老師壓餅、烤餅到沾醬完工，相當新鮮有趣。

溼仙貝是將製作好的乾仙貝，浸入調味醬油而成為溼潤口感。

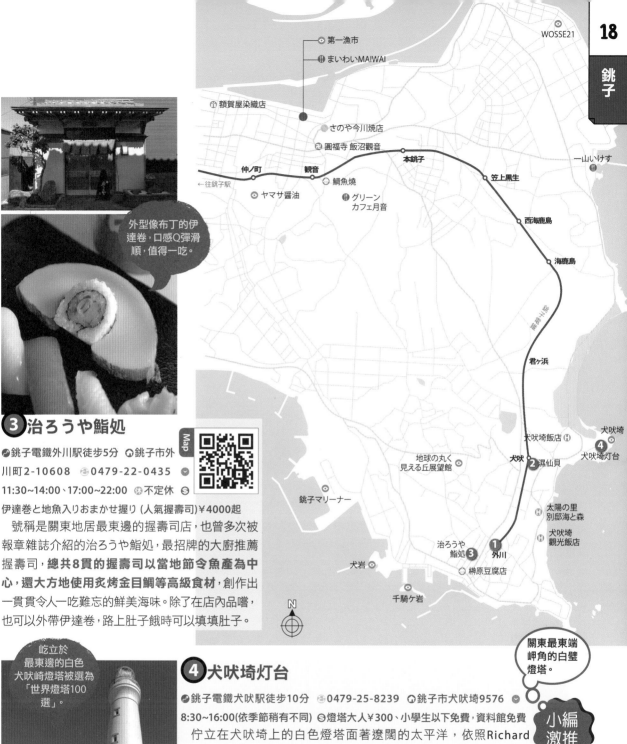

第一漁市
まいわいMAIWAI
額賀屋染織店
さのや今川焼店
圓福寺 飯沼觀音
仲ノ町　観音　　本銚子
←往銚子駅　　　　　　　　　　笠上黒生
ヤマサ醤油　鯛魚燒
グリーン　　　西海鹿島
カフェ月音
一山いけす
海鹿島

君ヶ浜

犬吠埼飯店　　犬吠埼
地球の丸く　　犬吠　濕仙貝　犬吠埼灯台
見える丘展望館

銚子マリーナー
太陽の里
別邸海と森
犬吠埼
觀光飯店
治ろうや　　外川
鮨処
犬岩
榊原豆腐店

千騎ケ岩

外型像布丁的伊達卷，口感Q彈滑順，值得一吃。

③ 治ろうや鮨処

Map

🚃銚子電鐵外川駅徒步5分　📍銚子市外川町2-10608　☎0479-22-0435　🕐11:30~14:00、17:00~22:00　不定休　💰伊達卷と地魚入りおまかせ握り (人氣握壽司) ¥4000起

　號稱是關東地區最東邊的握壽司店，也曾多次被報章雜誌介紹的治ろうや鮨処，最招牌的大廚推薦握壽司，**總共8貫的握壽司以當地節令魚產為中心，還大方地使用炙烤金目鯛等高級食材**，創作出一貫貫令人一吃難忘的鮮美海味。除了在店內品嚐，也可以外帶伊達卷，路上肚子餓時可以填填肚子。

屹立於最東邊的白色犬吠崎燈塔被選為「世界燈塔100選」。

④ 犬吠埼灯台

🚃銚子電鐵犬吠駅徒步10分　☎0479-25-8239　📍銚子市犬吠埼9576　🕐8:30~16:00(依季節稍有不同)　💰燈塔大人¥300、小學生以下免費，資料館免費

　佇立在犬吠埼上的白色燈塔面著遼闊的太平洋，依照Richard Henry Brunton的設計於明治7年(1874年)建造而成，並於2020年被指定為國家重要文化財。**攀爬99階螺旋狀階梯後，登上燈塔時的視野相當遼闊，雄壯的景色相當震懾人心**。在燈塔一旁的資料展示館展出燈塔的介紹以及犬吠埼燈塔的歷史文化價值，更酷的是還可以看到初代燈塔的透鏡。

關東最東端岬角的白璧燈塔。

小編激推

Map　Web

19

日光全區

にっこう Nikko Area

日光有名聞遐邇的二社一寺：東照宮、輪王寺以及二荒山神社，其中最壯麗奪目的莫過於桃山文化建築風代表的東照宮，1999年12月經聯合國教科文組織登錄為世界遺產。奧日光則擁有優美的中禪寺湖、奔騰的華嚴瀑布，加上鬼怒川溫泉區，構成無與倫比旅遊魅力。

ACCESS

電車
*搭乘JR日光線在「日光駅」下車。
*搭乘東武鐵道日光線在「東武日光駅」、「鬼怒川溫泉駅」下車。
*搭乘野岩鐵道-会津鬼怒川線在「龍王峽駅」、「川治溫泉駅」下車。

巴士
除了東武日光駅離東照宮等處徒步可達，其他景點都必須搭巴士，許多巴士都可到觀光景點外，也可利用世界遺產巡禮巴士(世界遺産めぐり)，更快速串聯重要景點。

---

① 戰場之原

🚌日光駅前搭乘開往湯元溫泉的東武巴士約1小時，至「三本松」站下車徒步1分　☎0288-54-2496(日光市觀光協會日光支部)　⌂日光市中宮祠

戰場之原相傳是男體山之神和赤城山之神在遠古時決戰的場所。現今所看到近四百公頃的遼闊濕原，在古時原本是男體山爆發後形成的堰塞湖，在火山噴出物、沙土與蘆葦等各種水生植物殘骸淤積後而形成。**沿著木棧道健行，6月中旬至8月上旬百花綻放，10月中旬時赤黃色的草原襯著楓紅。**

> 戰場之原鋪設木棧道，路線難度不高，一路上呈現四季不同美景。

② 中禪寺湖

> 火山熔岩形成的絕景之湖，也是楓紅秋景名所。

小編激推

🚌日光駅前搭乘開往中禪寺溫泉的東武巴士約45分，至「中禪寺溫泉」站下車　☎0288-54-2496(日光市觀光協會日光支部)　⌂日光市中宮祠　🕐自由參觀　⛴遊覽船：環遊一周自由券航線大人¥1400、兒童¥700，全程約55分

中禪寺湖是日光連山主峰男體山火山噴發時所形成的高山堰塞湖，周長約25公里，是栃木縣內最大的湖泊，據傳是由勝道上人所發現，過去曾做為修行道場。**秋天楓紅時分，碧藍的湖水襯著湛藍的晴空，倒映著深秋紅葉燦爛似火般的剪影，令人心醉不已，還成為電影《失樂園》的拍攝背景。**

> 可以搭乘遊覽船，欣賞湖光山色。

秋季楓紅、夏季新綠，初夏赤紅的三葉杜鵑花盛開更是一大絕景。

華美的瀑布美景震撼人心，若行程有餘裕一定要來訪。

④ 華嚴瀑布

小編激推

 Map

 Web

🚌日光駅前搭乘往中禪寺溫泉的東武巴士約45分，至「中禅寺温泉」下車徒步3分 📍日光市中宮祠 🕐觀瀑電梯8:00~17:00，12~2月9:00~16:30(依季節而異) 💰觀瀑電梯來回大人¥570、小孩¥340

華嚴瀑布位在中禪寺湖畔，與茨城縣的袋田瀑布、和歌山縣的那智瀑布同為日本知名度最高的三大名瀑。特別是華嚴瀑布，從97公尺高的岩壁上往下衝，聲勢格外不同凡響。**華嚴瀑布5月春天兩側山壁染上新綠，6月白腹毛腳燕在四周飛舞，1~2月時細小水流會凍結成冰，一年四季風情萬種。**

③ 龍頭瀑布

中禪寺湖通往湯滝的必經之路，一見壯麗奇景溪谷。

🚌日光駅前搭乘開往湯元溫泉的東武巴士約1小時，至「竜頭の滝」站下車 ☎0288-54-2496(日光市觀光協會日光支部) 📍日光市中宮祠

小編激推

湯川流經戰場之原後注入中禪寺湖，在流入中禪寺湖前分岔成兩道優雅的瀑布，名為「龍頭瀑布」，與華嚴瀑布、湯瀑布並列奧日光三名瀑。標高1,350公尺的**龍頭瀑布最美的時節莫過於秋天紅葉時分，以及5月新綠的時候，花葉飄散在雪白的流水上，翻滾捲動著的姿態如詩如畫。**

 Map

日本三大瀑布之一，能近距離感受負離子的威力。

湯煙之里 柏屋
川治溫泉
川治溫泉駅
龍王峽
龍王峽駅
新藤原駅
鬼怒川溫泉ホテル
鬼怒川溫泉 鬼怒川公園駅
夢の季
界鬼怒川 鬼怒川溫泉駅
小佐越駅 東武世界廣場
日光江戶村
日光猿軍團 新高德駅
精進料理堯心亭
仏蘭西懷石ふじもと
新高德駅

鬼怒川

太郎山
女峰山 赤薙山
霧降高原
霧降瀑布
東照宮

① 戰場之原
③ 龍頭瀑布
男体山
120
② 中禪寺湖 ④ 華嚴瀑布
界日光

神橋
米源 東武日光駅
さかえや
日光カステラ本舗
JR日光駅

東武日光線
JR日光線

下今市駅

栃木縣 鳴虫山

↓往東京淺草

①鬼怒川溫泉

鄰近日光的鬼怒川溫泉，做為湯治地的歷史悠久，全長176.7公里的鬼怒川奔流於關東平原上，上游就是**知名的溫泉鄉鬼怒川溫泉**，每年約吸引200萬人次前去泡湯。也因**與日光鄰近，相當適合在一天的歷史文化薰陶之後住上一宿，釋放旅途中累積的疲憊。**

鬼斧神工奇景，驚嘆於大自然的神奇力量。

②龍王峽

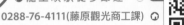

🚶 龍王峽駅徒步即達
📞 0288-76-4111(藤原觀光商工課)
📍 日光市藤原町

小編激推

鬼怒川秋景最美的地方，莫過於龍王峽，龍王峽是距今二千二百萬年前的海底火山活動噴發後所形成的火山岩層，**經過鬼怒川溪流數百萬年的切割侵蝕後，形成現在奇岩怪石裸露的溪流奇景，迫力驚人的溪谷風景狀似一尾巨龍，因此命名。**

③日光江戶村

好玩的時代村，穿越時空回到江戶時代，化身為歷史中的一抹身影。

小編激推

🚉 東武淺草駅搭東武鬼怒川線至鬼怒川溫泉駅下車，轉搭路線巴士約15分 📞0288-77-1777 📍日光市柄倉470-2 🕐3/20~11月9:00~17:00、12月~3/19 9:30~16:00，入場至閉村前1小時 🚫週三(遇假日營業)、冬季維護期 💰大人￥5800、小孩￥3000，14:00後(冬季13:00後)大人￥5000、小孩￥2600

重現江戶時代中期的日光江戶村，是《仁醫-Jin》、《猫侍》等時代劇、電影的取景地。**穿過大門，彷彿走入四百年前的時光，古時町屋、商家與武家屋敷建築，穿著傳統服飾的村民們漫步其中，真實地讓人相信自己正置身在江戶時代。**日光江戶村還提供許多精彩表演及變裝體驗，玩上一整天都還意猶未盡。

可愛的江戶村吉祥物にゃんまげ，也會出來串串場和大家拍照。

穿越時空到江戶時代，大家都超入戲！

全津鬼怒川線

→往⑩塩原温泉

五十里湖

川治水壩

鬼怒川

⑭湯煙之里 柏屋
川治溫泉駅 ⑪川治溫泉

龍王峽 **②** ◆龍王峽駅
◆新藤原駅
◎鬼怒川公園駅

鬼怒川溫泉ホテル ⑭ ◆夢の季
鬼怒川溫泉 **①** **鬼怒川溫泉駅**
太郎山 ▲ ⑭界鬼怒川
◆女峰山 ▲赤薙山 小佐越駅 ◆東武世界廣場
霧降高原
◆戰場之原 日光江戶村 **③**
龍頭瀑布 ▲男体山 霧降瀑布 日光猿軍團 ◆新高德駅
東照宮 ⑪精進料理堯心亭
⑪仏蘭西懷石ふじもと
神橋 日光市
中禪寺湖 華嚴瀑布 米源
界日光 さかえや ◆東武日光駅
日光カステラ本舖 JR日光駅
栃木縣 ▲鳴虫山 下今市駅
↓往東京淺草

120

N

在鬼怒川溫泉駅
火車頭緩緩駛至轉車
台，車頭360度繞一圈，讓
每個觀客都能近距離欣
賞火車的細部。

SL大樹

🚃下今駅、鬼怒川溫泉駅皆可搭乘 🚉下今市~東武世界廣場~鬼怒川溫泉 ⏰每日運行2~4班次，下今市發車：9:33、10:29、13:30、15:01，鬼怒川溫泉發車：11:14、12:53、15:05、16:43(單程約40分) 💰下今駅~鬼怒川溫泉駅-大人¥520~1080，小孩¥260~540(依不同型號收費)，1個月前開放線上預約 🔗www.tobu.co.jp/sl

東武鐵道曾以貨物運輸為大宗，全盛時期有85台SL(蒸氣火車)在這段路線上奔馳著，自從1966年全面廢除SL運行以來，睽違半個世紀，**2018年在東武鬼怒川線、下今市駅至鬼怒川溫泉駅之間12.4公里的路線上復活，以德川家將軍的尊稱、取名為大樹。**來自北海道的 **C11型**蒸氣火車頭曾以SL新雪谷號、SL函館大沼號的姿態活躍一時，現今伴隨嘟嘟汽笛聲，大車輪規律地運轉，與軌道鏗鏗鏘鏘規律地震動，SL大樹號繼續負著時光前行。

Web

20 日光駅

にっこうえき Nikko Station

日光觀光交通樞紐 東照宮就在徒步距離

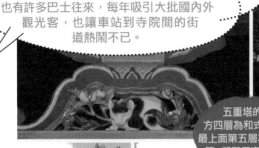

想旅遊日光一帶，以JR日光駅或是東武日光駅為入口站，可說是最方便也是最主要的選擇。尤其被列為聯合國文化遺產的日光東照宮、二荒山神社及輪王寺，就在車站徒步距離內，也有許多巴士往來，每年吸引大批國內外觀光客，也讓車站到寺院間的街道熱鬧不已。

五重塔的下方四層為和式建築，最上面第五層為唐風建築，凝聚了東照宮建築之美。

最知名「非禮勿視、非禮勿聽、非禮勿言」的三猿雕刻，找找看位在哪裡吧。

ACCESS

電車

*搭乘JR日光線在「日光駅」下車。

*搭乘東武鐵道日光線在「東武日光駅」下車。

注意

徒步約18分鐘可抵達二社一寺，不想走路也可在JR日光駅或東武日光駅前搭乘東武巴士前往，車程約10分鐘。

大關東地區的世界遺產，除了富士山外，最值得一訪的便是日光東照宮！

小編激推

① 東照宮

🚌日光駅前搭乘東武巴士的世界遺產巡禮巴士，至「勝道上人像前」、「大猷院 二荒山神社前」站下車 ☎0288-54-0560 ⏰日光市山內2301 🕐4~10月9:00~17:00，11~3月9:00~16:00 💰高中生以上￥1300、中小學生￥450 ❗平成大修理工事，本殿等已於2019年

Map Web

整修完畢，重新對外開放。下神庫、背面唐門、渡廊等處則預計2024年3月31日完成整修。

　1999年12月由聯合國教科文組織將其登錄為世界遺產的日光東照宮，是為了祭祀江戶幕府第一代大將軍德川家康，1617年由二代將軍秀忠開始修建，而到了三代將軍家光時，**更花下大筆經費、窮天下工匠絕藝將東照宮修築得絢爛奪目**。境內知名必看莫過於以「非禮勿視、非禮勿聽、非禮勿言」聞名的三猿雕刻，另外像是五重塔、奧社‧眠貓、靈獸等，都不可錯過。

世界文化遺產二社一寺中的天台宗的信仰重地。

小編激推

② 日光山 輪王寺

🚌同東照宮 ☎0288-54-0531 ⏰日光市山內2300 🕐4~10月8:00~17:00、11~3月8:00~16:00 💰三佛堂券大人￥400、中小學生￥200；大猷院券大人￥550、中小學生￥250；寶物殿‧逍遙園券大人￥300、中小學生￥100；輪王寺券（三佛堂‧大猷院）大人￥900、中小學生￥400

　日光山輪王寺為天台宗的信仰重地，相傳是766年日光開山聖祖「勝道上人」所開建，祭祀著千手觀音、阿彌陀佛、馬頭明王，分別象徵著日光三山的男體山、女峰山以及太郎山，鎮守著日光山中神靈聖地。**其中供奉千手觀音、阿彌陀佛、馬頭明王三神的是三佛堂，為日光山中最大的建築物。**

Map
Web

一到秋季，輪王寺的楓紅絢爛至極。

③ 日光二荒山神社

同東照宮 ☎0288-54-0535 ⬆日光
市山內2307 🕐4~10月8:00~17:00、
11~3月8:00~16:00 💰神橋¥300、神苑
¥300、寶物館¥500

> 日光山神靈信仰中心，聚集山神之靈地。

小編激推

　　二荒山神社是是日光山岳信仰的主祭神社，建築莊嚴充滿著神道教的樸實無欲，其中還**祭祀著福緣結守之神「大己貴命」**，求子安產之神「田心姬命」等神靈。神苑中有股稱做「二荒靈泉」的神泉，傳說喝了可以治療眼疾，一旁的茶亭還有賣用此靈泉所製的抹茶和咖啡呢。

> 以祈求姻緣有名的二荒山神社，可見到許多祈緣的御守及繪馬。

> 店內提供正統的西式料理，結合當地食材而深受歡迎。

> 老洋房內品美味，感受明治時代的珍貴逸品。

④ 明治の館

日光駅前搭乘東武巴士的世界遺產巡禮巴士約5分，至「清晃苑前」站下車徒步即達 ⬆日光山內2339-1 ☎0288-53-3751 🕐11:00~19:30 💰オムレツライス(炸豬排蛋包飯)¥1700

小編激推

　　原是明治時代美國貿易家Frederick W. Horn所建的別墅，當時請來日光工匠不惜時間成本打造，**其中以亂石砌方式築造的日光石石牆，更是珍貴的近代遺產，於2006年列入「登錄有形文化財」**。店內提供家常西式料理，還推出多項結合湯波(豆皮)、干瓢(葫蘆乾)等當地特產的菜色，深受歡迎。

21 那須高原

なすこうげん Nasukogen

富有歐陸情調的那須高原是近年來日本超人氣避暑勝地，初春時節，那須高原花開似錦；仲夏時氣溫涼爽怡人；逢秋天，姹紫嫣紅的波斯菊將那須高原點綴成動人的花毯；隆冬時分的那須高原則是愛好滑雪者的天堂，是個豐富又多彩的高原聖地。

ACCESS

電車
*搭乘JR東北本線在「黑磯駅」、「那須塩原駅」下車。
*搭乘JR東北新幹線在「那須塩原駅」下車。

巴士
那須高原範圍廣大，皆需搭乘巴士或是自駕。可利用那須觀光周遊巴士（那須高原観光周遊バス）きゅーびー号，主要巡迴那須高原觀光景點，共3條路線，幾乎想去的景點都能抵達。

以在地食材做成的那須便當，必定有九道菜。

1 友愛之森

⬤黑磯駅前搭乘那須湯元方向的東野交通巴士，約15分後在「友愛の森」下車 ☎0287-78-0233 ○那須郡那須町大字高久乙593-8 ⏰9:00~17:00（各場館營業時間不一）休各館公休時間不一，以及年末年始公休

友愛之森是高原上的交通轉運重要站點，也是觀光巴士出發點，滿足吃買之外也是個可體驗各式各樣手工藝品的創造空間，體驗的項目多達十幾種，**像是捏陶、撕和紙畫、編織竹籃、製作銀飾、雕刻木工等**，在老師親切地指導下，每個人都可以順暢地完成美麗的作品，渡過一個輕鬆自在的午後。廣場上不定時會有音樂會和園遊會，讓定居在那須高原的藝術家們有處互相交流的空間。

Map / Web

充滿歐洲鄉村雅致氣氛，連皇室都光臨過的美味餐廳。

小編激推

2 Gioia Mia 義式餐廳

⬤那須塩原駅轉搭東野巴士，往大丸温泉方向在「高湯入口下車」徒步2分鐘 ☎0287-76-4478 ○那須郡那須町湯本493-3 ⏰餐廳11:00~21:00（營業時間、定休日可能隨天候改變），麵包坊9:00~18:00 休每月第三週的週四（遇假日及5·8·10月無休），麵包坊每週四休 ⑤義大利麵單點¥1400起（套餐加¥1000）

被森林與各式花草庭園圍繞的兩棟可愛歐式房子，這裡就是那須高原高人氣的義大利餐廳Gioia Mia，1993年開幕至今，已經營業超過30年，直到2023年，這裡依然是人氣紅不讓，不但皇室家族曾經光臨過，很多藝人來這度假也愛來用餐。以提供義大利各地的料理為主軸，除了麵體採用義大利領導品牌的義大利麵、橄欖油、火腿等食材也很講究。

Map / Web

餐點運用嚴選當地食材桃太郎番茄、蜂蜜、雞蛋、蔬菜及在地高品質起士。

③ 那須ステンドグラス美術館

🚌那須塩原駅或黑磯駅前搭東野巴士至「守子坂」下徒步15分；或在「友愛の森」站搭周遊巴士約50分可達 ☎0287-76-7111 🏠那須町高久丙1790 🕐9:30~16:30 💰大人¥1300、中高生¥800、小學生¥500

> 英風玻璃美術館，超人氣日劇「仁醫」都曾在此取景。

小編激推

仍保有濃厚貴族風格的英國科茲窩丘陵區域，由於跟那須的氛圍很像，因此美術館便以當地領主宅邸為意象，進口當地的萊姆石，建造出風格與氛圍都極度相似的美術館建築群。這裡是以19世紀的彩繪玻璃展示為主體的彩色玻璃美術館，收藏許多骨董家具、音樂盒，禮品店內還有來自英國的各式雜貨、DIY課程等。

Map

Web

> 透過光線的照射，細緻的彩繪玻璃散出光芒。

> 美術館內陳列著古董沙發和桌燈，以貴族居家空間方式來展示。

④ NASU SHOZO CAFE

🚌黑磯駅前搭乘往那須湯本方面的巴士，25分後在「上新屋」下車 ☎0287-78-3593 🏠那須町高久乙東山2730-25 🕐10:00~16:30 🈳不定休 💰咖啡¥630，南瓜布丁¥500，套餐¥1250起

Map

Web

　SHOZO CAFE在那須一帶共有3家店舖，是相當知名的老牌人氣咖啡店。店內擺設60年代的復古家具，爵士與BASA NOVA輕柔地流洩，營造出輕鬆舒適的空間感。**NASU SHOZO CAFE以特別烘焙的咖啡與精選紅茶深獲顧客好評，店裡隨時都是高朋滿座。**

↑往 那須自然研究路　　　↑往 那須動物王國方向

平成の森 ◎

◎ 八幡崎

殺生石 ◎

温泉神社 ◎　　◎ 鹿の湯

◎ 那須湯本温泉

◎ 那須ゴルフ倶楽部　　◎ 那須御用邸

こころのおやど 自在荘 🏨

🍴 一軒茶屋前

松川屋 🍴　　🏨 水車の里 瑞穂蔵

南ヶ丘牧場 ◎　　🏨 ジャム工房ベリー
Gioia Mia義式餐廳 **②**

◎ 那須國際C.C.

ASIAN OLD BAZAAR ◎　　**③** 那須ステンドグラス美術館
🏨 那須キッチンリゾート 高原のキャセロール

Dining cafe Borage 🍴

④ NASU SHOZO CAFE

🏨 那須泰迪熊博物館

COUNTRY HOUSE PADDINGTON
Epinards 那須温泉飯店 🏨

りんどう湖 ◎

映像Café ミルフォニープラスDOG 🍴　　◎ 廣谷地
りんどう湖 ロイヤルホテル 🏨

友愛の森 **①**

🏨 Cheese Garden

◎ お菓子の城 那須ハートランド

661st. 🍴

那須高原ビール 🍴

東北自動車道　　東北新幹線　　JR東北本線

黑磯駅

往🏬那須庭園購物中心↙

N

各式熊熊造型與故事場景連結，感覺好像走入故事中。

還有龍貓長期展覽區，可以和龍貓、主角們一起玩！

收藏超過1200隻以上的泰迪熊博物館。

往○那須自然研究路

往○那須動物王國方向

平成の森 **2**

○八幡崎

殺生石○

温泉神社 📮　🏛鹿の湯

那須湯本温泉

○那須ゴルフ倶楽部　　○那須御用邸
こころのおやど 自在荘

🏛一軒茶屋前

松川屋　　🏛水車の里 瑞穂蔵

南ヶ丘牧場　　🏛ジャム工房ベリー
Gioia Mia義式餐廳 🏛

○那須國際C.C.

ASIAN OLD BAZAAR ○

🏛那須ステンドグラス美術館

🏛那須キッチンリゾート
高原のキャセロール

Dining cafe Borage ○

🏛NASU SHOZO
CAFE

Epinards
那須温泉飯店

COUNTRY HOUSE
PADDINGTON

1 那須泰迪熊博物館

映像Café ○
ミルフォニープラスDOG

○廣谷地

りんどう湖

友愛の森　　りんどう湖
ロイヤルホテル

3 Cheese Garden

○お菓子の城 那須ハートランド

661st. 🏛

那須高原ビール ○

東北自動車道

東北新幹線
JR東北本線

黒磯駅

N

往🏛那須庭園購物中心

1 那須泰迪熊博物館

小編激推

🚌那須塩原駅或黑磯駅前搭東野巴士至「那須テディベア・ミュージアム前(下池田)」下；或在「友愛の森」站搭周遊巴士約60分可達 ☎0287-76-1711 ○那須町高久丙1185-4 ○9:30~17:00(入館至16:30) 休3、6、12月的第2個週二，2月的第2個週二~三(遇假日不休) ○大人￥1500、中高生￥1000、小學生￥800

　有如位在森林間的那須泰迪熊博物館，穿過花園後就是一棟磚紅色的歐風建築，這裡是有著兩層樓空間、專門以泰迪熊為主題展示的地方。館內以各式的泰迪熊造型與場景搭配，**並以設計師所創意下的泰迪為主，衣服造型、樣貌千變萬化，二樓則是長期展區的龍貓特展，電影裡的場景一一在此重現。**當然想要把可愛泰迪熊都搬回家的話，空間又大、品項繁多的商店內，又是一個容易讓人失心瘋的地方，一旁還有優雅的咖啡廳可以坐下來休息。

Map

Web

曾為日本皇族避暑地點，四季變化都是美景。

❷ 日光国立公園 那須平成の森

🚃 那須塩原駅或黑磯駅前搭車　約1小時　☎0287-74-6808　Map

📍那須郡那須町高久丙3254　Web

🕐9:00~16:30，5·7·8月~17:00

🚫週三(遇假日隔日休)

　過去是日本皇室的避暑地，平成天皇將部份林地委託給政府規劃，於是「平成之森」就開放了。無論是**散步前往駒止瀑布，或是研究林間生態，來場雪地森林的探險，在保存良好的原始林中，一年四季風情變化都令人心折。**

在那須高原的平成之森進行一場雪地森林探險。

在平成之森的雪地探險，導覽員帶我們發現了樹幹上遺留的熊爪。

那須高原乳產量本州第一！

SOFT CREAM

　很多人對於北海道的乳製品印象深刻，幾乎是美味的代名詞。但其實除了**生產量日本第一北海道之外，第二名就是那須高原了。**由那須高原空氣清新、無汙染的廣大區域內所生產的牛奶，脂質濃厚，做成各式乳製品都相當廣受好評，尤其是起士類，更是絕對值得品嚐。

GIFT

人氣的生起士蛋糕，沒辦法買回家，那就到一旁カフェ＆ガーデン しらさぎ邸享用吧。

❸ Cheese Garden

那須美味乳製品你一定要嚐嚐！

🚃黑磯駅轉搭東野巴士往那須湯本方向約15分，在Cheese Garden下車徒步約5分

☎0287-64-4848　📍那須郡那須町高久甲喰木原2888　🕐9:00~18:00(餐廳L.O.17:00)(依季節會微調)　💰御用邸起士餅乾¥550/4片，御用邸起士蛋糕(常溫)¥1580/1個

　知名的人氣起士蛋糕伴手禮御用邸起士蛋糕就是來自這裡，**Cheese Garden本店相當大，分有自有品牌的起士商品、蛋糕烘培坊及販售區，也有一區是各式適合搭配起式甜點的茶葉鋪，再往一旁則是小型超市，這裡蒐羅**不僅日本產，連歐美的火腿、紅酒、起士等都有販售，Cafe Deli也有各式當日現做輕食與甜點。

Map

Web

22

水戶
みと Mito

從湖畔咖啡館的開放式頂樓，可以居高一覽美麗湖水與遠眺偕樂園景致。

ACCESS
電車
＊搭乘JR常磐線、水都線在「水戶駅」下車。
＊搭乘鹿島臨海鐵道-大洗鹿島線在「水戶駅」下車。
巴士
市中心部分景點徒步可達，其他像是近代美術館、千波湖、偕樂園都有巴士前往。

① 千波湖

🚶從偕樂園好文亭徒步約10分　☎029-232-9214　📍水戶市千波町　🕐自由參觀

　　水戶偕樂園屬於池泉回遊自然風景式的大名庭園，但園中卻沒有大名庭園裡最重要的大池泉造景，因為偕樂園就坐擁著天然的美麗湖泊——千波湖。千波湖隔著水戶市的交通要道JR常磐線與偕樂園本園相望，湖周廣達3公里，**湖面閃耀著金色的陽光，從好文亭3樓的樂壽樓往千波湖方向望去，天開地闊讓心胸為之開朗。**廣闊的千波湖春天時，沿著湖畔春櫻綻放，平日也是茨城市民慢跑散步的悠閒去處。

② 弘道館

☎029-231-4725　📍水戶市三の丸1-6-29　🕐9:00~17:00、10月~2/19 9:00~16:30；公園24小時開放　🚫12月29~31日　💰大人¥400、中小生¥200

　　以「允文允武」做為教育方針，學生除了學習武術、儒學之外，音樂、天文學、醫學也由專門老師來授課，有如今日的大學，也培育出許多影響時代的人才。**歷經戰亂後，大部分的藩校建築已經被燒毀，如今僅剩正門、正廳至善堂等建築開放參觀，只有過去遺留下的文物書簡，訴說舊日的光景。**

從遺留下來的文物看見過去的歷史光景。

茨城縣立歷史館

偕楽園
Youth Hostels

Hotel いづみ屋

水戸芸術館

十錢屋

山翠

lollipop cowboy

京成百貨

❸ 偕樂園

常磐神社

好文亭

義烈館

水戸第一Hotel

MIMO

旧弘道館 ❷

国神社

丸井百貨

京成Hotel

水戸SILVER INN

三の丸Hotel

偕楽園駅

JR常磐線

德川ミュージアム

好文茶屋

好文café

Hotel
Mets Mito

EXCEL

水戶駅

❶千波湖

Hotel Lake View

COMBOX310

EXCEL MINAMI

HOTEL TERRACE
the GARDEN

水戸Riverside Hotel

SMILE HOTEL

APA Hotel

千波公園

茨城縣近代美術館

もんどころ

President Hotel

酒趣

↓往❶別春館(名利酒類)

偕樂園以梅聞名,在日文的解釋中,梅的別名為好文木,故命名為好文亭,從這裡可遠眺千波湖美景。

園內梅花緩緩綻放,宣告著春意到來的溫暖與活力。

偕樂園的名產就是酸酸甜甜的各式酸梅。

日本三大名園之一,春季梅花盛開更是絕景。

❸ 偕樂園

🚌水戶駅北口前4、6號乘車處搭乘開往偕樂園方向的路線巴士,約15分即達　☎029-244-5454　🏠水戶市常磐町

小編激推

1-3-3　🕐10月~2/19 7:00~18:00,2/20~9月6:00~19:00　🈂好文亭12/29~31休館　💲大人¥300、學生¥150;好文亭:大人¥200、學生¥100　ℹ️梅花祭舉行的時候,JR常磐線有設臨時站「偕楽園駅」

　　1842年,水戶藩第9代藩主德川齊昭打造了偕樂園,倣效中國孟子名言以「與民偕樂」,是一座貴族蓋建後卻免費開放與民同樂的庭園。園中遍植三千餘株梅樹,相傳達上百種的梅樹,早期是藩主德川齊昭為了貯藏梅干以防饑荒所植,現今成了水戶最驕傲的美麗資產。除了**最具盛名的冬梅之外,茂密的孟宗竹林也是園中逸景,四季美景更是別有一番出塵意境**,天氣晴朗宜人時,泛舟於千波湖寬廣的湖面上,更是悠遊偕樂園的一大樂趣。

Map

Web

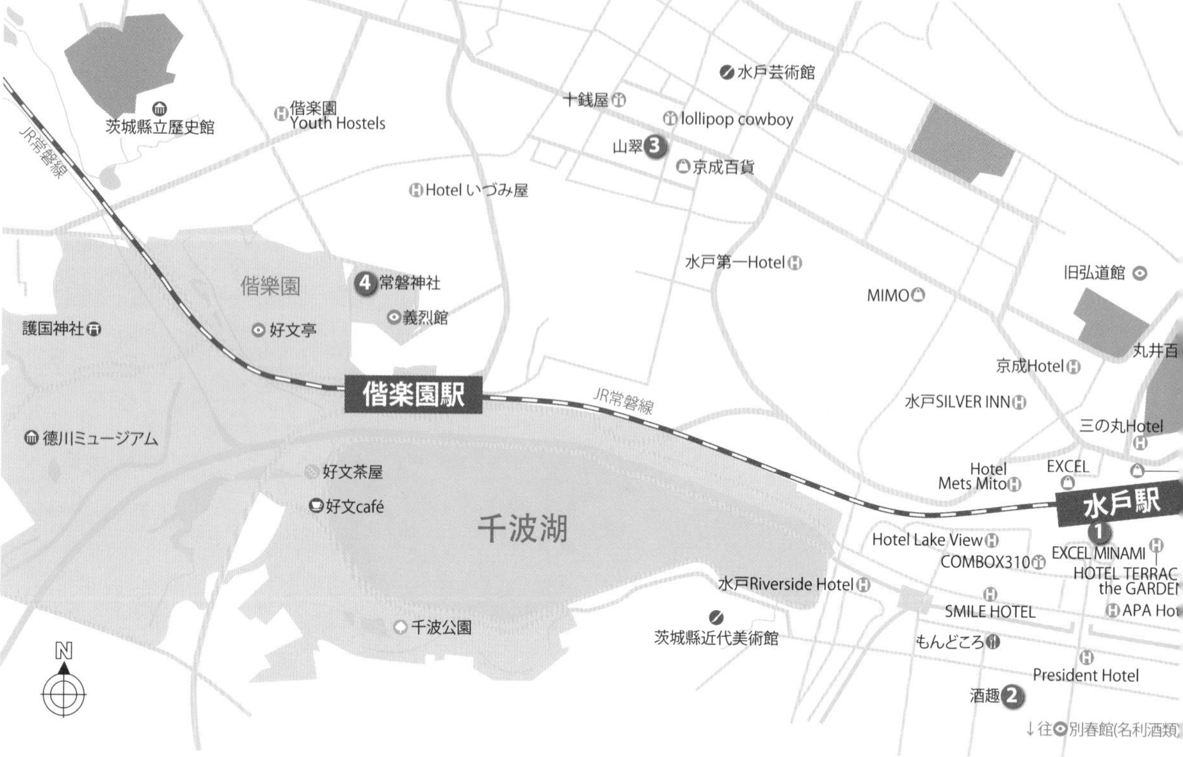
水戸芸術館
十銭屋
lollipop cowboy
山翠 3
京成百貨
偕楽園 Youth Hostels
茨城縣立歴史館
JR常磐線
Hotel いづみ屋
水戸第一Hotel
旧弘道館
MIMO
偕樂園
4 常磐神社
義烈館
護国神社
好文亭
丸井百
京成Hotel
偕楽園駅
JR常磐線
水戸SILVER INN
三の丸Hotel
德川ミュージアム
Hotel Mets Mito
EXCEL
好文茶屋
好文café
水戸駅
千波湖
Hotel Lake View
1
EXCEL MINAMI
COMBOX310
HOTEL TERRAC the GARDE
水戸Riverside Hotel
SMILE HOTEL
APA Ho
千波公園
茨城縣近代美術館
もんどころ
N
President Hotel
酒趣 2
↓往 別春館(名利酒類

①水戶EXCEL&EXCEL MINAMI

Map

Web

029-231-7711 水戶市宮町1-1-1 購物 10:00~20:00、餐廳11:00~22:00

與JR水戶車站直結的EXCEL及EXCEL MINAMI，**交通位置相當便利，是水戶少女流行的發祥地**。本館2至5樓的購物區有許多知名品牌，而書籍、CD等賣店也是應有盡有。**MINAMI館則有茨城的土特產與熟食專賣區**，主要以美食餐廳及伴手禮為主，也有BIC Camera及百元店等店家，購物、飲食、伴手禮一次滿足。

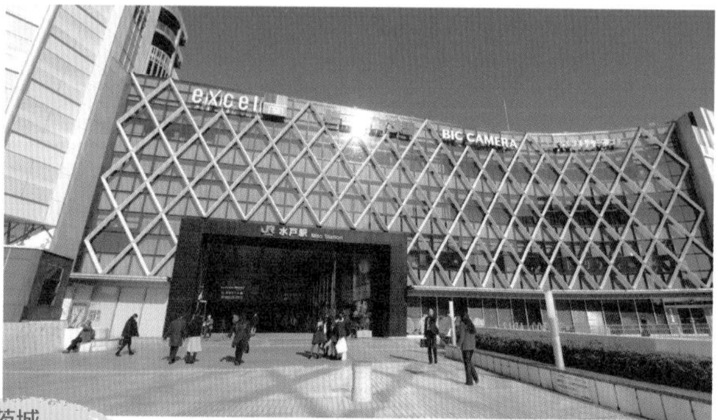
excel
BIC CAMERA
JR 水戸駅

茨城知名啤酒品牌NEST，MINAMI 的4樓有自營咖啡啤酒吧餐廳「Hitachino Brewing Mito 」。

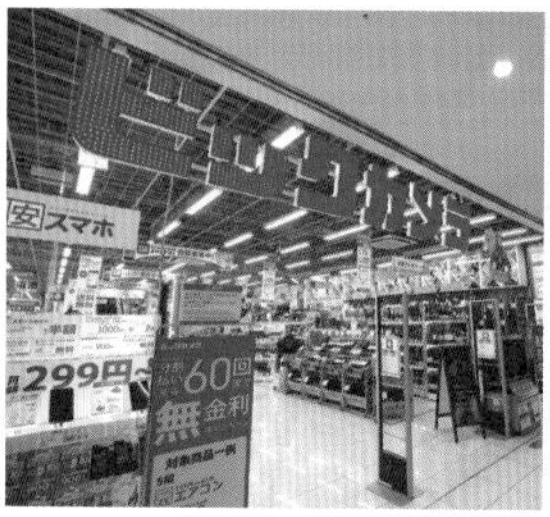
安 スマホ
299円
60回
無金利

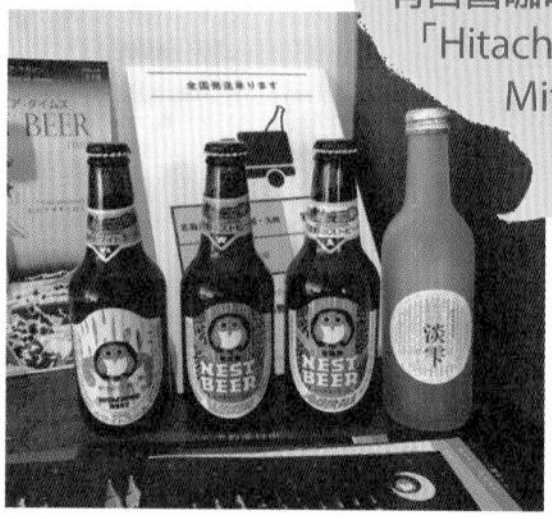
BEER
NEST BEER
NEST BEER
NEST BEER

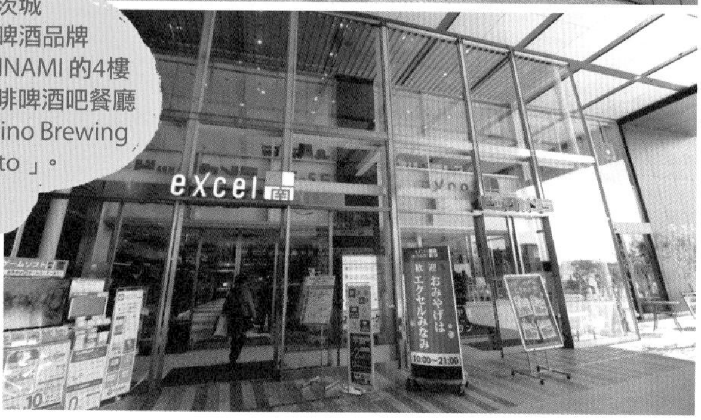
excel 南
おみやげは エクセルみなみ
10:00～21:00

❷ 酒趣

☎029-302-1103 ⊙
水戶市城南1-5-16 ⊙
18:00~23:00，週五、
六、假日前日~24:00 ㊡第1個週一，週
日、年末年始 ⑤ローズポークの角煮チャ
ーハン(玫瑰豬肉炒飯)¥1210

　在酒趣就能品嘗茨城令人朝思暮
想的夢幻肉品，**包括玫瑰豬肉和常
陸牛，玫瑰豬肉的油脂豐富**，成為
茨城自豪的美味便以茨城縣花命
名，適合燒烤或油炸，一咬下滿滿
的鮮嫩肉汁溢在口中；而**常陸牛則
是5A等級的黑毛和牛，無論是半
生燒烤或是煮成茶泡飯，都叫人回
味再三。**

❸ 山翠

> 來到水戶一定要試試名產鮟鱇鍋。

小編
激推

🚌水戶駅北口4、5、7號乘車處搭乘1、3、4、11、52、81號等路
線巴士，約10分至「泉町1丁目」站下車徒步約1分 ☎029-221-
3617 ⊙水戶市泉町2-2-40 ⊙11:30~14:30、17:00~21:00 ㊡週

一、週二 ⑤元祖あんこう鍋(鮟鱇鍋)套餐¥4100起

　現在是高級料理鮟鱇鍋，在江戶時期可是
十分便宜，是這一帶十分普遍的鄉土料理，而茨城冬季
漁產最具代表性的就是鮟鱇魚。**山翠是水戶最有名的
鮟鱇鍋名店，保存了這項食傳統，並忠實呈現江戶時
期鮟鱇鍋的風味**，將魚各部位入鍋，並加入各式蔬菜、
高湯及味噌燉煮，湯頭濃郁，絕對是冬季來茨城不可錯
過的暖冬究極美味。

❹ 常磐神社

☎029-221-0748 ⊙水戶市常
磐町1-3-1 ⊙自由參觀，義烈館
9:30~15:30，週末例假日、梅花
祭期間9:00~16:00 ㊡義烈館週四休館 ⑤義烈館，大人¥300、中小
學生¥100 ❶義烈館現正暫時休館中

　常磐神社建於明治6年(1873年)，裡頭祭祀著水戶的2代藩
主德川光圀與9代藩主德川齊昭，寧靜的氣氛飄散在四周的
空氣中。在境內有一座義烈館，**館內展示德川光圀、德川齊
昭曾使用過的物品及遺留下來的書信等。**而義烈館前有一
株浪華梅，一旁還立著一座浪華梅歌碑，歌詠先人的精神。

靠海的常陸跟大洗，夏季擁有濱海美麗風光與度假氛圍外，海鮮美味更是喜好美食者不會錯過的好去處。而近幾年爆紅的常陸海濱公園，從春天的粉蝶花、夏季的嫩綠掃帚草到秋天變成嫣紅一片，是海內外遊人的熱門朝聖處。

善用園區內的濱海小火車(遊園車)，繞行一圈約35分鐘，可輕鬆快覽園區。

秋季掃帚草綠葉轉紅，佈滿一地更是成了常陸海濱公園的招牌景色。

23

常陸・大洗

ひたち・おおあらい　Hitachi・oarai

濱海度假勝地　常陸海濱公園絕對必朝聖

ACCESS
電車
*搭乘JR常磐線在「勝田駅」下車。
*搭乘鹿島臨海鐵道-大洗鹿島線在「大洗駅」下車。
*搭乘ひたちなか海浜鉄道-湊線在「那珂湊駅」、「阿字ヶ浦駅」下車。
巴士
沿海一帶景點分散，建議搭電車至最接近站點，通常有接駁巴士前往目的地。

千紫萬紅的花卉天堂，四季皆能感受到不同風情。

小編激推

1 常陸海濱公園

Map　Web

🚉阿字ヶ浦駅徒步20分，或從阿字ヶ浦駅搭乘微笑晴空巴士(スマイルあおぞらバス)約10分，至「海浜公園西口」站下車　☎029-265-9001　📍常陸市馬渡字大沼605-4　🕐9:30~17:00，暑期(7月底~8月底)9:30~18:00，冬期(11月初~2月底)9:30~16:30　🚫週二，日本新年，其他不定休詳洽官網　💰入園大人￥450，中小學生免費，65歲以上￥210

公園總面積達350公頃的常陸海濱公園，共分切成數個不同主題區域，除了有大型遊樂園區，滿足親子娛樂需求外，園方在一年四季分別在園內植上不同顏色的植物，除了春天的櫻花、水仙與鬱金香，**春末的粉蝶花綿延宛如地毯般的粉藍十分夢幻；而盛夏時特意植上俗稱掃帚草的地膚子，一片綠意十分宜人，秋天時掃帚草又轉成紅色，與藍天相映更加迷人。**冬季雖然無花可賞，但園內架起點點燈光，每當夜幕低垂時便是華燈競演之際，是北關東的冬季風物詩。

來到靠海城市，怎能錯過拜訪魚市場的機會！

2 那珂湊海鮮市場

🚉那珂湊駅徒步約12分　📍ひたちなか市湊本町19-8　🕐7:00~16:00(水產)，10:30~20:00(餐廳)，各店家營業時間不一　🚫各店家休假時間不一　💰生蠔一個￥200

那珂湊海鮮市場就跟台灣許多觀光魚港一樣，是個臨著海港而立的海鮮市場，這裡的魚貨賣店可以見到一籃籃販售的新鮮魚產，店家喊聲到處響起很有活力，許多當地人都會開著車來買海鮮。市場裡的7家海鮮餐廳、加上外圍的海產店是許多人的目標，萬一已經用過餐才來的話，也有小攤販美食可以品嚐一下海味。

小編激推

依盛產季節提供新鮮生蠔或海膽現吃販售，現場就能大啖美味。

Map　Web

① 国営ひたち
海浜公園

阿字ケ浦海水浴場

阿字ケ浦

酒列磯前神社

磯崎

常陸那珂海濱鐵道

中根

東水戸道路

245

平磯

殿山

那珂湊

常澄

③ 海の駅市場寿し
② 那珂湊おさかな市場

Aqua World
茨城県大洗水族館

鹿島臨海鐵道

51

大洗

かねふく明太子パーク

大洗海岸

大洗マリンタワー

大洗Seaside Station

大洗SUN BEACH

多達40種
選擇的壽司份量
豪放，是這裡的
特色。

③ 海の駅 市場寿し

☎029-262-5301 ⌂ひたちなか市湊本町21-3 ⌄
10:00~14:00，六日及假日10:00~15:00 ⊗元旦、不定休 ⑤
壽司每個¥80~500

　位於市場邊的「海の駅 市場寿し」，**以賣平價迴轉壽司為主**，人多的話大家各自挑選喜歡的吃，是最方便的選擇。由ヤマサ水産經營的店，光在市場一帶就有好幾家，店面大都有鮮黃牆面，相當好辨識。這裡的壽司一個80起跳，海鮮魚肉類壽司價格大都集中在¥200，雖不是特別便宜，但**特色是新鮮、種類繁多、魚肉分量特別大，吃起來超過癮。**

Map

Web

N

国営ひたち
海浜公園

阿字ケ浦海水浴場

阿字ケ浦

1 酒列磯前神社

磯崎

常陸那珂海濱鐵道

245

中根

平磯

殿山

那珂湊

常澄

海の駅市場寿し
那珂湊おさかな市場

鹿島臨海鐵道

3
Aqua World
茨城県大洗水族館

大洗

かねぶく明太子パーク

4 大洗海岸

大洗マリンタワー
2 大洗Seaside Station

51

大洗SUN BEACH

---

1 酒列磯前神社

🚃 ひたちなか海浜鐵道磯崎駅徒步10分　☎029-265-8220　◎
ひたちなか市磯崎町4607-2　🕐自由參拜

　在856年就已經創建的這個古神社，就位在磯崎海岸邊的岩石高台上。奉祀少彥名命為主神，主要庇佑身體健康與商業繁盛，既是藥神也是酒神，因此也有製酒業者會來此奉祀祭拜，祈求製酒過程順遂。**這裡早是這一帶的信仰重地之一，近幾年又因有人來此祭拜而中了數十億的樂透彩，瞬間成為求錢財的POWER SPOT**，當時中獎者還奉祀一尊石烏龜在神社廣場上，據說誠心祈拜再摸摸烏龜的頭，很多人都因此中過高額獎金呢！

Map

Web

> 茶花並木道四季都是常綠狀態，冬季開花時最是美麗。

> 被古木圍繞的神社能看見漁港風光，讓其風情古樸又靜謐。

> 海岸邊的歐風建築，海風輕拂陪伴咖啡香也悠閒。

小編激推

② 大洗Seaside Station

🚶 大洗駅徒步10分　☎ 029-264-9123　🏠 東茨城郡大洗町港中央11-2　🕐 10:00~19:00(依季節略有更動)

　　大洗Seaside Station位於海岸邊，建築外觀為歐式風格，當海風吹來還會嗅到淡淡的海潮香氣。兩層樓高的建築，**以中庭運河為中心，共有70多家商店進駐，其中不乏名牌精品，最低折扣可達三折**，因為風光明媚，並有多家餐廳進駐，購物之餘，也是用餐休閒的好去處。

③ 大洗Aqua World

🚍 大洗駅前搭乘茨城交通大洗町循環巴士(海遊号)，約15分後在「アクアワールド・大洗」下車　☎ 029-267-5151　🏠 東茨城郡大洗町磯浜町8252-3　🕐 9:00~17:00，最後入場~16:00(依季節略有更動)　🈁 不定休　💴 大人¥2300，國中國小生¥1100，3歲以上¥400

　　居住著580種、6萬8千隻水中生物的大洗Aqua World，為日本數一數二的超人氣水族館，除了**人人喜愛的企鵝、海豚，館內擁有品種數居日本第一的鯊魚水槽，大白鯊、斧頭鯊等兇猛魚類在水槽中悠游**。每天上演的海豚秀、海獺餵食秀是最受歡迎的演出，多元化的活動節目，讓遊客每次造訪都能得到不同收穫。

> 一窺海底生物的作息，還有可愛海豚秀表演。

小編激推

> 夏天就是要去海邊！關東一帶最便利的超大型濱海度假地。

④ 大洗海岸

🚶 大洗駅徒步約10分　☎ 029-267-5111　🏠 東茨城郡大洗町大貫町　🕐 自由參觀　🈁 無休

　　位於海岸邊的大洗，每年一到夏季就會變身為超人氣的度假勝地。身穿比基尼的泳裝辣妹、全副武裝的衝浪帥哥齊聚一堂，營造出歡樂無比的海濱休閒風。**除了夏天的海水浴場，大型購物商場、海洋水族館全年為遊客敞開大門，無論何時造訪都像在度假。**

笠間 かさま Kasama

笠間陶故鄉　日本三大稻荷神社也在這

笠間市以誕生於18世紀的笠間燒而聞名，市內共有約130家的窯戶還有陶藝美術館，每年春秋兩季進行的陶器市集吸引了許多陶藝愛好者聚首；另外歷史悠久的笠間稻荷神社，也是來到笠間必訪之地。

從稍有名氣的陶藝家作品到國寶級大師作品這裡都能買到，單純當工藝欣賞也相當有價值。

親手作屬於自己的陶器紀念品。

小編激推

❶ 笠間工芸の丘

☎0296-70-1313　♙笠間市笠間2388-1(笠間芸術の森公園內)　🕙10:00~17:00　休週一(逢假日順延)　💲入館免費，體驗課程(每週一除外)¥1950起，所需時間約1小時15分

位於藝術之森公園內的笠間工藝之丘，是想要**體驗DIY陶藝創作或者購買紀念品的絕佳選擇**；在這個由數間小屋組成的笠間燒藝術村中，除了體驗之外甚至還有實際使用笠間燒當餐具的咖啡廳，不論是紀念商品或體驗課程都相當齊全，但要提醒的是部分體驗課程需事先預約，也要預留多一點停留時間哦！

Map

Web

ACCESS

電車
搭乘JR常磐線、水戶線在「笠間駅」下車。

PASS
利用笠間觀光周遊巴士(かさま観光周遊バス)可到達笠間工芸の丘、茨城県陶芸美術館、笠間日動美術館、笠間稻荷神社等景點。

也提供有各式陶藝體驗課程，讓工芸の丘從欣賞、購買、體驗到餐飲休憩一次滿足。

笠間稻荷神社 ❷

茶寮藏人 🍴

小松館 🏨

笠間日動美術館

光照寺 🏯

森林技術中心

Hotel io alpheratz 🏨

笠間工芸の丘 ❶

茨城県陶芸美術館 ❸

回廊ギャラリー門 🏛

笠間芸術の森公園 ❹

八坂神社 ⛩

きらら館 🏛

笠間駅

JR水戶線

春風萬里莊

田中嘉三記念館

往 ◎ 須藤本家酒藏 ↘

> 境內放著許多稻荷神社的狐狸守護神，祈求五穀豐收、生意興隆。

> 日本三大稻荷神社之一，擁有千年歷史的神靈之地。

② 笠間稻荷神社

🏠笠間市笠間1番地 ☎0296-73-0001 🕐境內自由參拜，笠間稻荷美術館9:00~16:30 💲免費。笠間稻荷美術館¥300，高中大學生¥200，中小學生¥100

> 小編激推

笠間稻荷神社為日本三大稻荷神社之一，一般祭祀狐狸祈求五穀豐收、生意興隆、闔家平安的稻荷多附屬於大型神社境內，而笠間的稻荷神社已經超過1300年歷史，朱紅色的正殿還被指定為國家重要文化財，本殿後方更可見到充滿歷史軌跡的木雕作品；在**日本最為歷史悠久的菊花節**也是由神社每年舉辦。

> 草原與森林中隱藏精巧的陶器作品，邊散步邊欣賞陶藝作品，十分悠閒。

③ 茨城縣陶藝美術館

🚌友部駅前搭乘笠間周遊巴士，約10分後在「工芸の丘・陶芸美術館」下車 ☎0296-70-0011 🏠笠間市笠間2345 🕐9:30~17:00(入場時間至16:30) 🚫週一(逢假日順延)，日本新年 💲常設展一般票¥320，高中大學生¥260，中小學生¥160，企劃展依各展覽而異

> Map
> Web

專門收藏日本近現代陶藝作品的茨城縣陶藝美術館，館藏以「人間國寶」為主題，將松井康成、板谷波山等32位人間國寶的陶器作品齊聚一堂，其中最多的是松井康成的作品，共有476件之多，**色彩繽紛的「練上」技法，把陶器拼湊出熱鬧花紋或圖案，把歐洲繪畫的「印象派」帶入陶藝之中。**

> 展出超過400件陶器作品，感受現代陶器之美。

④ 笠間藝術之森公園

> 結合森林綠意與陶器藝術的工藝公園。

🚌友部駅前搭乘笠間周遊巴士，約10分後在「工芸の丘・陶芸美術館」下車 ☎0296-72-1990 🏠笠間市笠間2345 🕐8:30~17:00。笠間陶炎祭-每年5月初的黃金週 💲免費入園

> 小編激推

笠間藝術之森公園身為茨城縣的創新文化發祥地，是以傳統工藝及新型態美術為主題的公園。總面積達54.6公頃，**廣大的公園內除了內有笠間工藝之丘及茨城縣陶藝美術館這兩個必遊景點之外**，還有讓大人小朋友都玩得開心的遊樂設施遊與各種適合舉辦戶外大型活動的廣場，一年一度的最大盛會「**笠間陶炎祭**」更是這裡不能錯過的陶器藝術嘉年華。

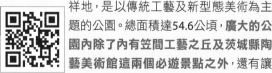

富士五湖

ふじごこ Fujigoko

富士山麓多湖，特別是在北側山梨縣，隨著火山熔岩而生的天然地貌，富士五湖——本栖湖、精進湖、西湖、河口湖、山中湖，都是火山堰塞湖。湖面平靜，各種逆富士在五湖中競美，近來本栖湖、精進湖、西湖也有許多景點與戶外活動，時間充裕的話別錯過。

ACCESS

電車
＊搭乘JR中央特急在大月駅下車，轉乘富士急行-河口湖線在「河口湖駅」下車。
＊搭乘JR與富士急行聯通的特急電車「富士回遊」號，從東京直達「河口湖駅」下車。

巴士
玩富士五湖時可以搭乘周遊巴士（周遊バス），有河口湖、西湖線，與鳴沢‧精進湖‧本栖湖等循環線可利用，停留各個重要景點，非常方便。ふじっ湖号則可前往忍野。

私房美景：鑽石富士

獨一無二的鑽石富士，在每年每處觀測點唯有春秋兩季的兩、三天可以見到，因角度問題，唯有日出或日落落在富士山山頂尖端才算真正的鑽石富士。山中湖、河口湖、田貫湖這三處是觀測鑽石富士最佳據點，各觀光協會網站上可查詢觀測時機與最佳觀測點。

① 野鳥之森公園

Map

Web

🚌 河口湖駅前搭乘西湖周遊巴士，至「西湖野鳥の森公園」站下車 ☎ 0555-82-2160 🏠 南都留郡富士河口湖町西湖2068 ⏰ 9:00~17:00 ⊗ 週四 💰 入園免費

被青木ヶ原樹海包圍的這一帶由於林木茂密，棲息超過60種的各式鳥類，是觀賞野鳥的好地方，公園內設有望遠鏡，讓剛入門的人也能輕鬆上手。**走出戶外，野鳥之森公園還有一個可以遠望富士山的大草坪，不但是休憩身心的好地方**，每到夏天，這兒還會舉辦花季、秋天有竹筍祭，到了冬季則是樹冰祭典的舉辦場地，宛如世外桃源，一年四季皆有不同風情。

西湖療癒之里根場
野鳥の森公園 ①
③ 精進湖
西湖
西湖蝙蝠洞
青木ヶ原 樹海
本栖湖 ②
もぐらん乗船處
富岳風穴
道の駅なるざわ
鳴沢氷穴
河口湖
🚉 道の駅かつやま
西湖
往都留 ↗
中央自動車道
菰池温泉前
河口湖
月江寺
富士吉田
富士山
🚉 道の駅富士吉田
139
138
富士吉田市
山中湖
道の駅朝霧高原
朝霧美食樂園
朝霧高原飛行學校
N

在平靜無波的湖面與碧洗的青空下坐看逆富士。

小編激推

② 本栖湖

🚌 河口湖駅搭乘富士急巴士，約1小時至「本栖湖」站下車

如同英國的尼斯湖，這兒自古相傳也有神怪棲息於此；本栖這個名字就是「原本的棲所」之意。相傳湖中的龍神在富士山噴火時會告示村民，但村民需於避難後再回到「原本的棲所」居住。此外，**本栖湖也是富士五湖中唯一的不凍湖，即使是冬天，湖水溫度也不會低過攝氏四度，日幣千圓紙鈔上的圖案，正是此地的日出。**

搭上本栖湖遊覽船もぐらん，一覽山光水色。

拿出紙鈔比對看看，是否可以看得出來本栖湖與富士山圖案？

③ 精進湖

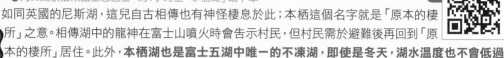

🚌 河口湖駅搭乘富士急巴士，約50分至「山田屋ホテル」站下車

精進湖**保留了最原始風貌，湖畔沒有任何人工建築，只有一整片的青青樹海。**精進湖的面積是富士五湖中最小的，湖周只有5公里。另外從精進湖展望富士山時，會發現正前方還有個小山，彷彿母山環抱著子山，「二重母子山」也正是精進湖的特殊景致。

① 青木ヶ原樹海遊步道

📍富士河口湖町西湖2068 西湖蝙蝠穴案內所 📞
0555-82-3111 ⏰Natural Guide Tour：1.定時導覽：
不用預約，配合周遊巴士抵達的時間，於5分鐘後開
始導覽行程。全程約1小時，每人費用￥500，導覽範圍為西湖蝙蝠穴
周邊。2.預約導覽：需要2人以上且事先於兩天前電話預約，可以配合
希望的行程進行導覽，時間為1~4小時，每人費用￥500~2000 💰2
人以上成行。每人費用￥500，不包含進入各洞穴的費用

青木原樹海佔地廣大，健行步道外未開發之地因為通
訊不佳、人跡罕至，林相又單一，確實容易迷路。但是除卻
「自殺聖地」的污名，**青木原樹海也是個沒有圍牆的地質
與生態博物館，健行與探險行程相當好玩！**如果不放心自
己進入樹海，也可以參加Natural Guide Tour，由專業嚮導
帶領一同進行樹海巡禮。

② 西湖

🚌河口湖駅搭乘西湖周遊巴士，約
40分至「根場民宿」站下車

　　**西湖就像是富士五湖中的自然
教室，有天然的火山熔岩洞、蝙蝠洞以及觀鳥
的野鳥之森公園**，加上因噴發形成熔岩地帶，
後來形成廣大的青木ヶ原樹海，設計有探險步
道，許多戶外活動十分盛行，是親近大自然的
好地方。

> 周邊青苔很多
> 加上樹根盤踞，靠近
> 洞穴觀賞時要小心
> 腳步。

❸ 西湖いやしの里根場

🚶 河口湖駅前搭乘西湖周遊巴士，40分至「西湖いやしの里根場」站下車　☎0555-20-4677
🏠 南都留郡富士河口湖町西湖根場2710　🕐3~11月9:00~17:00、12~2月9:30~16:30　💰大人¥
500、中小學生¥250

　　西湖療癒之里根場(西湖いやしの里根場)就位於富士山旁的西湖湖畔，過去曾經因為颱風來襲造成嚴重土石流，村民被迫遷村，2005年開始計畫重建，隔年正式開幕。**療癒之鄉裡有許多茅草蓋成的民家，風景極佳，各個民家裡有不同的體驗課程**，包含手織布、手工薰香等，還設有賣店與餐廳，喜歡手作體驗的人千萬不要錯過！

坐落在西湖畔的園區，可以清楚看到壯麗的富士山景色。

青木ヶ原樹海中最大的熔岩鍾乳石洞穴。

小編激推

❹ 西湖蝙蝠穴

🚶 河口湖駅前搭乘西湖周遊巴士，至「西湖コウモリ穴」站下車即達
☎0555-82-3111　🏠南都留郡富士河口湖町西湖2068　🕐3月20日~11月30日的9:00~17:00　💰大人¥300，中小學生¥150

　　「西湖蝙蝠穴」總長有350公尺，洞穴因火山熔岩噴發時與湖水交錯所產生的瓦斯氣體，而形成上下相通的洞穴、熔岩鍾乳石與繩狀熔岩等特殊地質；**洞窟終年溫暖，因而棲息許多蝙蝠，才有「蝙蝠穴」的名稱**，目前開放的部份，地型大致平坦，但洞頂凹凸不平，要小心頭部碰撞。

26

河口湖

かわぐちこ Kawaguchiko

在富士五湖中，河口湖湖畔腹地最廣大，觀光設施特別多，是富士山觀光最熱門的景點。來到這裡，不妨拜訪以富士山為主題的河口湖美術館、河口湖遊覽船和湖畔景色絕佳的河口湖香草館等，從不同角度感受河口湖與富士山之美。

ACCESS
*同富士五湖
*另可針對河口湖區域購買「河口湖線・西湖線、本栖周遊巴士＋纜車往返＋河口湖遊覽船」聯票，可享票價優惠。

必吃當地豬肉蔬菜製作的駅弁「豚味噌焼き弁当」。

抵達河口湖駅後別急著走，各式富士山主題電車可愛又好拍。

→ 河口湖

位於富士山腳下的河口湖因為溫泉泉源豐富，不但先天上佔了優勢，再加上河口湖町官方經營得當，從近來從大熱門的北海道習得薰衣草的種植技術，並舉行多樣化的旅遊節目一櫻花祭、薰衣草節、花火節、螢火蟲節、紅葉祭等，使得河口湖的旅遊，歷久不衰。

搭乘遊覽船繞湖一周是最能享受風景的路徑。

香濃湯頭，Q彈麵條，用鐵鍋直接上桌，吃到最後一口都還熱呼呼！

② ほうとう不動

☎0555-72-5560 　 ⊗南都留郡富士河口湖町船津3631-2(河口湖駅前店) ⏱11:00~19:00(平日16:00後需電洽確認閉店時間) ⑤不動ほうとう(招牌餺飩麵)¥1210

小編激推

在河口湖共有4家店的餺飩不動，主打的便是富士五湖名物——餺飩(ほうとう，Houtou)，餺飩類似烏龍麵為手打麵的一種，咬來香Q有嚼勁，是常見的鄉土料理。**不動餐廳使用自家製的麵條，將新鮮麵條下鍋烹煮後加上味噌，再放入南瓜、香菇、蔬菜等，一碗營養滿分的山梨麵點就上桌囉。**

Map

Web

① 河口湖駅

　　河口湖駅是通往富士山的主要玄關口之一，來自各國的遊客匯集於此，**在車站裡可以得到詳細的旅遊資訊，也能夠一次買完所有富士山周邊的伴手禮**。尤其由從大月前往河口湖，除了有一般的電車可以坐，還有「富士登山電車」、「フジサン特急」、「湯馬士小火車」等特色列車，可上網查詢各列車時刻，若接得上不妨可體驗。

Map

簡單的鄉野料理，嚐到最原始的食物美味。

往甲府
新特川

往西湖

河口湖温泉元湯 野天風呂天水
久保田一竹美術館
河口湖北岸 紅葉迴廊
秀峰閣 湖月
猿まわし劇場
虹夕諾雅 富士
Slow Garden 砧
大石公園
Country Lake System
地中海食堂 el Perro
ほうと不動
湖畔麵包工房 LAKE BAKE
KBH河口湖 Boat House
河口湖木ノ花美術館
音樂盒之森
奧川
河口湖遊覽船
河口湖美術館
JA北富士河口湖物產館
湖楽おんやど富士吟景
風のテラスKUKUNA
富ノ湖ホテル
湖のホテル
湖山亭うぶや
癒しの宿 プライベートホテル麗
鵜の島
產屋ヶ崎
ホテル 美富士園
Route Inn
河口湖 湖波
若草の宿 丸荒
八木崎公園
河口湖Muse館・与勇輝館
富士御室淺間神社
歷史民俗資料館
赤石旅館
湖龍
多佐エ門公園
シッコゴ自然公園
宮之下旅館
山水莊
愛の鐘
民宿旅館ふじ荘
Mt FUJI
富士View Hotel
河口湖香草館
大池公園
PANORAMIC ROPEWAY
FUJIYAMA COOKIE
山梨寶石博物館
Royal Hotel
河口湖遊覽船乘船處
小海公園
道の駅かつやま
コーナーハウス
河口湖 飯店
富士見台
富士 Lake Hotel
河口湖畔
甚兵衛茶屋
天上山公園
井出醸造店
Harb Garden Restaurant 四季の香り
山岸旅館
花水庭おおや
河口湖新倉掘拔史跡館
Gateway Fujiyama 河口湖駅店
ほうと不動
往富士吉田
河口湖

N

搭上纜車富士山就在眼前，還可鳥瞰河口湖風景。

搭纜車上山，從另一個角度欣賞雄壯富士的美景。

③ 河口湖~富士山全景纜車

河口湖駅搭乘河口湖周遊巴士河口湖線至「遊覽船・山纜車入口」站下車徒步3分

小編激推

☎0555-72-0363 南都留郡富士河口湖町浅川1163-1 平日9:30~16:00(下山~16:20)、週末例假日~17:00(下山~17:20),，湖畔駅~富士見台駅約3分 來回大人￥900、小學以下￥450；單程大人￥500、小學以下￥250

想一覽湖光山色，沒什麼比得上纜車。搭乘纜車登上高1075公尺的天上山公園展望台，碧綠的河口湖、似近又遠的富士山、火柴盒般的富士吉田市街，都在眼前；天氣晴朗時，更遠的南阿爾卑斯連峰、山中湖等也盡收眼底。來到山頂還可購買限定的富士山造型仙貝與兔子神社御守，可愛的外型相當討喜。

Map

Web

往甲府

往待川

Slow Garden 站
虹夕諾雅 富士
大石公園

Country Lake System

湖畔麵包工房
LAKE BAKE

奥川

21

河口湖溫泉元湯 野天風呂天水
久保田一竹美術館 ③
河口湖北岸 紅葉迴廊
秀峰閣 湖月

猿まわし劇場
地中海食堂 el Perro
ほうと不動

KBH河口湖
Boat House

河口湖木ノ花美術館

④ 音樂盒之森

173

河口湖美術館
JA北富士河口湖物產館

河口湖遊覽船

河口湖

湖楽おんやど富士吟景
風のテラスKUKUNA
富ノ湖ホテル
湖山亭うぶや
産屋ヶ崎

湖のホテル
ホテル美富士園
Route Inn
河口湖
湖波

癒しの宿
プライベートホテル麗

北岸湖畔公路VIEW LINE

鵜の島

往西湖

21

富士御室淺間神社
多佐エ門公園
愛の鐘

歷史民俗資料館

シマゴ自然公園

若草の宿 丸栄

① 河口湖Muse館・与勇輝館

八木崎公園

赤石旅館
民宿旅館ふじ荘

富士View Hotel

河口湖香草館
山梨寶石博物館
コーナーハウス
河口湖飯店

小海公園
道の駅かつやま

710

714

大池公園
Royal Hotel

河口湖遊覽船
乘船處

富士
Lake Hotel

湖龍

宮之下旅館

山水莊
Mt FUJI
PANORAMIC ROPEWAY
FUJIYAMA COOKIE

② 河口湖畔
富士見台

天上山公園

井出釀造店

甚兵衛茶屋

Harb Garden Restaurant
四季の香り

山岸旅館
花水庭おおや

河口湖新倉掘拔史跡館

ほうと不動

Gateway Fujiyama
河口湖駅前

707
河口湖

富士急行線

往富士吉田

N

看維妙維肖又
生動的精靈人
偶藝術品。

小編
激推

① 河口湖Muse館・與勇輝館

河口湖駅搭乘河口湖周遊巴士西湖線，13分
至「河口湖ミューズ館入口」站下車　☎0555-
72-5258　南都留郡富士河口湖町小立923
八木崎公園　●9:00~17:00(入館至16:30)
週四、換展期間、年末　大人¥600、國高中生¥400

美麗鮮豔的八木崎公園旁有一座相當特殊的
河口湖Muse館，是專門展出藝術家與勇輝作品的小型美術館。與勇輝先生是日本相當著名的人偶製作專家，**所製作的布製人偶娃娃，就像落入凡間的小精靈，維妙維肖的神情各自有著自己的生命與光彩**，常設展約展出80~90項作品。

隨著四季
的變化，館外的
自然景色也非常
美麗。

Map

Web

② Fujiyama Cookie

可愛的富士山形狀小餅乾，當伴手禮的好選擇！

餅乾口味共有香草、紅茶、草莓、抹茶與巧克力等5款。

🚌 同富士山全景纜車，於山纜車乘車處前
0555-72-2220 🏠 南都留郡富士河口湖町淺川
1165-1 ⏰ 10:00~17:00(依季節而異) 💴 富士山餅乾
單片¥160~180

小編激推

2011年開幕的Fujiyama Cookie，是河口湖的知名伴手禮之一，正如其名所示，販售的就是富士山造型餅乾，**原料選用國產麵粉與富士山的蜂蜜，每天一片片細心地手工烘烤，讓餅乾能保有食材原有的甜味與香氣**，可愛的外型與絕佳的風味都深受好評。

③ 久保田一竹美術館

🚌 河口湖駅搭乘河口湖周遊巴士河口湖線，26分至「久保田一竹美術館」站下車 ☎ 0555-76-8811 🏠 南都留郡富士河口湖町河口2255 ⏰ 10:00~17:00，入館至閉館前30分 🈲 週二(10~11月紅葉祭期間無休)，其他特定日期見官網 💴 大人¥1300、高中大學生¥900、中小學生¥400(2024.1.1起大人改為¥1500)

久保田一竹美術館像是隱藏在森林中的精靈，外觀猶如高第建築風格的美術館就半隱在林間，先看到伊斯蘭色彩艷麗的串珠展示室，走過階梯，另一棟日式建築內，數十套華麗的和服在眼前展開，而這就是久保田大師的作品。**本館內收藏了名為「幻之染法」的華美和服，呼應著美術館所在地，還展示了一系列以富士山為主題的和服。**

曾榮獲米其林旅遊指南三星評價，讓這個美術館充滿謎樣風情。

一到整點水池畔音樂鐘內的人物會跳出來指揮水舞。

館中展示各式樂器加上館內華麗的裝飾，感覺身居貴族豪宅內。

④ 河口湖音樂盒之森美術館

有山有水、有藝術與音樂的氣質小鎮。

🚌 河口湖駅搭乘河口湖周遊巴士河口湖線，約24分至「河口湖オルゴールの森美術館」站下車 ☎ 0555-20-4111 🏠 南都留郡富士河口湖町河口3077-20 ⏰ 10:00~17:00(入館至16:00)，依季節而調整 🈲 週二、

小編激推

週三 💴 大人¥1800、大學高中生¥1300、中小學生¥1000。(以上為平日票價，另有假日票價與旺季票價，詳見官網)

音樂盒之森美術館緊鄰湖邊，園區由數棟建築及美麗的庭園組成，在一片可以遠眺富士山雄偉景色的大草坪上，**坐落著五幢歐洲風味的小屋**，包括音樂盒美術館、餐廳、咖啡館、畫廊，讓人如置身歐洲童話村中，處處飄揚著優雅樂聲。

27 山中湖

やまなかこ Yamanakako

富士五湖中面積最大的山中湖，是日本排名第三高的高山湖(海拔982公尺)。由於地形關係，山中湖的周邊道路高於湖面，沿湖區大多是山林，因此特別適合眺望與健行。露天溫泉、花田公園、溫馨民宿、各式主題的小型美術館與文學之家，都為山中湖更添魅力。

花之都公園面積相當廣大，可以逛花田也可以踏青散步。

❶ 花の都公園

🚌搭乘富士急行巴士於「花の都公園入口」站下車即達 ☎0555-62-5587 🏠南都留郡山中湖村山中1650 🕐夏季8:30~17:30，其它季節時間大約前後差半小時，詳洽官網 休12月1日~3月15日每週二 💰付費區大人￥360~600、中小學￥150~240(依季節不同)

除了幾處以「花與人」「花與自然」為主題的彩花地景與瀑布之外，**花之都公園內另一個重點是富士山熔岩形成的地下洞穴**，這個洞穴與人工創造出來的清流之里以及フローラルドームふらら溫室不同，這是貨真價實、曾有火山熔岩流過的山穴，是相當珍貴的自然資源，也是一個活生生的地理教室。另外，**探訪花之都公園，季節很重要，最燦爛的月份在8月。**

Map

Web

ACCESS

*同富士五湖
*針對山中湖區域景點，利用富士湖號(ふじっ湖号)巴士最方便，單趟利用外，亦可購買2日PASS。

② 山中湖文学の森

🚌搭乘富士急行巴士於「文学の森公園前」站下車即達　☎
三島由紀夫文学館0555-20-2655，德富蘇峰館0555-20-
2633　🏠南都留郡山中湖村平野506-296　🕙10:00~16:30
㊡每週一、二、12/29~1/3　💰大人￥500、高大學￥300、中
小學￥100(三島由紀夫文學館・德富蘇峰館共通券)

　從位於觀光案內所後方的小山路上走進去，宛如
超大森林內公園般，共有15座刻有名家作品的石碑
散落其間，宛如漫步森林般舒暢。**境內有三座文學
館，其中三島由紀夫文學館內收集的檔案資料可
說是相當齊全，從小説、戲曲、評論與散文集**，完
整呈現以「金閣
寺」聞名世界的日
本作家三島由紀夫傳
奇的一生。

Map

Web

文學之
森是山中湖畔最
有文藝氣息的一
片樹林。

美泉美景，自
古「富士講」
的靈修之處。

好水好食，忍野八海周邊美味別錯過！

かまのはた
　位在忍野湧泉前方的一間土產
店，坐在裡面享受眼前湧泉美景
外，也能點杯以富士山湧泉沖泡的
咖啡。

八海豆腐
　忍野八海當地家庭、首都圈大人
氣土產軟綿綿的手工豆腐，還有名
水豆漿和霜淇淋也不可錯過。

天祥庵
　名水注入職人揉製，
堅持手工製作當日的
麵，嘗得到Q彈層次多
變的手工蕎麥麵。

③ 忍野八海

小編
激推

🚌搭乘富士急行巴士於「忍野八海入口」站下
車即達徒步10分　☎0555-84-4222(忍野村觀光
協會)　🏠南都留郡忍野村忍草　🕙自由參觀，全年
無休

　名列日本國家天然紀念物的忍野八海，可眺望富
士山、有著8個清澈湧泉池的散落村子，是富士山雪
水融化流入地底後、歷經數十年再度從這裡緩緩流
洩而出，村內外錯落的泉池讓這裡不但清淨優美，也
是數百年前「富士講」的靈修之處。雪水經過長達20
年的歲月終自此八泉湧出，泉質清冽澄澈，透見湛藍
幽邃的矽藻土池底，蔓
生的水草在池中搖曳
如原野風起，魚兒悠游
逡巡其間，如夢似幻。

Map

Web

28

ふじよした Fujiyoshita

富士吉田

富士吉田因有許多條登山路徑，成為出發攀登富士山的必經之路。在過去因火山地質過於貧瘠不適於耕種，如今拜富士山之賜，這裡的觀光業已越見發達，更有一座富士急樂園而成為國內外觀光客必訪景點。

ACCESS

電車

*搭乘富士急行-河口湖線在「ハイランド駅」、「富士山駅」下車。

*搭乘富士急行-大月線在「下吉田駅」、「富士山駅」下車。

*搭乘JR與富士急行聯通的特急電車富士回遊號，從東京直達「富士山駅」、「ハイランド駅」下車。

巴士

可利用周遊巴士富士湖號(ふじっ湖号)本區移動最方便。

在神社對富士山神祈求平安的能量之地。

小編激推

1 北口本宮富士淺間神社

🏠富士吉田市上吉田5558番地 ☎0555-22-0221 🕐8:30~17:00

開山歷史最早可以上溯至西元110年的北口本宮富士淺間神社，至今已有近2000年的歷史，參道兩旁高聳的杉樹非常壯觀，全境氣氛肅誠寧靜，即使不是富士山神靈的信仰者，在此也可得到旅途中難有的歇養。

被喻為世界級可怕的鬼屋「絕凶·戰慄迷宮」。

順道入住面對富士山的富士急飯店美景套房，還有呼應主題樂園的特色套房，伴你一夜好眠。

富士山腳下唯一一間樂園，一起放聲齊尖叫！

小編激推

2 富士急樂園

🚉富士急ハイランド駅下車即達 ☎0555-23-2111

🏠富士吉田市新西原5-6-1 🕐9:00~18:00，週末、例假日9:00~19:00，夏季8:00~21:00，另有不定休，詳細開園時間請上官網查詢 ⑯不定休 💰一日券大人￥6000，國中高中生￥5500，小學￥4400，幼兒￥2100起

富士急樂園就位在富士山旁，邊玩著驚險刺激的遊樂設施還可以欣賞壯麗的富士山美景，喜歡挑戰新鮮遊戲的人千萬不要錯過，無論是大人小孩，保證讓你玩得過癮。除了尖叫連連的遊樂設施，富士急高原樂園內還有哈姆太郎、湯馬士小火車、麗卡娃娃等小朋友們最愛的卡通人物。此外，玩累了樂園旁就有富士急飯店和溫泉，也依遊樂園裡熱門角色設計了主題套房，像是湯瑪士小火車、Gaspard et Lisa等，都很受到歡迎。輕鬆休息一夜，補充體力繼續玩！

> 鐵道迷不能錯過的復古車站。

③ 下吉田駅

ⓐ 富士吉田市新倉840

於2009年重新翻修過的下吉田車站，**站內挑高的空間設計與高處的採光窗，優雅的流動空間感便是出自鐵道設計大師——水戶岡鋭治之手。**據説車站的建築是以終戰時期的名古屋車站為模型，現在則因其獨特的風格造型，吸引許多鐵道迷前來探訪。

富士山麓ワフ1

富士急行貨車ワフ1,2重現前身「富士山麓電気鉄道」的活躍印象。

車站內的下吉田俱樂部，供應當地食材製作的餐點。

④ 富士山博物館

ⓐ 富士山駅轉乘巴士至「サンパーク富士前駅」徒步10分 ☎ 0555-24-2411 ⓐ 富士吉田市上吉田東7-27-1 ◷ 9:30~17:00(最後入館16:30) ⓧ 週二、年末年始 ⓢ 成人￥400、中小學生￥200(與御師舊外川家住宅的共通入館套票)

Map

Web

以富士山為主題的博物館展示主題雖脱離不了富士山，但卻由於民俗為切點，以淺顯易懂而且非常生活化的內容引人入勝。其中**「富士山信仰」展出歷來攀登富士山的用具、服裝等，讓人對富士山所象徵的地位有更深刻的體驗。**除了室內靜態的展示，還搬來幾棟古老民宅與農舍重建於此，可説是頗為用心。

河口湖大橋
湖山亭うぶや
ⓗ ホテル美富士園
ⓗ Route Inn河口湖
河口湖
富士Lake Hotel
河口湖遊覽船乘船處
FUJIYAMA COOKIE
富士見台
河口湖畔
Mt FUJI PANORAMIC ROPEWAY
河口湖駅
入山うどん
新倉山浅間公園
寿駅
霞池温泉前駅
新倉屋
③ 下吉田駅
下吉田俱樂部
富士急行大月線
富士急行河口湖線
中央自動車道
月江寺駅
月江寺懷舊道路
天下GO!麵
べんけい
富士急ハイランド駅
うどん工房
富士急樂園 ②
海の家
美也川
富士吉田City Hotel
糸力
富士山駅
Q-STA
金鳥居
山崎家
富士山温泉
HIGHLAND RESORT Hotel & SPA
ふじや
NADAYA
舊戸川家住宅
麵許皆伝
白須うどん
FUJIYAMA MUSEUM
ⓗ 御師の宿 筒屋
シフォン富士
麵'ズ富士山
北口本宮富士浅間神社 ①
浅間茶屋
サファイ屋
ホテル鐘山苑
岡田紅陽寫真美術館・小池邦夫繪手紙美術館
立石茶屋
道の駅 富士吉田
富士山雷達館
④ 富士山博物館
忍野温泉旅館
富士北麓公園
東富士五湖道路

29

かつぬま Katsunuma

勝沼

日本山梨縣的葡萄酒產量為日本第一，早在明治時期，山梨縣勝沼地區就已經開始釀造葡萄酒，在勝沼，許多酒莊開始打著自己獨創風格，讓遊客來參觀的同時，也可在此體驗到酒莊生活。

甲州在地釀製葡萄酒老字號，在古屋裡品酒更有另一番風味。

小編激推

❶ 原茂葡萄酒莊

🚃勝沼ぶどう郷駅徒步20分；或在駅前搭ぶどうコース2巴士約5分至「横町」站下徒步3分；或搭ワインコース2巴士約12分至「上町」站下徒步10分 ☎0553-44-0121 ⊙甲州市勝沼町勝沼3181 ⏰9:00~17:00 ⊗日本新年 ⊙參觀釀酒廠、試飲12種類每20cc¥100

一進到園內給人的感覺相當舒服，抬頭一看是整片的葡萄葉，擋住些許陽光，即使氣溫超過30度也不感覺到熱；過去曾經是民宅的古老房子，經過設計裝潢過後，屋內瀰漫著一股古色古香卻不失現代感的氣味。**原茂葡萄酒莊是二次世界大戰前就已經開始釀造葡萄酒的老字號**，所栽培的葡萄品種**以甲州種為主**，為了釀出更與眾不同的酒，也嘗試著培育歐洲品種的葡萄。

ACCESS

電車
搭乘JR中央本線在「勝沼葡萄鄉駅（勝沼ぶどう鄉）」下車。

巴士
酒莊幾乎都離車站有段距離，來到這裡最好先查詢路線巴士，以節省等車時間。可以搭乘甲州市市民巴士，ぶどうコース1、ぶどうコース2、ワインコース1、ワインコース2等遊逛勝沼地區。

酒莊內的餐點選擇眾多，且選用當地農家自栽的農物烹煮，新鮮又美味。

🚌勝沼 葡萄之丘
♨葡萄之丘温泉 天空の湯
🚉勝沼ぶどう郷駅
🍴勝沼食堂 パパソロッテ
🍷原茂葡萄酒莊 ❶
🌳勝沼中央公園
盛田甲州葡萄酒莊
RESTAURANT CHANMORIS ❸
🍴 RESTAURANT鳥居平
❷ CHATEAU勝沼
🏯勝沼氏館跡
🏛Chateau Mercian 紅酒資料館
勝沼釀造
Lumiere
🍴 RESTAURANT風
20
JR中央本線
中央自動車道

N

免費試喝各種葡萄酒，選一款自己最喜歡的回家！

② CHATEAU勝沼

小編激推

🚋勝沼ぶどう郷駅徒步約15分　☎0553-44-0073　🏠甲州市勝沼町菱山4729　🕐平日9:00~17:00　🚫12月31日~1月1日　💴試飲、參觀免費

約130年前，兩個年輕人只是想要賭賭看這個村子是否可以成功釀造葡萄酒，於是兩人帶著自己僅有的幹勁與骨氣，前往法國波恩市學習釀造葡萄酒的方法，回國後兩人成立了自己的釀酒廠，命名為「今村葡萄酒釀造場」，明治初期才開始在勝沼町展開葡萄的栽培，今村葡萄酒釀造場也是現今シャトー勝沼的前身。1樓的賣店**擺放著各式各樣不同種類的葡萄酒提供試飲，可以邊品味葡萄酒，邊挑選自己喜歡的商品；不**勝酒力的人也不用擔心，這裡有100%的葡萄汁可以試飲。

③ RESTAURANT CHANMORIS

🚋勝沼ぶどう郷駅前搭巴士約20分至「勝沼地域総合局」站下徒步5分　🚶從盛田甲州葡萄酒莊徒步2分　☎0553-44-5556　🏠甲州市勝沼町下岩崎1453　🕐11:30~15:00、17:00~22:00　🚫10月中旬~8月中旬週二(8月下旬~10月上旬無休)　💴午間套餐￥2250起

寬廣的酒莊裡有座教堂似的歐風建築，是盛田甲州葡萄酒莊所經營的法國料理餐廳CHANMORIS，**落地窗外可以觀看到酒莊自家的葡萄農園，晚上的夜燈打在建築物上顯得格外浪漫**。每日限定1組新人的婚宴，非常受當地年輕人的青睞，在餐廳旁的教堂舉行婚禮之後，回到餐廳，享用精緻料理的法國餐點，以及新鮮的季節水果婚宴蛋糕，讓每個參加婚禮的人都能盡興而歸。

Map

Web

賣店販售口感各自不同的葡萄酒，可以試喝後再買。

30 御殿場

ごてんば Gotemba

攀登富士山的登山客多數從御殿場登山道下山，御殿場最有名的高原啤酒和御殿場火腿，又成為犒賞登山客辛勞的最大魅力。御殿場的PREMIUM OUTLET超大型折扣商城，造成購物的熱潮，是御殿場人氣長溫的超級景點。

ACCESS

電車
搭乘JR東海－御殿場線在「富士岡駅」、「御殿場駅」下車。

巴士
御殿場駅有免費接駁巴士前往御殿場PREMIUM OUTLET、御殿場高原時之栖。

① 虎屋

純和風菓子老舖，吟味纖細的大和風情。

🚶御殿場駅徒步7分 ☎0550-83-6990 🏠御殿場市新橋728-1 🕙10:00~18:00、虎屋菓寮11:00~17:30 🚫日本新年 💴四季の富士(御殿場店限定,富士山羊羹)¥3888、羊羹(小)¥292起

小編激推

Map

Web

御殿場店限定的「四季の富士」，只在春夏秋冬四季各自販售。

於京都發跡的和菓子老舖「虎屋」，從室町時代便是獻給天皇的御用菓子舖，創業至今已有近五百年歷史，約於明治時期將本店轉移至東京。**御殿場店裡廣闊的空間中優雅地擺放各式商品，最著名的虎屋羊羹更是人氣必買商品。**

邊逛街時、抬頭就有富士山美景相伴。

這也便宜！那也便宜！購物狂的血拼天堂！

小編激推

② 御殿場PREMIUM OUTLETS

🚌御殿場駅有免費接駁巴士前往 ☎0550-81-3122 🏠御殿場市深沢1312 🕙3-11月10:00~20:00，12-2月10:00~19:00 🚫12月第三個週四 💴外國觀光客可憑護照換取折價券，折扣依品牌不一

PREMIUM OUTLETS是源自美國的折扣商城，御殿場市裡的店舖是日本第二家。在這樣一個可以說有點偏僻的地方竟然出現這麼大的折扣商場，實在令人吃驚，但是**超過205家商店的龐大規模、80%~60%的驚爆折扣、本地與進口高級名牌貨品齊全、顏色款式尺寸選擇多樣化**等等優點，都是人潮爆滿的最大原因。

Map

Web

地圖標示：
- 138 246 138 469
- N
- オギノ御殿場 御殿場店
- 御殿場郵便局
- 中央公園
- 2 御殿場PREMIUM OUTLETS
- 浅間神社
- 御殿場駅
- 力亭
- 1 虎屋
- 御殿場温泉
- 平和公園
- 御殿場溫泉
- 138
- 南御殿場駅
- JR御殿場線
- 往乙女峠
- 御殿場高爾夫俱樂部
- 尾張峠
- 箱根Sky Line
- 富士岡駅
- 御殿場高原啤酒餐廳 麦畑
- ホテル時之栖
- 時之栖燈海
- 3 御殿場高原時之栖
- 湖尻峠
- 新東名高速道路
- 東名高速道路

富士山麓好
山好水，釀造出來
的啤酒當然也是品
質保證。

每年11月上
旬~3月中旬的時之栖燈
海搭配噴水秀，被日本各
大媒體評比為第一名，
超級夢幻。

御殿場高原上，
結合綠與光的綜
合休閒園區。

小編
激推

3 御殿場高原時之栖

御殿場駅有免費接駁巴士前往 0550-87-3700 御殿場市神山719 各設施不一

　時之栖是結合飯店住宿、餐廳、溫泉、各式休憩設施的綜合型休閒園區，由於其可選擇的住宿類型眾多，是許多人造訪御殿場的住宿首選。除了住宿**還有知名的御殿場高原啤酒、溫泉等設施，及規劃有賞櫻步道、森林步道等**，結合周邊設施盡情放鬆身心，因此成為御殿場市最熱門的假日休閒去處。推薦來此必嘗的**御殿場高原啤酒，使用富士山伏流水，釀造黑啤、小麥、季節限定等6種啤酒，清香甘冽的啤酒博得日本各地高人氣**。這裡設有啤酒餐廳 麥畑，搭配多汁香濃的肋排與手工德國香腸和啤酒一起乾下肚，痛快沒話說。

Map

Web

靜岡市

しずおかし Shizuoka City

光鮮現代大都會 也飄散茶町細緻氛圍

靜岡市為靜岡縣的行政中心，其前身駿府城為德川家康一手打造。富士山的伏流水與起伏的丘陵地，造就靜岡成為日本第一的茶產區，在靜岡現代化的都市大街中，仍然可感受到茶町的細膩風情。

ACCESS

電車
*搭乘JR東海道新幹線、東海道本線列車在「JR靜岡駅」下車。
*搭乘靜岡鐵道-靜鐵清水線在「新靜岡駅」下車。

巴士
靜岡鬧區集中，除了駿府城跡、淺間神社搭公車較省力外，其他幾乎都徒步可達。想去日本平、久能山東照宮在靜岡市搭巴士也很方便。

冰淇淋依茶味濃淡分為七種等級，嗜茶者可以嘗試超濃茶味的第七級！

1 Nanaya靜岡店

☎054-251-7783 　靜岡市葵區兩替町2-5-12 🕚11:00~19:00 週三

　本店位於藤枝的靜岡茶專賣店Nanaya，店內除了各種茶葉和茶點心，最特別的就是自製的抹茶義式冰淇淋。**靜岡抹茶依鮮奶比例，做成七種等級的濃度，三級以下的抹茶香甜滑順，奶香呼之欲出。**第七級為濃綠色，口感帶有些冰霜，濃郁的茶菁味在口中爆發，苦中帶甜，回甘滋味讓人欲罷不能。

走在靜岡街區內看不到富士山，這個免費觀景台提供市區內看富士山的好去處。

2 喫茶一茶

用一枚銅板也能享受日式品茶情趣。

小編激推

☎054-253-0030 　靜岡駅北口地下廣場，靜岡地下情報中心(しずちか情報ポケット)內 🕙10:00~19:00 週三 💰一茶煎茶¥300、上生菓子與茶的套餐¥700

　就位於靜岡駅地下街的「一茶」，**是靜岡市區茶商工會所經營的日本茶咖啡店，店裡販賣會員約50品牌的茶品，以小包裝銷售、而且全部均一價，¥500！**店員會親切地教導泡茶知識，而配合季節也會推出不同茶款。在附設咖啡店中，精美的和菓子搭配特選綠茶，甘甜滋味引出茶本身的芬芳，一樣掏出硬幣即可享用。

想一次品嘗各式不同品牌的綠茶，這裡讓人一次多買幾包也不心痛。

3 靜岡縣廳富士山展望廳

☎054-221-2185 　靜岡市葵區追手町9-6(靜岡縣廳-別館21樓) 🕣8:30~18:00、六日假日10:00~18:00 每月第三週的六、日、12/29~1/3 💰免費

　面對著駿府城公園的靜岡縣廳，共分有本館、東館、西館與別館，**別館是縣廳建築群中最高的那一棟，正對著駿府城公園，因此特別在最高的21樓設置展望廳**，由於周邊沒有更高建築，在這裡能將靜岡市區一覽無遺，更棒的是可把駿府城公園與富士山一起入鏡，天氣好時更遠的南阿爾卑斯山、駿河灣一帶也能遠眺。

德川家康揚名立萬的名城，感受昔日的歷史光影。

小編激推

④ 駿府城公園

☎054-251-0016 ⊙靜岡市葵區駿府城公園1-1 ◐駿府城公園自由開放，東御門、巽櫓、紅葉山庭園9:00~16:30 ㊡週一，年末年始 ⑤東御門、巽櫓￥200，紅葉山庭園￥150，駿府城公園全設施共通券大人￥360，中小學￥120

　　駿府城是德川家康最鍾愛的居城，幼年時期家康在城內做為人質居住12年，壯年後駿河國成為家康領地，即便一統天下當上幕府大將軍，家康最後還是選擇駿府城為退隱之地。駿府城歷經大火，剩下護城河守護著牆垣，而青綠草地成為市民休憩的公園。在森然綠意中，重新復原的巽櫓、東御門讓人遙想當年。

歷經歲月飛逝，現今的城門已經過重修復原。

從包圍著駿府城的護城河，可窺見昔日規模。

Map　Web

135

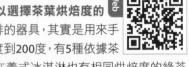

可以選擇烘焙度的茶屋！

② Maruzen Tea Roastery

小編激推

☎054-204-1737　📍靜岡市葵區吳服町2-2-5　Map
11:00~18:00　🈴週二　💰玉露¥650，義式冰淇淋¥550/1球

純白簡約的摩登空間內，這不是咖啡館、而是由丸善製茶老舖開設、可以選擇茶葉烘焙度的茶屋。看著櫃檯上一排手沖咖啡的器具，其實是用來手沖綠茶用的，茶的烘焙度從80度到200度，有5種依據茶葉不同而進行的烘焙度，同樣在義式冰淇淋也有相同烘焙度的綠茶口味選擇外，再多一個0烘焙，僅在茶葉蒸過乾燥後就碾碎製冰，是冰淇淋的專屬限定版。

店內用茶，少量烘焙新鮮提供，除了有茶跟義式冰淇淋外，也有幾款甜點可選擇搭配。

優雅街區，假日一到又變成步行天國，逛起來更加輕鬆。

靜岡市區最熱鬧購物街！

① 吳服町通り

📍靜岡市葵區紺屋町(吳服町通り)　💬《步行天國》六日與假日11:00~18:00

小編激推

在靜岡逛街真的很輕鬆，因為所有好吃、好玩、好買超集中，**除了JR靜岡站到新靜岡站中間以綿密百貨群連結外，就是逛吳服町通り這條主要商店街。**從JR靜岡站前到蔦屋書店為止，700公尺長度中更是精華中的精華，不論要老舖、特色美食、居酒屋、年輕新玩意、百貨公司、藥妝、茶屋、書店、美術館、公園，應有盡有。

Map

③ 青葉通り

📍靜岡市葵區吳服町 2丁目　Map

青葉通り與熱鬧的吳服町商店街成十字交叉，而在這十字交叉範圍內，也就是靜岡市最熱鬧的區域了。**青葉通這條串連區役所與常盤公園間約600公尺長的綠意公園大道，兩側幾乎都是餐飲店為主**，在地人也都通稱它是青葉公園。寬達18公尺的公園大道上中間鋪上磚道，不但是冬季市內知名耶誕彩燈會場，平時或假日更是各式活動的舉辦地。

紅通通的燈籠讓整條黑輪街氣氛特別，連小丸子故事中也有爺爺來黑輪街的場景呢。

飄散昭和氛圍的黑輪街

小編激推

④ 青葉黑輪街

 Map

🏠 靜岡市葵區常磐町(青葉おでん街)

🕐 16:30~24:00(各店營業時間稍有不同) 🈺 週三

靜岡幾乎到處食堂裡都有供應黑輪，但像這樣以黑輪為主題形成的一條街，還真是有趣。這些店家原本都在青葉通公園兩側擺攤，但因政府整頓後，一百多攤的黑輪野台部分聚集於此，形成20家左右的規模，除提供黑輪外各家也另有其他豐富特色菜單。

小小的店內大約僅容6-7人，氣氛熱鬧溫馨、很容易就跟不認識的人聊起來。

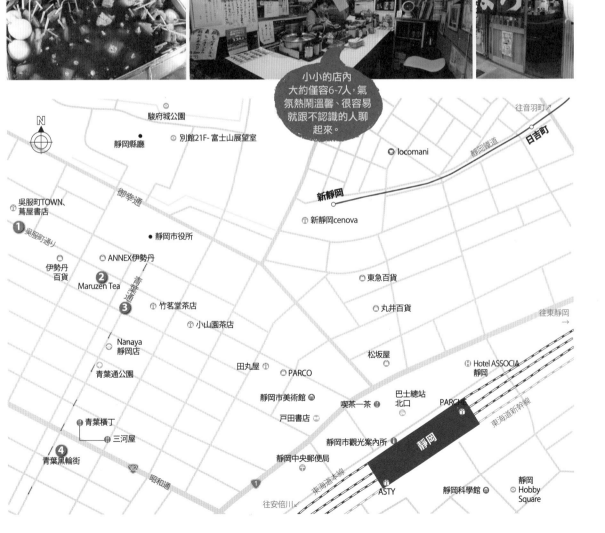

駿府城公園
靜岡縣廳
別館21F- 富士山展望室
往音羽町
locomani
靜岡鐵道
日吉町
御幸通
新靜岡
新靜岡cenova
吳服町TOWN、蔦屋書店
① 吳服町通り
靜岡市役所
ANNEX伊勢丹
伊勢丹百貨
② Maruzen Tea
東急百貨
③ 竹茗堂茶店
丸井百貨
小山園茶店
往東靜岡
Nanaya 靜岡店
松坂屋
Hotel ASSOCIA 靜岡
青葉通公園
田丸屋 PARCO
巴士總站北口
PARCHE
東海道新幹線
靜岡市美術館
喫茶一茶
青葉橫丁
戶田書店
靜岡
三河屋
靜岡市觀光案內所
④ 青葉黑輪街
靜岡中央郵便局
東海道本線
靜岡科學館
靜岡 Hobby Square
昭和通
ASTY
往安倍川

32

濱名湖

はまなこ Hamanako

> 濱松與濱名湖古稱遠州，是歷史上德川家康站穩腳步，進而一統天下的奠基地。波瀾不興的寧靜湖面有如明鏡，名列日本第10大湖泊，秀麗的山光水色，湖畔有許多風格別具的咖啡店與餐廳外，搭乘部分路線沿湖而行的天濱線鐵道，更是充滿歷史懷舊之旅。

ACCESS

電車
＊搭乘JR東海道本線、東海道新幹線在「濱松駅」下車。在「新所原駅」下車可轉搭天龍濱名湖鐵道，展開懷舊的列車旅程。
＊搭乘遠州鐵道在「新濱松駅」下車。

巴士
＊濱松駅轉搭館山寺線搭遠鐵巴士前往濱名湖。

PASS
＊天濱線乘車券(天浜線フリーきっぷ)：天濱線一日自由乘車券，適合中途下車的小旅行。
❺成人￥1750，兒童￥880

> 搭乘遊覽船巡遊湖面，平靜湖面與疊翠山巒彷彿一幅靜止的畫作，十分詩情畫意。

> 湖畔漫遊氣氛美食與咖啡店，來趟環湖小旅行。

① 濱名湖

小編激推

☎053-487-0152(濱名湖館山寺觀光協會)、053-452-1634 (濱松市觀光協議會) ◎濱松市西區館山寺町 ❺館山寺周遊航路(30分)往返￥1200、瀨戶航路(30分)單程￥1000

波瀾不興的寧靜湖面有如一面明鏡，名列日本第10大湖泊的濱名湖，秀麗的山光水色成為靜岡西部最熱門的旅遊區。沿著環湖道路漫遊，湖畔有許多風格別具的咖啡店與餐廳，咖啡香氣縈繞綠意，醞釀著午後的幸福小時光，可找家景觀咖啡店感受寧靜時光，或是搭乘遊船或租單車，沿著湖岸步道騎行。

Map

> 來到濱名湖必吃，炭烤鰻魚香氣滿溢。

② 鰻魚用餐處 濱乃木

小編激推

☎053-487-0010 ◎濱松市西區館山寺町2221-1 2F ◷11:00~16:00 ⑯週二 ❺鰻魚茶泡飯套餐(うなぎ茶漬け)￥2500、鰻魚桶飯(鰻桶まぶし)￥7800

濱名湖盛產鰻魚，這家鰻魚專門店就位在館山寺濱名湖遊覽船碼頭的二樓，隔著玻璃可眺望內埔灣。

新鮮鰻魚烤得油光潤澤，濃郁醬香不斷飄出，讓人食指大動。鰻魚飯、鰻魚茶泡飯是店內人氣美食，還有以大木桶盛裝的鰻魚桶飯，適合2~3人分享。

Map **Web**

> 寧靜禪寺靜享湖光山色。

③ 館山寺 &館山寺纜車

小編激推

☎053-487-0107 ◎濱松市西區館山寺町2231 ●自由參觀

館山寺擁有眺望濱名湖的絕佳視野，位在50公尺高、突出湖面的半島山丘上，濱名湖的好風光一覽無遺。小巧精美的禪寺寧靜安詳，從館山寺出發，可沿著湖濱步道散步，靜享湖畔的平安靜好。**或是搭上館山寺纜車連結館山寺與大草山，帶來360度居高臨下的湖景視野。**

Map **Web**

> 濱名湖空中散步，制高點看下的全景視野。

奧濱名湖　藏茶房棗

天龍濱名湖鐵道　　往西鹿島

濱名湖Lake Side Plaza

龍雲寺

東急Resort Town

濱名湖SA

館山寺纜車

濱名湖音樂盒博物館

Listel Hotel
濱名湖

館山寺
鰻魚濱乃木

濱松市動物園

濱名湖Pal Pal
遊樂園

溫暖之森

界 遠州

濱松花卉公園

濱名湖遊覽船

正太寺

村櫛館山寺道路

女河浦
海水浴場

濱名湖

正福寺

鰻魚派
工廠

湖西高

濱名湖Golf Club

濱名湖Garden Park

濱名湖Royal Hotel

往豐橋

濱名湖競艇場

濱名湖體驗學習施設

弁天島

往濱松

東海道新幹線

N

東海道本線　往濱松市區

小國神社的寺院
內栽植櫻、梅、菖蒲
花，秋日楓紅落英繽
紛，美不勝收。

天濱線懷舊中途旅行

路線起迄：新所原駅←→掛川

　簡稱天濱線的**天龍濱名湖鐵道**橫跨靜岡西
部的歷史城區，將旅客帶到那時而紛亂悲
壯、時而平靜浪漫的華麗年代。天濱線從濱
名湖西側的新所原起始，終點掛川站與JR相
連，**67.7**公里的鐵道上共有**39**個車站，許多
列車從昭和初期鐵道開通後，便沿用至今，
保存完好的木造車站古色古香，尤其是天龍
二俁駅已指定為國家文化財，古樸氣息縈繞
站內，讓人回想泛黃又溫暖的往日時光。

龍岩洞是東海
地區最大的鐘乳石
洞穴，石筍、鐘乳石
光華生輝。

訪小丸子的故鄉 美味魚鮮大吃特吃

33 清水

しみず Shimizu

清水市是小丸子的故鄉,所有觀光的焦點當然都放在以小丸子為主的話題上,除了小丸子,與京都天橋立、福岡箱崎並列為日本三大松原的三保松原更是不可錯過。

ACCESS

電車

*搭乘JR東海道本線在「清水駅」下車。

*搭乘靜岡鐵道-清水線在「新清水駅」下車。

巴士

JR清水駅、靜岡鐵道新清水駅徒步可達河岸の市。也可以轉乘巴士往日本平、三保松原,或是搭免費接駁車至DREAM PLAZA。

坐上遊覽船,飽覽漂浮於港灣的富士山景色。

1 清水港內遊覽船

小編激推

🚢清水駅、靜鐵新清水駅搭乘免費接駁巴士至夢幻廣場,步行3分鐘至日の出棧橋 ☎054-353-2221 🏠靜岡市清水區日の出 ⏰依季節推出不同巡遊行程,內容、價格、時間洽官網 💰富士山清水港路線(40分鐘)¥1200(小學生半價)

名列日本三大美港的清水港,被雄偉的富士山與三保松原包圍港灣,只要搭乘遊覽船繞行一周,即可同時欣賞兩種風情美景。坐在甲板吹著海風,名山、松原,以及遠方的伊豆半島猶如名信片般的畫面讓人醉心。中午乘船不妨預訂富士山造型的特製便當,讓靜岡的特產化為口中美味,也讓整趟遊船行程愜意度更加倍。

不是現撈的不賣!只讓你吃得到最新鮮的海產與美食!

2 清水魚市場 河岸の市

小編激推

☎054-355-3575 🏠清水區島崎町149 🕐市場館9:30~17:30,鮪魚館各店家營業時間不一 🏠週三

清水港現撈的海產和美食,集中在面對港灣的河岸市中。**河岸市分為鮪魚館與市場館,市場館主要為物美價廉的鮮魚、魚乾、土產點心等,**螃蟹一箱大約才2千日幣,至少是東京一半價格。逛得飢腸轆轆,いちば館(市場館)與まぐろ館(鮪魚館)兩館共有10來家餐廳,海鮮丼飯料多又大碗,是漁港直送才有的特權。

清水鮪魚產量是日本第一,如果沒吃鮪魚料理就不算來過清水。

能吃到滿滿好料的次郎丼,是店內人氣招牌。

3 小川

☎054-352-0202 🏠いちば館 🕐9:30~14:30,週末~15:00 🏠週三 💰次郎長丼￥2300、鐵火丼￥1300

位於市場館內的小川,店主是鮪魚批發商,因此能夠以成本價提供給顧客新鮮的鮪魚。**推薦可以品嚐青蔥鮪魚、醃漬赤身等做成鮪魚丼,從彈牙口感即可證明鮮度一流。**豪華的海鮮次郎長丼有嫣紅的鮭魚卵、新鮮甜蝦、玉子燒,底下還藏著層層好料,滿滿的烏賊、鮪魚、大腹肉,海鮮比飯還要多,難怪能博得大人氣。

騎自行車在平緩的海岸道路飽覽山海風光，是最能領略三保魅力的方式。

欣賞浮世繪中的富士山絕景畫面。

④ 三保松原

🚃JR清水車站乘坐三保山手線巴士約25分鐘、在「三保松原入口」下車、徒步20分鐘　🏠靜岡市清水區三保

Map

三保松原與區域內、有著羽衣傳説的御穗神社，同屬於富士山世界文化遺產當中的構成項目，這裡在綿長7公里的海岸邊種植著約7萬多棵的松樹，**松林、海浪與遠方的富士山，交織出一幅海陸山的壯闊美景**，此景更常被多數古代繪畫與和歌所讚頌，尤其歌川廣重的知名浮世繪《富士山三十六景》也以這裡為描繪畫面。

小編激推

34

修善寺
しゅぜんじ Shuzenji

由弘法大師空海所發現的修善寺，是個擁有古老歷史的山中溫泉小鎮，平房建築以及綠樹竹林，讓小鎮更有韻味。溫泉街的商店、景點分布在桂川兩岸，漫步逐一拜訪外，也別錯過許多近代日本文人大師在此留下的足跡與文學風貌。

秋天一到由綠到黃再轉紅的楓葉林，滿遍豔紅令人嚮往。

境內的大師之湯相傳是空海開鑿的泉源，龍頭流出的是貨真價實的溫泉水！

ACCESS

電車
*搭乘JR特急「踊り子号」在「修善寺駅」下車。
*搭乘JR新幹線至三島駅，轉搭伊豆箱根鐵道-駿豆線在「修善寺駅」下車。

巴士
修善寺溫泉區距離車站有段距離，轉搭新東海巴士在巴士1號乘車處往修善寺溫泉，或是6號乘車處搭乘開往修善寺虹の郷。

承載千年歷史的古剎，也是秋天賞楓好景點。

1 修禪寺

Map

☎0558-72-0053 ⏺伊豆市修善寺964 ◑自由參拜，賣店及寶物館
4~9月8:30~16:30、10~3月8:30~16:00 ⑤免費參觀。寶物館大人￥300，國中小學生￥200

Web

小編激推 由弘法大師空海於平安初期大同二年(西元807年)設立的這座古剎，在鎌倉初期才更名為「修禪寺」。據說鎌倉幕府的第二代將軍源賴家，曾經在此被外祖父北條時政與母親北條政子幽禁而殺**害。現在幽靜的寺院裡已感受不到血腥的骨肉相爭，只剩下秋天燦紅的楓葉留做憑弔。**除了秋天的楓紅之美，每年的8月20、21日，是修禪寺的弘法大師大祭，屋台加上桂川邊的花火大會，滿滿熱鬧夏日季典氣氛！

老一輩傳説橫跨桂川的橋向神明參拜，夫婦的願望將實現、生活圓滿幸福！

五橋巡禮

來到修善寺溫泉，所有的寺院及商店、旅館幾乎以桂川為中心，分布兩側，穿梭兩邊漫步穿越一座座優雅的紅色橋，包合渡月橋、虎溪橋、桂橋、楓橋、瀧下橋這五座，**據説情侶一起走過這五座橋，彼此的感情會更堅固，單身者只要唸著喜歡的人的名字走過，也會加深緣分**，不論如何，穿梭完五座橋，也剛好把修善寺溫泉一帶的精華逛遍了。

N

修善寺虹の郷

花文學散步道

往修善寺駅

修善寺亀屋

新井旅館
陽氣館
茶庵芙蓉
源範頼之墓
鬼の栖
竹庭柳生之庄
修善寺戸田線
小山
赤蛙公園
河鹿莊
楓橋
淺羽
竹林小徑

修禪寺 ❶
饅頭総本山源楽
CAFE弘乃
獨鈷之湯
日枝神社
修善寺温泉
菊屋
滿月堂
三笑　三洲園
朴念仁 ❷
河源湯
指月殿 ❸
修善寺温泉
筥湯
仰空樓
安兵衛
修善寺 綜合會館
郷土資料館

日本執念下煮出真心與美味的蕎麥麵。

❷ 朴念仁(蕎麦と地魚 博重)

☎050-5462-0607　⌂伊豆市修善寺3451-40 ⊙

11:00~15:00　休週二

小編激推

　在流淌於修善寺溫泉街的桂川畔，有一條長約270公尺的竹林小徑，穿過小徑，在南側可以看見古老風情的屋舍，便是只有在中午時段營業的朴念仁。日文中，朴念仁指的是不會察言觀色、頑固不通的人，**店主人以此名字顯示其對蕎麥品質的堅持與不退讓。**

切得極細的蕎麥麵咬勁十足，不摻一點麵粉的十割蕎麥更是讓人嘗到清香。

一般的釋迦佛並不持物，這裡手持蓮花雙腿盤坐，是十分少見的禪宗式坐佛。

❸ 指月殿

☎0558-72-2501(伊豆市観光協会)

Map

⌂伊豆市修善寺

　伊豆半島上現存最古老的木造建物，在鎌倉時代由北條政子為了在此地被暗殺的源賴家祈求冥福而設，**穿過小巷爬上階梯，清幽的環境讓人心神嚮往**。指月殿的正殿裡，擺放了三尊佛像，其中正中心的正是被靜岡縣指定為文化財的釋迦如來坐像。

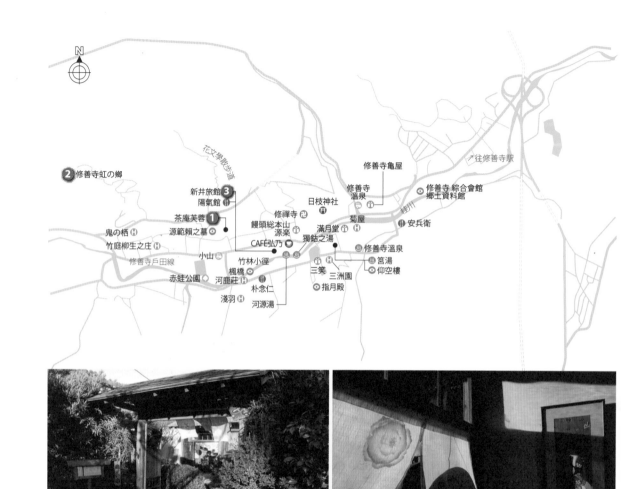

花文學散步道
2 修善寺虹の鄉
修善寺亀屋
↗往修善寺駅
新井旅館
陽氣館 3
修善寺綜合會館
鄉土資料館
修善寺溫泉
日枝神社
茶庵芙蓉 1
修禪寺
菊屋
安兵衛
鬼の栖
源範賴之墓
饅頭総本山
源楽
滿月堂
桂川
竹庭柳生之庄
CAFÉ弘乃
獨鈷之湯
修善寺溫泉
小山
竹林小徑
筥湯
修善寺戶田線
楓橋
仰空樓
河鹿莊
赤蛙公園
朴念仁
三笑
三洲園
淺羽
河源湯
指月殿

一份精緻茶點配上一杯好茶,感受古老溫泉街的美好風情。

室內氣氛彷彿回到古時候,長途跋涉只為拜訪隱居鄉野的友人。

1 茶庵芙蓉

小編激推

☎0558-72-0135　📍伊豆市修善寺1082

🕙10:00~16:00　休不定休

　　茶庵芙蓉的位置實在不太好找,從民宅旁的小巷拾級而上,拐四五個彎,才會看到位在源賴範墓旁、灑滿陽光的日式茅廬。**穿過綠意盎然的庭院,敲敲銅鑼呼喚老闆應門,鋪上榻榻米的室內傳遞溫馨與安適氣息。**透過廊緣欣賞群山與市街,茶煙裊裊、和菓甜入心脾,待一整個午後也不厭倦。

Map
Web

② 修善寺虹の郷

🚌 修善寺駅前搭往虹之郷方向的東海巴士約20分，至「虹の郷」站下車即達　☎0558-72-7111　🏠伊豆市修善寺4279-3　🕐4~9月9:00~17:00，10~3月~16:00　❌週二(依季節變更)、不定休　💰大人(中學生以上)¥1220、小孩(滿4歲~小學生)¥610

　　位於修善寺溫泉北側的虹之郷，是一座融合多國情調的美麗主題樂園。佔地廣達3萬平方尺的區域內，共分七大區 ，像是有著中世紀田園風景的英國村、加拿大村、熱鬧街道好逛好買的伊豆之村、充滿日本傳統工藝的匠之村、印第安堡壘、有著美麗西洋式大花園的菲阿麗庭園等等，花木扶疏的花園內有可愛的商店、手作工坊和優美花圃，濃縮了世界各地的風采，可以享受一次遊走多國的樂趣。

燦紅之秋，伊豆紅葉名所。

小編激推

搭乘遊園火車玩修善寺虹の郷是最理想的遊玩方式！

享受得到悠閒，更是值得每位來客細細咀嚼、品味的傳統建築結晶。

③ 新井旅館

☎0558-72-2007　🏠伊豆市修善寺970　🕐10:00、16:00各一場(導覽每場40分鐘)　💰導覽¥1500(附飲料)、住客¥500(無飲料)，(每場限額15人)　❗導覽可現場報名或電話預約報名

　　歷史悠久的修善寺溫泉，深受明治、大正時期許多文學、藝術家的喜愛，讓這個溫泉區也充滿濃濃文學氣圍，來這除了泡湯、賞景外，有興趣的人不妨也來趟追索文豪大師的腳步之旅。其中以夏目漱石長住的「湯回廊 菊屋」，岡本綺堂、泉鏡花、芥川龍之介、尾崎紅葉等住過的「新井旅館」最為知名。被列為國家文化財的「新井旅館」也提供付費導覽行程。即使沒辦法進去住、與大師隔著時空感受同樣溫泉氛圍，也可透過導覽參觀，感受大師足跡。

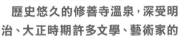

伊豆高原
いずこうげん Izukougen

高原度假勝地　森林裡拜訪優雅餐廳與美術館

伊豆高原得天獨厚的大自然加上閑靜氣氛，發展成都市人避暑度假的別墅勝地。有著別具特色的餐廳、美術館和工作室，還有個性咖啡店散發濃濃咖啡香外，森林中還藏著許多別開生面的迷你博物館與美術館。

ACCESS
電車
*搭乘JR東日本-伊東線、JR特急-踊り子号在「伊東駅」下車。
*搭乘伊豆急行線在「伊東駅」、「伊豆高原駅」下車。

巴士
*徒步無法抵達，建議從伊東駅或伊豆高原駅，都可利用東海巴士前往一碧湖、伊豆シャボテン公園及高原上的各個美術館、餐廳。

宛如一個大碗公的絕妙山形，在伊豆高原的任何一處觀看都相當顯眼。

1 伊豆シャボテン動物公園

> 與可愛動物並肩散步的公園。
> 小編激推

●伊豆高原駅前廣場1號月台往シャボテン公園&大室山方向公車，約20分　0557-51-1111　●伊東市富戸1317-13　●9:30~17:00(依季節變動)　◎無　●大人¥2700，小學生¥1300，幼兒(4歲以上)¥700起

就位在大室山腳下的仙人掌動物公園(シャボテン動物公園)，廣大的園區裡有多達1,500種仙人掌、超過120種的動物們在園區裡，最特別的是，這裡有些動物們採無柵欄的放飼狀態，在園區走著走著，就會迎面而來幾隻孔雀或是松鼠猴，連白鵜鶘也大搖大擺從身邊走過。分區放養的袋鼠、水豚、兔子、蜜袋鼯等，也都可以進去跟牠們近距離接觸，甚至一旁就有飼料可以買來餵牠們喔。**園區最受歡迎的就是水豚了，尤其冬季限定的泡湯秀絕對不能錯過，另外每天還有3場動物劇場表演，相當適合親子在這裡待上大半天。**

Map

Web

火山口步道一圈巡禮約30分鐘，富士山、伊豆高原、房總半島等，通通一覽無遺。

> 360度壯闊景致全覽。
> 小編激推

2 大室山&山頂環狀步道

●伊豆高原駅前1號乘車處，搭乘開往シャボテン公園(仙人掌公園)方向的東海巴士，約25分至「シャボテン公園」站下車，車資¥360　●0557-51-0258(池観光開発株式会社)　●纜車約9:00~17:00(依季節而異)　◎纜車遇檢修、天候不佳時停駛　●纜車往返：國中生以上¥1000、4歲以上小孩¥500

標高580公尺的大室山形狀相當特別，它的山形為圓錐體，山頂則是深30公尺的火山口痕跡，遠遠看來就像是一個倒扣的大碗公一樣。**業者架設纜車把遊客從山腳載運到山頂上，從山頂可以將伊豆高原到伊東海岸、相模灣上的大島等景色一覽無遺，絕佳的視野讓人大呼過癮。**

Map

Web

最棒的是園區任一處抬頭就能看見大室山，可說是與大室山拍下合照的最佳地點。

冬季時，水豚們泡在溫泉池裡的陶醉模樣，讓人忍不住大喊卡哇伊！

往川奈↑

花の絵美術館

村上康成美術館

伊豆高原美術館

おおむろ軽食

人形の世界
ミュージアム

伊豆高原ビール本店

Auberge
La Olives

富戸駅

③②① 伊豆シャボテン公園 ①

大室山纜車

レストランメキシコ

伊豆高原泉郷別荘

岩崎一彰宇宙美術館

トンボ玉工芸館

伊豆高原きり絵美術館

大室山

伊豆高原からくり時計博物館

伊豆高原泉郷コンドミニアムホテル

猫博物館(ねこの博物館)

伊豆急行線

茄子のはな

イタリアン オーベルジュ
ティアラ

石の家

富戸港

ぼら納屋

ホテル
伊豆高原

伊豆高原薮蕎麦

怪しい少年少女博物館

城ヶ崎遊覧船線

門脇崎海の吊橋

門脇崎燈塔

野坂オートマタ美術館

城ヶ崎海岸駅

NEW YORK
LAMP MUSEUM
& FLOWER GARDEN

アトリエ・ロッキー
万華鏡館

リゾートホテル
サン・ジュリアン

伊豆海洋公園

135

城ヶ崎オレンジ村

伊豆海洋公園潜水中心
ダイビングセンター

陶磁ガラス美術館
やんもの木

伊豆泰迪熊博物館

Kenny's
House Café

伊豆高原駅

リゾートヴィラ山ゆり

伊豆高原ビールうまいもん処

伊豆オルゴール館

伊豆高原
Antique Jewellery Museum

餐後還會附上
甜點與抹茶,透過
美麗陶器,呈現豐富
視覺美感。

おもしろ博物館
城ヶ崎文化資料館

伊豆高原人形の美術館それいゆ

花吹雪

每道
料理都是以套餐
方式呈現,首先呈上
季節野菜做的拼
盤前菜。

③ おおむろ軽食堂

 Map

 Web

☎0557-51-1455　♠伊東市富戸1317-5 大室山纜車館内1F

🕙10:00~16:00　休纜車運休時(一年2次)　⑤午餐套餐￥1463起

　走進大室山纜車站前,おおむろ軽食堂就位在建築
入口處,充滿木質調的設計空間,讓人感到舒適又
放鬆。這裡**主要將伊東一帶的山產與海味,做成美
味的家庭料理**,魚鮮主要來自伊東港的新鮮海味,野
菜則以當日朝市的地產蔬果,高湯採用伊東有名的柴
魚提鮮,讓**道道料理既美味又具在地特色。特別的是,店家在料理
呈現上特別講究擺盤與裝飾,尤其是結合陶藝工房的創作陶器,
也讓飲食增添美感與樂趣。**

池田20世紀美術館 ❷
Auberge Le Temps

往川奈↑

花の絵美術館
村上康成美術館

⊘ 伊豆高原美術館

おおむろ軽食

人形の世界
ミュージアム
伊豆高原ビール本店

Auberge
La Olives

伊豆シャボテン公園

レストランメキシコ

大室山樅車

伊豆高原泉郷別荘

岩崎一彰宇宙美術館
伊豆高原きり絵美術館

トンボ玉工芸館

伊豆高原からくり時計博物館
伊豆高原泉郷コンドミニアムホテル

大室山

貓博物館(ねこの博物館)

伊豆急行線

茄子のはな

伊
豆
急
行
線

嵯戸崎遊寶船線

イタリアン オーベルジュ
ティアラ

富戸港

石の家

ぼら納屋

ホテル
伊豆高原

伊豆高原薮蕎麦

怪しい少年少女博物館

門脇崎海の吊橋
門脇崎燈台

野坂オートマタ美術館
❸

城
ヶ
崎
海
岸
駅

NEW YORK
LAMP MUSEUM
& FLOWER GARDEN

アトリエ・ロッキー
万華鏡館

リゾートホテル
サン・ジュリアン

伊豆海洋公園

135

城ヶ崎オレンジ村

伊豆海洋公園潜水中心
ダイビングセンター

陶磁ガラス美術館
やんもの木

伊豆泰迪熊博物館

Kenny's
House Café

リゾートヴィラ山ゆり

伊豆高原ビールうまいもん処

伊
豆
高
原
駅

❹ ❶

伊豆オルゴール館

伊豆高原
Antique Jewellery Museum

萬望亭

伊豆高原人形の美術館それいゆ

おもしろ博物館
城ヶ崎文化資料館

花吹雪

八幡野港

相模灘

↙往伊豆熱川

富
戸
駅

N

① KENNY'S HOUSE CAFE

牧場直送香濃霜淇淋，滿口濃醇香超滿足。

☎0557-55-1188　📍伊東市八幡野1064-6
🕐10:00~17:00　🈺不定休　💰霜淇淋¥50、咖哩飯套餐¥1360

Kenny's House Cafe位在伊豆高原泰迪熊博物館、人形美術館等博物館集中區，適合在參觀完博物館之後，坐下來喝杯咖啡小歇一會兒。**店內最受歡迎的是使用每天從牧場直送、100% 純鮮奶製成的霜淇淋。天晴時拿到陽台區享用，滋味與心情都非常棒。**

② 池田20世紀美術館

🚌伊東駅前搭乘東海巴士至「池田美術館」站下車徒步即達。伊豆高原駅巴士班次較少。　☎0557-45-2211　📍伊東市十足614　🕐9:00~17:00(入館至16:30)　🈺週三(遇假日及7、8月無休)　💰大人¥1000、國高中生¥700、中小學生¥500

1975年創立的池田20世紀美術館，館藏以「人類」為主題，共收藏了近1,400件當代繪畫及雕刻作品，其中將近半數皆由池田英一先生所捐贈。**包含雷諾瓦、畢卡索、孟克、達利等現代畫家的畫作，以及安迪·沃荷的普普藝術代表作《瑪麗蓮夢露》版畫等，展出內容豐富，值得參觀。**

③ 野坂オートマタ美術館

古董歐洲自動人偶大觀園。

小編激推

🚌伊豆高原駅往シャボテン公園方向的東海巴士至「高原中央」站下車即達　☎0557-55-1800　📍伊東市八幡野字株尻1283-75　🕐9:30~17:00(入館~16:00)；每天3場表演11:00、14:30、16:00(週六~日例假日加演13:30場次)　🈺週二、週四(遇假日無休)　💰大人¥1000、中高中生¥600、小學以下免費

自動人偶出現在17世紀，法國工匠利用齒輪和高超的人偶技術，製作出會進行一連串動作的自動人偶，風靡了當時的貴族與富豪。Le spectacle des automates(野坂オートマタ美術館)**收藏了18~19世紀的歐洲自動人偶，人偶彷彿有生命一般，動作相當纖細，且作工、服飾均為上乘，且每天有現場演出。**

滿滿的泰迪熊玩偶，到處都是拍照取景的好地點！

④ 泰迪熊博物館

拜訪泰迪熊家族的鄉間小屋。

小編激推

☎0557-54-5001　📍伊東市八幡野1064-2
🕐9:30~17:00(入館至16:30)　🈺2、3、12月的第2個週二、6月第2個週二~三　💰大人¥1500、國高中生¥1000、小學生¥800

紅磚建築的伊豆泰迪熊博物館(テディベア·ミュージアム)，在大門口、櫥窗裡、陽台上都刻意安排穿著可愛服裝的巨型泰迪熊站崗，歡迎遊客前來造訪。**博物館內收藏了近一千隻古董泰迪熊、包含迷你泰迪熊、世界各地創作的泰迪熊，還有會活動的「泰迪熊工廠」等，逛完一圈，馬上就能變成泰迪熊通。**

36 下田 しもだ Shimoda

伊豆半島南端散發著濃厚南國情調的港町「下田」，因深受幕府時代的美軍及歐美商人影響，市內至今尚保留不少歷史遺跡，是南伊豆著名的觀光勝地。

ACCESS

電車

*搭乘伊豆急行線在「下田駅」下車。

*搭乘JR特急-踊り子号在「下田駅」下車。

注意

市中心景點大都徒步可達，也可利用市區巴士省點徒步距離。稍微遠離市區外圍的區域，像是白濱海岸、下田海中水族館等，在下田駅有東海巴士可前往。

1 寢姿山下田纜車

☎0558-22-1211 ◎下田駅徒步1分鐘
8:45~17:00，依季節調整 ⑤纜車來回大人¥1500、小孩¥750

寢姿山的外型看來彷彿一位女性仰睡的睡姿，因而得名。**纜車全長540公尺、高低差156公尺，搭乘纜車登上山頂只要約3分半，可將黑船停泊的下田港、遠方雄偉的天城連山盡收眼底**，頗有海闊天空的感受，天氣晴朗的話，還可飽覽大島等伊豆七島。另外在山頂還有處結緣聖地愛染堂，可順道參觀。

2 邪宗門

在充滿骨董的古民宅內喝咖啡，感受不同時代、不同風格的氣味。

小編激推

☎0558-22-3582 ◎下田市1-11-19
11:00~16:00 ⑯週三、週四 ⑤美式咖啡¥550

走過半世紀、由古民家改成的咖啡空間，可說是下田市最知名也最熱門的咖啡館去處。幽暗的室內空間氛圍中，妝點著滿滿的各式骨董老件、繪畫，透過店主人巧妙的安排布置下，不會讓人感到壓迫感，只覺得時間似乎在這裡被停滯，點一杯咖啡、一塊手工蛋糕，慢慢地享受一個人的下田老時光。

店內擺放著滿滿的復古物件，宛如一間古董屋般繽紛熱鬧。

波布比咩神社
セイジョー
下田朝市(山の朝市)
伊豆急下田駅
觀光案內所
普論洞(計時台)
駅
寝姿山下田ロープウェイ
山麓駅
寝姿山
寝姿山山頂
開国の足湯
稻田寺
新田
觀光協會駅前案內所
一丁目
平井製菓
海善寺
小木曾支店
武山
八幡神社
唐人阿吉紀念館
寶福寺
邪宗門CAFE
下田市
下田ベイクロシオ
黑船Hotel
間戸ヶ浜
市民文化會館
杉浦陶房
雜忠
136
山根
四丁目
本覺寺
雜賀屋
山田鰹節店
下田郵局
開国下田みなと
下田朝市(海の朝市)
下田港
下田遊覽船サスケハメ(黑船)乘船處
泰平寺
吉田松陰拘禁の跡
二丁目
湊座
小木曾商店
下田開國博物館
欠乏所跡
平野屋
117
ハリスの足湯
了仙寺
小川家
土藤商店&土藤ギャラリー
伊豆下田フィッシング
了仙寺
昭和湯
下田內港
ペリー上陸記念碑
薰風
平滑川
長樂寺
五丁目
培里之路
下田公園

---

③ 土藤商店&土藤ギャラリー

> 保存明治時代商店珍貴老件資料。

小編激推

☎0558-22-0021 ♠下田市3-6-30 ⏰9:00~20:00 休不定休 💲免費參觀

鄰近培里之路與魚乾橫丁的土藤商店，是**開設於明治20年(1887年)的老酒鋪**，但來到這裡可別以為只是一家單純賣酒的店家，老建築不少的這個街區裡，隔著小巷子分左右兩側的土藤商店及土藤ギャラリー，**商店這側則有各式日本酒、培里來日時飲用的保命酒等**，還有以保命酒做的冰棒、糖果也很特別。

Map

Web

復古建築就位在火車站側邊，採購伴手禮、吃東西一次滿足。

復古的古早冰箱，保冰方式是在裡頭置放冰塊以保住溫度。

---

④ 下田計時台 普論洞

☎0558-22-1256 ♠下田市東本鄉1-5-2 ⏰9:30~17:30 休無

　與下田車站一起完工的下田計時台，以伊豆特殊海鼠壁建築形式為特色，高聳的鐘塔，讓它一直以來是下田車站最醒目地標建築。融合購物與餐廳、咖啡，是許多旅人離開下田前必訪的購物點，**伴手禮以精選「逸品」好物為主軸，因此不論是干物、金目鯛的各式商品、高級紅茶甚至是黑船相關人氣商品黑饅頭等都一應具全。**

Map

Web

港邊遊樂老街　充滿大正江戶時代風雅

37 下田・培里之路

しもだ・ペリーロード Shimoda・Perry Road

> 江戶末期影響日本近代甚鉅的開港，就從下田引發開端，當時美軍提督培里率領艦隊來航，從下田港口上岸，帶領300人海軍徒步經過這條有著水道的400公尺街道抵達了仙寺簽訂合約，如今這條稱為培里之路的街道，充滿老氛圍也入駐許多特色店。

ACCESS
下田駅徒步15分

1 培里之路

📍 静岡縣下田市

> 楊柳下的美麗石疊街道，擁有下田最優美的景致。

小編激推

沿平滑川的這條不算長的石疊街道，因川水臨接著下田港，在以往就是船員們下船後吃喝玩樂、尋花問柳的熱鬧街道，後來培里率軍徒步經過這條路來到了仙寺，也驚豔於此街道的風貌。充滿復古風貌的街道可見特有的海鼠壁建築與伊豆石的石屋，數條小橋串連兩側，從江戶到大正建築都有，變身**咖啡店、服飾雜貨、個性小舖、餐廳等，五花八門的個性商品讓人忘卻時間。**

Map

> 沿途柳枝搖曳、流水涼涼，復古瓦斯燈營造出濃濃的往日情懷。

> 舊澤村邸開放參觀，可一覽下田特有的建築形式「黑白格紋的海鼠壁」。

> 沿河濱的座位區，陽光灑落的窗邊，特別有著一份朦朧的浪漫氛圍。

2 草畫房

☎ 0558-27-1123　📍 下田市3-14-6　🕐 11:00~17:00(僅六日及假日營業)　🈺 週一至五(遇假日營業)　💲 咖啡 ¥550，起士蛋糕 ¥450

> 早期妓女戶變身優雅藝術咖啡館。

小編激推

大正時代所建造的這棟古民家，以伊豆石所堆砌，據說以往是個妓女戶，如今由書法家重新妝點活化的這棟老建築，變身成氣氛優雅的咖啡館。店內除提供咖啡、手作甜點外，也販售藝術家手作陶瓷器具，喝咖啡也能走走看看，欣賞屋內各式書法、工藝與家具雕刻。

Map

Web

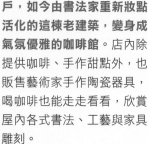

❸ 黑船博物館MoBS

☎0558-22-2805 🏯下田市三丁目12-12
🕐8:30~17:00 ❌12月24~26日 💰大人
￥500、小中學高中生￥250

美日雙方代表在了仙寺簽訂協定後，不僅改變了日本，也讓**了仙寺成為下田重要歷史見證地，許多重要歷史照片、文件等，包含下田歷史文物多達2600多項，都收藏於此**，另有劇場以中英日3種影片方式，讓不懂日語的人也能看得懂。一樓的禮品區販售當時歷史主角的各式趣味文創小物，光逛逛看也很有趣。

入口處設有拍照區，以培里為主角的漫畫人物造型，相當逗趣。

❹ 了仙寺

🚶下田駅徒步10分 ☎0558-22-0657 🏯下田市七軒町3-12-12 🕐自由參觀，寶物館8:30~17:00 💰免費，寶物館大人￥500、小孩￥250

了仙寺為下田的重要史蹟，因境內種植許多鴛鴦茉莉，所以又稱「茉莉寺」。江戶幕府與培里提督於嘉永7年(西元1854年)，在了仙寺的密室中，為釐定《神奈川條約》(又稱日美和親條約)的細則而簽署了下田條約，正式允許外國人得以在下田町內自由行動，自此改變了下田以及日本的歷史。

↑往伊豆急下田駅方向

❸黑船博物館MOBS

小川家

❹了仙寺

KAMA'AINA

Chandra Chandra

❶培里之路(ペリーロード)

117

風待工坊

PEPE

Page One

長楽寺
(宝物館)

❷

草画房

土佐屋

旧澤村邸

N

下田日待

溫泉度假勝地 日本最早櫻花在此綻放

熱海 あたみ Atami

伊豆半島東玄關的熱海，是日本數一數二的溫泉度假勝地。沿著蜿蜒的海岸至山腰，約有300家大型飯店或休閒別墅群集於此。渾然天成的大自然美景、個性派美術館、以及熱鬧的商店街等，共同交織成一股多樣化的迷人氣息。

ACCESS
電車
*搭乘JR東海道新幹線、東海道本線在「熱海駅」下車。
*搭乘JR東日本-伊東線在「熱海駅」、「來宮駅」下車。
巴士
市中心大部分景點都徒步可達，來宮駅可抵達熱海梅園、來宮神社，或熱海駅轉搭「熱海湯～遊～巴士」(單次搭乘或購買一日券)，節省腳力。

① LUSCA
☎0557-81-0900 🅐熱海市田原本町11-1(熱海駅直結) 🅢商店9:00~19:00，餐廳11:00~21:00 🅗無

LUSCA是位於熱海火車站的站體內商場，**2016年全新完工，嶄新的商場結合地產生鮮超市、各式伴手禮、美食餐廳區外，也有一些藥妝店及百元店**，一樓也結合旅遊中心及自由休憩座位區，提供往來旅客自由的歇腳處。即使站前的和平通及仲見世通已經有許多好吃、好買，但這裡的商店與餐飲，與這兩條商店街物品重複率不高，也絕對不要錯過來這掃貨。

Map
Web

2樓的Bakery & Table，是伊東知名麵包烘培坊，有寬敞座位區可以用餐。

和平通的街道氣氛也超熱鬧。

② 仲見世通り＆和平通り
熱海最熱鬧好逛的商店街區，昭和氣氛與年輕新潮並存的最佳典範。

🅐熱海市仲見世通り＆和平通り ⏰8:00~20:00(各店營業時間不一) 🅗週二或週三

小編激推

仲見世通跟和平通這兩條商店街成V字形在熱海站前放射出去，因為兩條街道非常近，甚至有些商店前門在仲見世通、後門在和平通。這裡**聚集伴手禮、餐廳、溫泉饅頭、煎餅等小吃**，連傳統學生制服、昭和風情老雜貨、曬魚乾的舖子，與摩登小咖啡館、鞋店等一起共存，**充滿新舊融合的衝突感完全不違和。**

Map

③ KICHI＋
☎0557-82-8833 🅐熱海市田原本町6-11 (仲見世通り) 11:00~15:00 🅗週三 🅢三色丼¥1300

以伊豆及熱海在地食材為主打的KICHI＋，位在充滿昭和風情的仲見世通り，顯得格外顯眼，現代摩登又充滿簡約風格的店內，菜單選項也簡單一頁，以定食及丼飯為主，不過度調味的簡單食飲，將大海的美味充分引出。除了用餐處的KICHI＋，與和平通間的巷弄裡還有KICHI Cafe，則是以咖啡為主的溫暖咖啡館。

以在地食材提供美味的廚房。

小編激推

Map
Web

駿河灣的魩仔魚做成的三色丼飯，半清燙半生鮮，再放上櫻花蝦增加口感。

154

盛大優美的傳統日本舞踊，充份傳達細緻的日本文化。

小編激推

④ 熱海芸妓見番 歌舞練場

🚶熱海駅徒步約20分，或搭乘湯遊巴士前往　☎0557-81-3575　🏠熱海市中央町17-13　🕙10:00~15:00；華之舞每週六、日11:00，表演約半小時　💰免費參觀；華之舞￥1800

Map

Web

　　熱海芸妓見番 歌舞練場是熱海訓練一流藝妓的地方，藝妓們在這裡練習日本舞、茶道等技藝，平時亦開放遊客參觀。**館內附設大型表演劇場，週末會演出盛大的傳統舞踊「華之舞」，藝妓們優雅古典的舞姿**，以及不分男女老少親切熱情的款待，充分傳達日本文化的優雅和細緻。

溫泉藝妓們相當平易近人，還會親切地與觀眾互動、玩遊戲。

これ櫻花不但是全日本最早、花期更是一路延伸長達一個月。

① 站前足湯-家康の湯

Map

🏠 熱海駅前廣場邊　🕘 9:00~16:00　💲 毛巾¥
100(毛巾自動販售機)　❗ 現在足湯因源泉問題暫時
休止

來到熱海就是要泡湯！旅人最佳消除疲勞的方法。

小編激推

熱海一直以來就以溫泉聖地深植人心，**新整建的熱海車站，嶄新又舒適外，站前廣場寬闊的免費足湯池也重新裝修。**命名為家康之湯的這處足湯，是為了紀念400年前德川家康來熱海做溫泉治的那段歷史。

系川與大海交匯處的熱海親水公園，結合城市藍天大海悠閒又放鬆。

② 延命堂

Map

📞 0557-81-2246　🏠 熱海市上宿町3-28　▾
10:00~20:00　🈺 週三、不定休　💲 溫泉延命饅頭
1個¥111、熱海櫻羊羹¥756

在日本各地大小溫泉鄉都可以見到的溫泉饅頭，也成為熱海定番伴手禮。大正時代延命堂的初代店主發揮巧思，用溫泉的蒸氣製作饅頭，之後蔚為流行傳遍日本。**店裡的饅頭堅持百分百使用天然原料，而來自北海道的紅豆內館更是香甜不膩，不愧是熱海溫泉的招牌土產。**

全日本最早可以賞到櫻花景色的步道。

③ 系川遊步道

🏠 熱海市銀座町・中央町の境

全日本最早盛開櫻花的地方，就位於熱海市的系川遊步道，系川在流入大海前，行經一段較為平坦的城市街道，從本町通り到親水公園這段大約300公尺的系川兩側植滿櫻花樹，每年一月中旬當日本各地仍大雪繽紛時，相對氣溫暖和舒適的熱海，櫻花滿開綻放，讓來這泡湯的旅客提早感受春意。而沿著系川往濱海走，就能接上熱海的海濱親水公園，廣闊大海視野與停泊的遊船，讓這個濱海溫泉大鎮，感受更加氣氛悠閒。

④大湯間歇泉&湯前神社

⌂熱海市上宿町4－12 ● 全天開放

熱海市中心就有多處溫泉口，具有不同傳說由來及溫泉功效，共有7座可供巡禮，**屬於熱海七湯巡禮之一的大湯間歇泉，在這七湯裡最具可看性、離來宮車站也很近。曾經是世界3大噴歇泉之一而聲名大噪**，但明治25年大地震後，噴泉變的時間很不規則、甚至後來完全停止。透過復活工程的實施，現在大約每4分鐘就會噴出熱泉約3分鐘，雖只大約2、3公尺高，也很令人驚艷。

噴泉的左前方的湯前神社，百年大樹參天也是溫泉巡禮重要拜訪之處。

噴泉旁有座複製明治22年木造白色八角公共電話亭，也是目前還在運作中的電話亭。

↗往 🚌走り湯

LUSCA 🍴🛍

🚉熱海駅

① 家康の湯

kitchen +

H 大觀莊

尾崎紅葉筆塚
湯宿一番地 H
仲見世入口

熱海市

さくら屋旅館 H

松喜旅館 H

東海岸町

🍴 石舟庵

135

熱海海濱公路

↑往 ◎MOA美術館

東海道新幹線

JR東海道本線

卍醫王寺

岸淺次郎商店

JR伊東線

往 F 來宮神社 ◎
熱海梅園 ↙

咲見町

豆相人車鐵道碑 ◎

◎ 貫一・阿宮之像

◎ お宮の松

熱海Seaside SPA & Resort H

④ 湯前神社

H 日航亭・大湯

🍴 東銀座

◎ 熱海サンビーチ

H 古屋旅館

🍴 熱海サンビーチ

④ 大湯間歇泉

② 延命堂

釜鶴ひもの店

🍴 河原湯

◎ 月亮露台

本町商店街 🍴

寿し忠 🍴

🍴 Cafe ROCA

◎ 渚親水公園

🏛 市役所前

銀座町

相模灘

●熱海市役所

系川遊步道 ③

🍴 MON

◎ 銀座

中央町

135

🏛 市役所前

🍴 Scott本店(新館)

◎ 銀座

玉乃井本館 H

◎ 銀座

◎ 熱海藝妓見番
歌舞練場

清水町

熱海港

清水町

🏛 起雲閣

↓往 ◎アカオハーブ＆ローズガーデン、
H HOTEL NEW AKAO

◎ 起雲閣

39 伊豆半島
いずはんとう Izu Hanto

因川端康成以伊豆為舞台背景的伊豆的舞孃，讓伊豆這處深受文人喜愛的溫泉度假勝地，受到許多民眾的喜愛。因海底火山活動而形成的半島，到處都有溫泉，更棒的是三面環海的地形，氣候溫暖、海鮮豐沛，連泡溫泉都能賞海景。

山頂360度的絕美景色令人屏息。

山下纜車站內的旬彩市場有2層樓商場，囊括伊豆各式人氣商品，超好買！

① 伊豆の國パノラマぱーく

眼前一片遼闊，富士山與駿河灣山水合一的美景。

小編激推

🚌伊豆長岡駅轉搭伊豆箱根巴士長岡溫泉場循環線往伊豆三津シーパラダイス方向，至「伊豆の国市役所前」站下車，徒步2分　☎055-948-1525　🏠伊豆之國市長岡260-1　🕐纜車：夏季(2月16日~10月15日)9:00~17:30(最後乘車時間17:00)；冬季(10月16日~2月15日)9:00~17:00(最後乘車時間16:30)　💰纜車：往返大人￥2500、小學生￥1400、幼兒￥900，單程大人￥1800、小學生￥1000、幼兒￥600

Map

Web

　　位在制高點的伊豆之國全景公園(伊豆の國パノラマぱーく)有一座全長1800公尺的纜車串聯，順著山勢往上就能抵達標高452公尺的公園所在的葛城山山頂。**順著山頂步道遊覽，富士山美景隨時在側**之外，也會見到日本幕府將軍源賴朝的獵鷹銅像、105尊地藏菩薩，以及葛城山神社等。**還有一處面對富士山全景的「富士見の足湯」，奢侈無極限。**累了也有觀賞富士山的茶寮、觀景台等，隨處都是賞景好地方。

ACCESS
電車
*搭乘JR東海道新幹線、東海道本線在「熱海駅」、「三島駅」下車。
*搭乘JR東日本-伊東線在「伊東駅」下車。繼續串聯伊豆急行線往南在「伊豆高原駅」、「河津駅」、「下田駅」下車。
*搭乘JR特急「踊り子号」、伊豆箱根鐵道在「伊豆長岡駅」、「修善寺駅」下車。
注意
整個伊豆半島僅有東伊豆沿海有鐵道線抵達最南的下田，及中伊豆有伊豆箱根鐵道抵達中部中間位置的修善寺，其他區域皆須透過巴士來串連。

江戶幕府時期鑄砲場地，已名列為世界文化遺產。

② 韮山反射爐

Map

🚌伊豆長岡駅轉搭觀光巴士約10分，徒步約20分或租單車也很方便　☎055-949-3450　🏠伊豆之國市中字鳴瀧入268　🕐9:00~17:00　💰大人￥500、學生&兒童￥50

小編激推

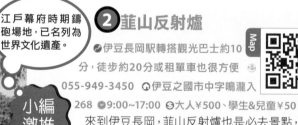

　　來到伊豆長岡，韮山反射爐也是必去景點，與下田黑船事件有關的「韮山反射爐」，為當時負責鑄造大砲之地。保存良好的反射爐分為以石塊作為底的「爐體」，與2萬6千塊耐火磚砌成的「煙囱」，透過爐內反射產生攝氏1,700度高溫，**融解後的鐵順著「出湯口」澆灌進模具鑄成大砲，並在2015年登錄為世界文化遺產**。整個區域範圍也相當大，周邊就是農村聚落，順著園區內的步道，也可走到茶園制高點往下看韮山反射爐與周邊景致，累了，不論園區內或園區外，餐廳、賣店都有，不怕餓著了。

③ 三嶋大社

> 一窺悠久的歷史神社，飽覽深秋的極致金黃絕景。

🚉三島駅、或是伊豆箱根鐵道三島田町駅徒步7分 ☎055-975-0172 ⊙三島市大宮町2-1-5 ⊙自由參拜，寶物館9:00~16:00 ⊙寶物館大人￥500、高中大學生￥400、中小學￥300

> 小編激推

三島是進出伊豆半島的玄關口，同時也是以前東海道上的重要宿場町。三嶋大社的主神為伊豆諸島的開拓神，過去人們因敬畏伊豆諸島活躍的火山，選擇在伊豆入口建立三嶋大社以祭祀，從千年前的典籍上可見關於寺廟的記載，足見神社的歷史悠久。**在三嶋大社除了祈求商業繁盛，也有事業順遂的效果。**

Map

Web

> 到深秋三島市區與三嶋神社內銀杏老樹，轉為一片金黃、夢幻至極。

往片濱

三島　↑往 ↑鐵線蓮之丘方向
三嶋大社
三島広小路
三島二日町
沼津　清水町
千本濱公園
沼津港
伊豆箱根鐵道駿豆線
大場
函南町
伊豆仁田
原木　伊豆の國市
韮山　韮山反射炉
伊豆長岡
淡島海洋公園　伊豆の国　パノラマパークグローブウェイ
道の駅
伊豆のへそ　田京
大仁
牧之郷
和楽　修善寺
戶田港
魚庵笹家
修善寺　虹之郷
修禪寺
修善寺

駿河灣渡輪
土肥溫泉
土肥金山
土肥港　土肥金山
富岳群青
戀人岬
吉奈溫泉
嵯峨澤溫泉
嵯峨澤館
湯島溫泉　湯本館
落合樓 村上
淨蓮之瀧

黃金崎
駿河灣
大田子海岸
堂之島new銀水
堂之島天窗洞　堂之島溫泉
魚季亭
海邊の堂島 隱湯清流
松崎港　松崎溫泉
伊那下神社
松崎町
海鼠壁通

雲見溫泉
赤井濱露天風呂

下賀茂
熱帶植物園
下賀茂溫泉
道の駅
下賀茂溫泉湯の花
下賀茂青野川
櫻花與油菜花

石廊崎遊覽船

往湯河原　↑往小原
伊豆山神社
來宮　熱海
界 熱海
熱海市
東海道本線
熱海梅園
Akao香草&玫瑰園
伊豆多賀
網代
宇佐美
道の駅
伊東Marine Town
伊東
伊東市
南伊東　川奈
富戶
城ヶ崎海岸
伊豆高原　城ヶ崎海岸
天城高原海棠園
天城高原
伊豆大川　黑根岩風呂
星のホテル
熱川王子飯店
熱川香蕉鱷魚園
Hotel・望水
Moon Road Terrace
伊豆熱川
片瀨白田
伊豆北川

河津七瀧
肉月美術館
伊豆稻取
兼吉一燈庵
德造丸本店
稻取銀水莊
峰溫泉大噴湯
河津巴嘉蒂爾公園
今井濱溫泉
今井濱海岸
河津　河津櫻
iZoo

稻梓

蓮台寺

伊豆急下田　下田溫泉

相模灘

N

① 河津七瀧
② 舊天城隧道
③ 海鼠壁通
④ 伊東Marine Town

① 河津七瀧

📍修善寺駅轉搭往河津七瀧方向的東海巴士，「水垂」下。或下田駅、河津駅搭往修善寺方向的東海巴士，「水垂」下徒步10分　☎0558-32-0290　📍賀茂郡河津町梨本

　與《伊豆的舞孃》故事串連而成的這條巴士路線，除了舊天城隧道外，也別忘順遊河津七瀧。河津七瀧以步道串連，全程約1小時，**一般遊客為省腳程，會從河津溫泉街的入口下至河谷，走一段大瀧、蟹瀧到初景瀧之間的石疊步道，大致領略七瀧各異其趣的水勢造型。**

Map

Web

初景瀧旁有座舞孃與主人公的雕像，是人氣拍照景點。

文學著作《伊豆的舞孃》，舞子與主角相會之處。

❷ 舊天城隧道

小編激推

🚌修善寺駅轉搭往河津七瀧方向的東海巴士，「天城峠」下。或下田駅、河津駅搭往修善寺方向的東海巴士，「天城峠」下徒步10分 🏠伊豆市湯ヶ島~河津町 ☎0558-85-1056 ⏰自由參觀

川端康成名作《伊豆的舞孃》，以昭和初期的伊豆為背景，敘述獨自漫遊溫泉鄉的學生巧遇旅行舞孃，在優美的天城山中留下青澀而純真的初戀回憶。小說中主角相遇的舞台就是舊天城隧道(旧天城トンネル)，穿越天城山脈，現已廢棄不用傳成觀光用途，**隧道相當長，氣溫比外面還低，山腰中的水滴會從岩石縫滴落，秋冬時分，還會看到冰柱攀附在岩石邊的奇景。**

無數文學家與俳人，歌詠著天城的優美景色。

❸ 松崎海鼠壁通

🚌國道136號線至松崎方面，下田駅轉搭往堂島方向東海巴士，至「松崎」下車，徒步15分 ☎0558-42-0745 🏠賀茂郡松崎町松崎 ⏰自由參觀

來到西伊豆南部的小海港松崎，遠離遊客人潮，寧靜的街巷散發和氣氛。**城鎮中保留明治到昭和時代修建的傳統家屋，外牆黑白對比的13幢海鼠壁(なまこ壁)當地特色建築，連成一條充滿古風的街道，**揮之不去的濱海氣息，也讓簡樸的街道顯得風情十足。

松崎充滿著迷人的小鎮風情，處處都充滿的在地味。

各式在地伴手禮，讓你買也買不完！

❹ 伊東Marine Town

🚌伊東駅徒步約10分，或可轉搭往マリンタウン方向的東海巴士，車程約5分 ☎0557-38-3811 🏠伊東市湯川571-19 ⏰依設施而異，商店9:00~18:00，餐廳11:00~20:00

結合海港、購物、餐飲等多功能的伊東Marine Town，外觀像是歐式濱海小鎮，十分引人注目。**一樓為熱鬧的購物商場，集合伊豆在地點心零食，**還有現場燒烤的香脆櫻花蝦餅。**二樓為餐廳區，供應海鮮、拉麵、洋食等料理。商場中還附設海景溫泉與免費足湯，**浸泡在溫泉中，無邊大海近在眼前，洗盡旅途的疲憊。

40

かるいざわ Karuizawa

輕井澤

因外國傳教士到此旅行，深深的被這裡的綠色森林與清新涼爽的氣候所吸引，因而在此建造了第一所別墅，也將輕井澤作為避暑勝地推廣至全世界。至此以來，日本乃至世界各地的名人紛紛來訪，建造自己的渡假別墅，輕井澤因此成為世界知名的避暑勝地。

六文錢觀光列車也是由水戶岡鋭治所設計，站內二樓更設有六文錢列車專用高雅休息室。

站內月台邊的Kids Club內設有遊戲室與閱讀區，讓小孩等車時完全不無聊。

ACCESS

電車

＊搭乘JR東日本-北陸新幹線在「輕井澤駅」下車。
＊搭乘信濃鐵道在「輕井澤駅」、「中輕井澤駅」下車。

注意

輕井澤駅及中輕井澤駅周邊除少數景點徒步可達，其他都有一段距離，建議搭乘巴士或租單車，會比較方便。搭乘巴士須注意班次，以免浪費時間等車。

懷舊兼具樂園般的車站！

小編激推

① 信濃鐵道 輕井澤駅

🚃信濃(しなの)鐵道輕井澤駅 📍輕井澤町大字輕井澤1178

因JR新幹線開通而拆除重蓋的信濃鐵道輕井澤車站，2000年模仿老站舍重築變成紀念館，2017年再回復成車站，**2018年重新整裝不但找來知名鐵道設計師水戶岡鋭治設計家具，車站內還加入了親子都開心的小栗鼠迷你遊樂園、優雅宛如咖啡廳的候車室**，另外知名百年和菓子店家櫻井甘精堂也在此設點，「六文錢觀光列車」也在此出發，讓小小站舍，精彩又多元。

Map

Web

優雅店內品嘗栗子甜點～

② 櫻井甘精堂 茶菓 幾右衛門

☎026-247-5848 📍輕井澤駅內改札入口旁

🕐10:00~17:30 ⓧ週三 💰栗子蒙布朗聖代¥650

小編激推

優雅的茶屋風格，有各式甜品、飲料，栗子蒙布朗聖代則不論季節都很熱門。

創業於1808年至今已超過200歷史的櫻井甘精堂，創業起便以美味的栗子和菓子打出知名度，**在江戶年代早已深得天皇家族、將軍等喜愛，是長野小布施的知名老舖**。位於輕井澤站舍裡的店，結合賣店及優雅風格咖啡館，不論單純購買伴手禮，或是店內享用各式美味栗子甜點，都很享受。

Map

Web

③ 明治亭

☎0267-41-1112 🏠王子購物PLAZA「輕井澤味の街」內 🕐11:00~21:00 💲ソース 豬排丼 ¥1340

Map

Web

　輕井澤王子購物商場內除了FOOD COURT，也另有一棟聚集餐飲名店的輕井澤味の街，其中引進長野縣駒ヶ根炸豬排飯名店明治亭。美味的豬排丼一上桌，就大大吸睛，整碗滿到碗蓋頂到半天高快掉下來的樣子，光掀開碗蓋的瞬間就好滿足。**明治亭炸豬排飯美味秘密就在特製醬汁，以12種材料製作出的醬汁，不但提升了炸豬排美味，也降低了膩感，讓人一大碗都能吃光光。**

使用國產豬肉製作的香腸，安心又美味。

④ 腸詰屋 輕井澤1號店

☎0267-42-3791 🏠輕井澤町輕井澤東19-5 🕐10:00~18:00 🈺週三(遇黃金週、暑假無休)，冬季休業

Map

Web

來到輕井澤不可錯過的香腸、火腿專賣店！

小編激推

　分店在輕井澤遍地開花的腸詰屋，**選用日本國產豬肉及牛肉加工製作而成的肉品，過程中毫不添加防腐劑與其他人工添加物，讓顧客吃得美味也吃**得健康安心。其中以德國傳統技術製作的香腸，經燻烤後香氣四溢且紮實彈牙，是腸詰屋的必點招牌。

> 廣大的園區有河流經相當舒適，走走逛逛也能消磨一下午，感受輕井澤的輕緩節奏。

> 曾出現在眾多MV中的石之教會，是許多人夢寐以求的結婚會場。

① 石之教會（內村鑑三紀念堂）

小編激推

🚌 輕井澤駅南口搭乘免費接駁車(需注意班次時間)，15~20分至「Hotel Bleston Court」站下車即達。　🏠 輕井澤町星野　☎ 0267-45-2288　🕐 9:00~18:00，1-2月10:00~18:00，若無儀式舉行即可自由參觀　💲 免費參觀　❶ 教堂內禁止拍照

以內村鑑三提倡的無教會主義為藍圖，美國建築設計師Kendrick Bangs Kellogg建造出**沒有十字架也沒有祭壇的教堂，為世界少見的設計**。由取自輕井澤大自然的石頭堆砌成的圓弧狀拱門，光線透過拱門間的玻璃窗透入盈滿全室，耳畔傳來細細流水聲，與自然完美融合氣氛莊嚴凜然中帶著浪漫。

Map

Web

> 教會融合自然界五大要素「石・光・水・綠・木」的有機建築。

> 結合生活空間感，讓人感受到美好日常。

② HARUNIRE Terrace

小編激推

🚌 輕井澤駅北口1號乘車處往草津溫泉的西武高原巴士至「星野温泉トンボの湯」站下車徒步2分。或至中輕井澤駅搭乘開往星野地區的免費接駁車。　☎ 0267-45-5853　🏠 輕井澤町星野　🕐 10:00~20:00(依店家而異)

以春榆(harunire)命名的HARUNIRE Terrace為星野度假地區的玄關口，百棵以上的春榆為此處提供了涼爽林蔭，涼風吹拂十分舒服。**以「輕井澤的日常」為概念打造的木板小道，街道兩側佇立了9座木屋，並有15間風格小店進駐**，宛如一座迷你小鎮般，在這裡你可以享用餐食、逛逛雜貨舖，或是在咖啡廳消磨一個午後，融入輕井澤的悠閒生活。

Map

Web

③ 村民食堂

☎ 0267-44-3571　🏠 HARUNIRE Terrace內　🕐 11:30~21:30(L.O.20:30)

Map

Web

小說家堀辰雄在其作品中，稱呼輕井澤為「美麗村」，因此星野集團便以「村落」的概念，在星野區域打造了處讓任何人都可以聚集、分享的空間。**明亮挑高的室內空間，隔著大面落地玻璃將室外風景引入室內，加上主打信州鄉土料理的美味餐點價格並不貴**，吸引許多人特地前來品嚐。

鹽澤湖旁的世外桃源，一起來趟藝術小旅行。

小編激推

4 輕井澤Taliesin

🚃輕井澤駅北口4號乘車處搭乘西武高原巴士的急行鹽澤湖線(夏季行駛)，或轉搭循環巴士「塩沢湖」站下車 ☎0267-46-6161 🏠輕井澤町塩澤湖217 🕘9:00~17:00，12~1月10:00~16:00 ❼不定休，各設休館時間請見官網 💰入園券：¥800、中小學生¥400；貝內美術館(含入園費)：¥1000、中小學生¥500；深澤紅子野之花美術館(不含入園費)：¥600、中小學生¥300；輕井澤高原文庫(不含入園費)：¥800、中小學生¥400；3館套票：¥1,600、中小學生¥800

　　輕井澤タリアセン (Taliesin(塔列辛))就是個環繞鹽澤湖而立、集合多個博物館的遊憩區。境內的貝內美術館以展出法國插畫家Raymond Peynet的作品為主。**園區內還有輕井澤高原文庫、深澤紅子野之花美術館、有島武郎別墅——淨月庵和野上彌生子書齋等和輕井澤有關的作家／藝術家文物**，時間充裕的話，不妨細細瀏覽。

原名「朝吹山莊」的睡鳩莊是由W. M. Vories設計。

湖邊舖滿白雪的冬季鹽澤湖悠靜又典雅。

Map

Web

千ヶ滝通り
ゲ滝温泉
塩壺温泉
国設軽井沢野鳥の森
星のや(HOSHINOYA)
星野温泉トンボの湯
3 村民食堂
石の教会
村鑑三紀念堂
1
崎美術館
2 HARUNIRE Terrace
軽井沢高原教会

旧三笠ホテル
愛宕山
N

日本聖公會輕井澤蕭紀念禮拜堂
聖保羅天主教會
旧軽井沢GOLF CLUB
軽井沢観光会館
萬平飯店
室生犀星紀念館
SAWAMURA BAKERY&餐廳
旧軽井沢森／美術館
川上庵Kawakamian
離山
輕
井
沢
本
通
Atelier de Fromage
軽井沢新藝術博物館
SAWAYA 新輕井沢店
雲場池
脇田美術館
Auberge de Primavera
長倉神社
中央公民館
Sugar Spot Coffee
軽井沢病院
軽井沢現代美術館
離山通
Cafe Raffine
A-WOTO
中軽井沢駅
軽井沢中学校
歴史民俗資料館
Karuizawa Hotel LONGINGHOUSE
東部小学校
信濃鐵道-輕井澤駅
腸詰屋 1号店
矢ヶ崎公園
往東京↗
中部小学校
軽井沢CHOCOLATE FACTORY
櫻井甘精堂
森林的小松鼠Kids Station & Kids Club
丸山珈琲 軽井沢本店
軽井沢駅
長野新幹線
軽井澤味の街,明治亭
晴山高爾夫場
軽井沢PRINCE SHOPPING PLAZA
輕井沢Prince Hotel East
Prince Hotel高爾夫場
軽井沢Prince Hotel 滑雪場
SAWAYA 軽井沢 バイパス店
軽井沢千住博美術館
軽井沢高爾夫俱樂部
こうど
4 輕井澤Taliesin
エルツおもちゃ博物館
軽井沢高原文庫
軽井沢絵本の森美術館

41 舊輕井澤銀座通り

きゅうかるいざわぎんざ Kyu-Karuizawa-Ginza

從輕井澤駅徒步或轉搭循環巴士往「旧軽井沢」方向即可抵達旧軽井沢銀座通り，這條長約600公尺的紅磚道集結眾多美食餐廳、服飾小店、特色咖啡廳、伴手禮品店，附近景點只要步行皆可抵達，不妨計劃逗留半天的散步旅行。

1 駅舎旧軽井沢

☎0267-42-7530 ⊕輕井澤町輕井澤813-10 ⏰9:00~18:00，依店舖而異 ⓗ不定休

位在輕井澤本通與舊輕井澤銀座交叉口旁的駅舍旧軽井沢，過去為草輕電氣鐵道上的一站，直到1960年廢站後除役，老舊駅舍重獲新生，現在則被重建為伴手禮中心，來這裡可以買到最齊全的信州伴手禮。**以輕井澤為中心的信州(長野縣)土產種類齊全，舉凡各式蘋果點心、地產酒類、吉祥物周邊商品、果醬與醃漬物都可在此一次買齊。**

ACCESS
可搭乘往舊輕井澤銀座通り的市區巴士，或是租單車前往。徒步的話約20分鐘。

大規模的木造建築經過時很難不被其吸引目光。

面對銀座通的免費休憩空間，舒適又明亮。

2 輕井澤觀光會館

☎0267-42-5538 ⊕輕井澤町輕井澤739-2 ⏰9:00~17:00，夏季~18:00 ⓗ12/28~12/31

位在銀座通中段的「輕井澤觀光會館」，復古的木構建築，可説是代表輕井澤風格的經典。這裡除了提供旅客所需的旅遊資料與諮詢，二樓的展示空間有不特定的換展及固定展的「輕井澤鐵道迷你博物館」，一樓的展示空間則是介紹輕井澤的四季，還有一處旅客休憩座位空間，有提供免費網路。

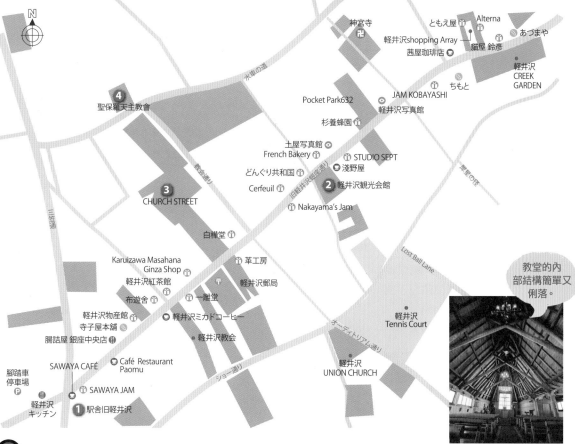

神宮寺 ともえ屋 Alterna あづまや
軽井沢shopping Array 貓屋 鈴彥
茜屋珈琲店
Pocket Park632 JAM KOBAYASHI 軽井沢 CREEK GARDEN
杉養蜂園 ちもと
聖保羅天主教會 軽井沢写真館
土屋写真館
French Bakery STUDIO SEPT
どんぐり共和国 淺野屋
Cerfeuil 軽井沢観光会館
CHURCH STREET Nakayama's Jam
白樺堂
Karuizawa Masahana Ginza Shop 革工房
軽井沢紅茶館 軽井沢郵局
布遊舍 一雕堂
軽井沢物産館 軽井沢ミカドコーヒー Lost Ball Lane
寺子屋本舖
腸詰屋 銀座中央店 軽井沢教会
軽井沢 Tennis Court
SAWAYA CAFÉ Café Restaurant Paomu
脚踏車停車場 SAWAYA JAM 軽井沢 UNION CHURCH
軽井沢キッチン 駅舍旧軽井沢

教堂的內部結構簡單又俐落。

③ CHURCH STREET

☎0267-41-2501　⌂軽井澤町軽井澤601-1
購物10:00~18:00、咖啡10:00~18:00(L.O.17:30)、飲食11:00~20:30(20:00)，依季節而異　不定休

佇立在旧軽井沢銀座中心位置的CHURCH STREET是通往聖保羅天主教會的小徑，同時也是集結近20間店舖的商場，兩層樓的館內以餐飲店與咖啡廳為大宗，有拉麵、咖哩、牛排等可以選擇，酒足飯飽後還可以逛逛裡頭的集結藝術家手作雜貨舖Qcul Atelier與Yoito等，眾多個性小物讓人愛不釋手。

④ 聖保羅天主教會

⌂軽井澤町軽井澤179　9:00~16:00、冬季7:00~日落(無禮拜或婚禮時可自由參觀)

軽井沢的地標聖保羅天主教會(聖パウロカトリック教會)，是美國建築家安東尼雷蒙特(Antonin Raymond)所設計的木造建築，其對日本近代建築有莫大貢獻，並曾獲得美國建築師學會紐約分會榮譽獎章的榮譽。三角形的屋頂是建築物的特徵，日本文學家堀辰雄曾在小說裡提到，吸引許多日本的明星在此舉行婚禮。

167

❶ 茜屋咖啡店 舊道店

☎0267-42-4367　⚲輕井澤町舊輕井澤666
🕐9:00~18:00、夏季9:00~20:00　💲高いが
旨いお菓子(貴而好吃的菓子蛋糕)¥1,500

> 茜屋不止果醬好吃，果汁也是不容錯過的好物！

　　距離舊輕銀座茜屋咖啡店約200公尺處的茜屋專賣店，全黑的大門設計讓人感受到店面的質感。**茜屋的咖啡使用神戶的荻原咖啡豆新鮮焙煎**，就連碗盤也是從世界各地精心收集而來。除了咖啡豆外，還有**輕井澤特產的果醬與果汁，超人氣的藍莓果醬甜而不膩**，就連不喜好甜食的人都愛吃。

Map

> 輕井澤在地烘焙老店舖，不能錯過名物長棍麵包。

❷ French Bakery

☎0267-42-2155　⚲輕井澤町大字輕井澤618
🕐8:00~17:00　🈲週四(夏季無休)　💲長棍麵包¥378

小編激推

　　超過60年歷史的麵包老舖，流露出的溫暖人情就像是自家巷口外的麵包店般，讓人感到親切自在。**French Bakery烘焙的多為硬式麵包，熱賣商品除了鹽味牛角麵包外，另一樣就是常常推出不久即搶購一空的長棍麵包**，據說約翰藍儂住在輕井澤時每天都會騎著腳踏車前去光顧，為的就是這份質樸的曼妙滋味。

Map

Web

---

❸ 輕井澤寫真館

☎0267-42-8309　⚲輕井澤町輕井澤舊道641　🕐10:00~18:00　🈲不定休　💲1人費用¥4980起(含服裝出租、攝影及照片沖洗)

Map

Web

　　輕井澤照相館拍攝的不是一般的沙龍照，**女性可從明治時代貴族的華服中挑選喜歡的款式，男性則可選擇帥氣的仕紳服裝或是和服**，顏色則可黑白復古也可豐富彩色。只要天氣跟店內狀況許可，從開店到下午4點半左右還可以選擇外拍，在綠意環繞中肢體與表情更為自然放鬆，照片也更具紀念價值。

> 昭和時代的木製建築，讓照相館充滿復古氣息。

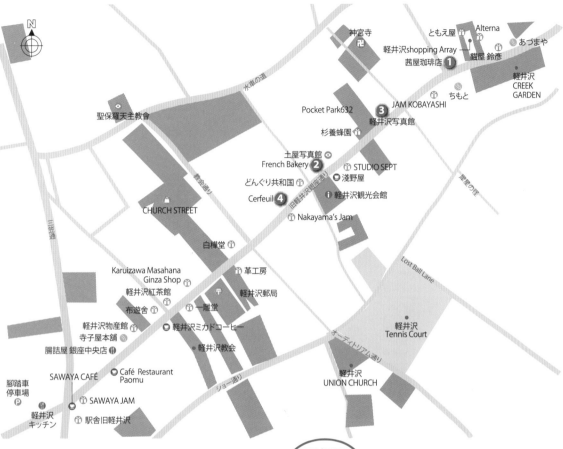

Map labels:
N

神宮寺
軽井沢shopping Array
茜屋珈琲店 ①
猫屋 鈴彦
ともえ屋
Alterna
あづまや
ちもと
軽井沢 CREEK GARDEN

水車の道

聖保羅天主教會

Pocket Park632
JAM KOBAYASHI
③ 軽井沢写真館

杉養蜂園

土屋写真館
French Bakery ②
STUDIO SEPT
どんぐり共和国
淺野屋
Cerfeuil ④
旧軽井沢銀座通り
軽井沢観光会館

教会通り

CHURCH STREET

Nakayama's Jam

白樺堂

Lost Ball Lane

Karuizawa Masahana Ginza Shop
軽井沢紅茶館
布遊舍
革工房
一雕堂
軽井沢郵局
軽井沢 Tennis Court

三笠通

軽井沢物産館
寺子屋本舖
軽井沢ミカドコーヒー
軽井沢教会
オーディトリアム通り
軽井沢 Auditorium

腸詰屋 銀座中央店
Café Restaurant Paomu
軽井沢 UNION CHURCH

SAWAYA CAFÉ
SAWAYA JAM
軽井沢キッチン
駅舎旧軽井沢
脚踏車停車場 P

研發超過百種果醬，玩出新口味！

小編激推

④ Cerfeuil

☎0267-41-3228　☉輕井澤町輕井澤６０６-４
🕙10:00~18:00，依季節而異
休冬季不定休　$頂級布丁
果醬¥735，草莓果醬¥648

Map

Web

以茴芹為名的Cerfeuil，希望能將像茴芹一般帶有纖細香氣與溫和風味的果醬提供給顧客，利用獨特製法誘發出食材本身的風味，**研發出超過150種口味的果醬、沾醬、調味醬等商品**，半透明的果醬排排陳列店中，都透著可口的晶瑩色澤讓人難以抉擇，**推薦熱賣的布丁、草莓、蘋果等口味來鎖定目標。**

果醬？奶油？將兩種融合在一起的果醬布丁，開封前都能常溫保存，很適合當伴手禮喔！

長野市
ながのし Nogano City

42

長野不僅舉辦過冬季奧運，也
是文化與歷史的地區，四周環山且
擁有四季分明大自然景緻，旅
遊資源豐沛。

善光寺是長野市最具代表性重要景
點，以善光寺為起點，周圍的參拜之道
衍生出熱鬧的中心點，好逛又好買。除此

ACCESS
電車

＊搭乘JR東日本北陸新幹線、信越本線及信濃鐵道在「長野駅」下車。

＊搭乘長野電鐵在「長野駅」、「権堂駅」、「善光寺下駅」下車。

注意

長野駅到善光寺的中間區域為長野市最熱鬧區域，長達2公里的路程，可散步邊逛邊前往，也可選擇搭乘市區巴士或長野電鐵直達善光寺。

2樓的「信州おみやげ參道」集結信州知名店家，相當好買。

① MI DO RI

☎026-224-1515　⏱長野市南千歲1-22-6(長野駅直結)　⏰商店10:00~20:00，おみやげ參道 9:00~20:00，餐廳11:00~22:00

集結超過100家店舖進駐，有各式美食餐廳、咖啡、老舖伴手禮、超市、美食街、TOKYU HANDS以及公共休憩空間的 MI DO RI，於2015年開幕後，成了旅人離開長野前值得花點時間順便逛逛的好地方。整個商場包含地上5樓及地下一樓，主要好逛、好吃的區域包含1樓的超市、美食街等，2樓則是半手禮集結的商店區，3樓以美食餐廳為主，也設有公共休憩區，4樓的TOKYU HANDS能找到信州當地的特色雜貨商品。

② 四季食彩YAMABUKI

☎026-233-2181　⏱長野市大字長野大門町55-1　⏰11:00~15:00，17:00~　🈺不定休　💲午餐￥1420起，套餐￥3850起

以展現信州地產美味的YAMABUKI，開業已經超過10年，是相當受在地人喜愛的一家餐廳。以四季食材運用為主，因此各式套餐可說是這裡的主打，也有蕎麥麵、信州牛排等單點料理可選擇。來這用餐**推薦套餐式料理，不但可以嚐到信州知名季節美味、蕎麥麵等，甚至也有套餐包含信州牛。**

信州牛因餵食蘋果，肉質不腥又軟嫩，有機會一定要試試。

③ 長野風月堂

☎026-232-2068　📍長野市大門町510

9:00~18:00　💲玉だれ杏(6入)¥993起

老店舖的甜蜜滋味，令人回味無窮。

小編激推

創業於1886年的長野風月堂是專賣和風點心的店，這裡的玉だれ杏非常的有名，小説家池波正太郎也相當的喜愛，還曾在小説中提起；外面是用糯米加入麥芽糖、白砂糖所作成的半透明果凍狀的糕點，裡面包著杏桃作成的內餡，口感Q嫩，酸甜的滋味讓人無法忘懷。

Map

Web

城山公園

城山公園

善光寺

長野縣信農美術館＆東山魁夷館

すや亀　③ 長野風月堂　善光寺下駅

西の門レストランさくら🍴

🍴八幡屋礒五郎

🍴恵比寿(6)　長野電鐵線

布袋(5)🍴

406

四季食彩 ②
YAMABUKI

弁財天
(往生院)(4)　権堂駅

長喜園

長野大通り

HOTEL 國際21🏨

福禄寿
(秋葉神社)(3)

県庁前

19

大黒天
(大国主神社)(2)

昭和通り　市役所前駅

寿老人(1)

中央通(善光寺表参道)

北陸新幹線

MI DO RI ①

油や ④

長野駅

④ 油や

☎026-226-6761　📍長野市末広町1355-5　🕘9F宴席10:00~23:00，1F麵店11:00~23:00　💲そば会席(蕎麥會席)¥3000起　❗店面1樓為蕎麥麵店舖入口，若想品嚐特別的蕎麥會席則要從一側的門進入搭電梯至9樓。

Map　Web

長野的好山好水孕育出品質極佳的蕎麥，信州蕎麥麵深受日本國民喜愛，**來到油屋，除了有加入蘿蔔泥，以當地戶隱山為意象製成的「戶隱おろしそば」，9樓更可以品嚐全套的蕎麥套餐。**從前菜、炸物、椀物等全都能見到蕎麥身影，連壽司卷都把飯改成蕎麥麵卷，蕎麥麵的狂熱分子來到這裡一定能大大滿足。

宏偉的山門可登上二樓，一邊觀看寺院方向、另一邊觀看門前町區域。

秋天一到，寺廟附近的紅葉景色令人驚豔。

供奉的絕對密佛本尊也是目前日本發現最早期的靈佛。

① 善光寺

☎026-234-3591 ⌂長野市元善町491 ◷本堂內陣5:00~16:30，山門・經藏・史料館9:00~16:00 ⊗無休 ⑤境內自由參拜。參拜券￥600(本堂內陣、戒壇之路、善光寺史料館)、￥500(山門)、￥300(經藏) ❶本堂內禁止拍照

Map

Web

小編激推　善光寺是座無教派佛教寺院，創建於西元644年，不僅是長野信仰中心，也是日本相當重要的寺院之一。所供奉的是阿彌陀如來、觀音菩薩以及大勢至菩薩，稱為「善光寺阿彌陀三尊」，也被稱為『信州善光寺』或『信濃善光寺』。**具有宗教重要性之外，各式建築也相當精緻，其中雄偉的本堂於江戶時代蓋建，更是東日本最大級的木造建築。**參拜之外也可嘗試本堂正殿的神座下方有一條伸手不見五指的漆黑通道「戒壇之路」，傳說摸黑走到神座下方，便可以摸到「極樂之鑰」，摸到的人死後就可以前往極樂淨土。

獨一無二的辣椒專門老舖，小辣、中辣、大辣、麻辣應有盡有。

② 八幡屋礒五郎

☎026-232-8277 ⌂長野市大門町83 ◷9:00~18:30 ⊗無休 ⑤七味唐からし「中辛/缶-14g」(七味唐辛子「中辣/罐裝-14g」)￥432起

小編激推　**創業兩百年的八幡屋礒五郎是間七味辣椒粉專賣店，店內有許多不同種類的辣椒粉。**七味辣椒粉顧名思義除了辣椒外，還添加了6種不同的天然香料，包含有生薑、麻種、紫蘇、陳皮、山椒、胡麻等，吃起來除了辣之外，還有獨特的香味，可說是善光寺參拜的最佳伴手禮。

Map

Web

❸ すや亀 善光寺店

☎026-237-2239 　長野市元善町
仁王門北　🕐9:00~18:00，冬季
9:00~17:00 　無休　みそソフト(味
噌霜淇淋)¥400起

來善光寺附近的すや亀就可
以吃到口味獨特的味噌冰淇淋。
**本是釀造醬油與味噌起家的す
や亀，將味噌與香草冰淇淋結合，口感濃郁，
味道有點像焦糖但卻又是味噌**，保證吃一次
就會上癮，曾經有一天賣出3000支的人氣冰
淇淋，來參拜的同時一定要吃吃看。

吃過各式各樣的冰淇淋，但是你絕對沒有吃過味噌冰淇淋吧!?

❹ 西之門 レストランさくら

餐廳一旁有西之門各式酒類販售處，每一款都能試喝，用餐時可以順道前來。

　善光寺徒步約3分　☎090-2248-1324　　長野市善光寺西之門941
　餐廳11:00~21:00，賣店8:30~17:30，酒藏見學8:30~17:00 　不定
休 　菜單依季節更換，約¥4000上下

由善光寺著名300多年歷史的藏元開設的和風餐廳，就位在
自家的藏元裡。穿過西之門的暖簾進入中庭，**現代摩登的玻
璃帷幕營造出完全不同的氛圍，內部的挑高空間讓人感到
放鬆**。這裡的**餐點結合鄉土特色**，每季因應當地當季食材而
調整菜單，和洋折衷的餐點吃來輕鬆不拘泥，十分推薦。

城山公園

城山公園

善光寺縣信濃美術館
&東山魁夷館

善光寺
❶

すや亀 ❸

善光寺下駅

西の門レストランさくら ❹

❷ 八幡屋礒五郎

惠比寿(6)

布袋(5)

四季食彩
YAMABUKI

長野電鐵線

弁財天
(往生院)(4)

権堂駅

長野大通り

長喜園

福禄寿
(秋葉神社)(3)

HOTEL 國際21

県庁前

大黒天
(大国主神社)(2)

19

昭和通り

市役所前駅

寿老人(1)

中央通(善光寺表參道)

北陸新幹線

MI DO RI

油や

長野駅

四周被標高3000公尺的山岳圍繞的松本，是前往上高地的門戶外，西臨日本阿爾卑斯山脈，東接美原高原，360度可欣賞山岳美景。日本現存最古老的木造天守閣國寶松本城則是建築於日本戰國時期，來到這裡也千萬不能錯過以老房舍串聯起來的中町。

ACCESS

電車

＊搭乘JR東日本-篠ノ井線、大糸線在「松本駅」、「北松本駅」下車。

＊搭乘松本電鐵-上高地線在「松本駅」下車。

注意

利用松本駅、北松本駅大約景點都能徒步一一拜訪。想省點腳力，建議搭配周遊巴士Town Sneaker，前往松本城、松本市美術館、舊開智學校等景點，其中一台是以草間彌生設計理念彩繪的點點亂舞巴士。

❶ 松本市美術館

一代水玉女王的出生地，感受顏色的撞擊。

満室五顏六色的畫作，令人目不暇給。

☎0263-39-7400　⌂松本市中央4-2-22　🕐9:00~17:00(最後入館時間至16:30)　💤週一(遇到假日則改休假日結束後第一個平日)，12月29日~1月2日　💲大人￥410，大學高中生￥200，中學生以下免費(特別展覽另外收費)

小編激推

Map

Web

美術館內連飲料販賣機也是獨一無二的點點造型。

　收藏有松本當地知名藝術家作品處，館藏量最豐富的要屬松本市美術館了。無論是**世界知名的點點大師草間彌生**、或是**書法家上條信山、西畫家田村一男等大師作品**，都是松本市美術館的常設展覽品。美術館也稟持著「鑑賞、呈現、學習、交流」四大核心價值，來到松本千萬不要錯過欣賞這個城市美學的最佳地點。

❷ 翁堂 駅前店

☎0263-32-0183　⌂松本市大手4-3-13　🕐9:30~16:45　💤週三

Map

Web

　松本市的老牌菓子店翁堂，在市區有兩家店。店內除了和菓子外也有不少洋菓子，滿滿懷舊風格外，許多款動物造型的洋菓子蛋糕，更是打卡話題商品，像是**狐狸蛋糕、充滿懷舊風格的「ミミーサブレ」餅乾**等，栗子蜂蜜蛋糕也別錯過。站前店的2樓還有附設喫茶室，連餐點都滿滿昭和風格。

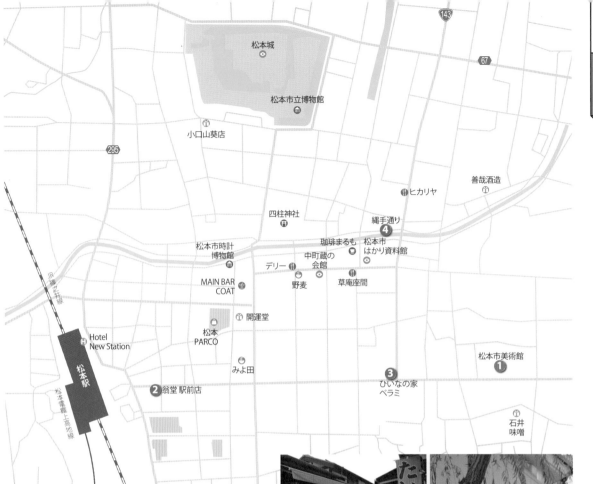

松本城

松本市立博物館

143

67

小口山葵店

295

善哉酒造

ヒカリヤ

四柱神社

縄手通り ④

松本市時計博物館

珈琲まるも

松本市はかり資料館

デリー

中町蔵の会館

MAIN BAR COAT

野麦

草庵座間

JR篠ノ井線

松本駅

Hotel New Station

松本電鉄上高地線

開運堂

松本PARCO

みよ田

松本市美術館 ①

③ ひいなの家ベラミ

② 翁堂 駅前店

石井味噌

③ ひいなの家ベラミ

☎0263-33-1314 🏠松本市中央
3-7-23 🕙10:00~18:00 🚫週三

　松本市城下町的傳統人偶店，店內有古時候為了貴族的女性們製作的精緻人偶松本押繪雛，還有一般庶民的女子們會拿來玩扮家家酒的松本姊姊人偶，**近年來到松本的遊客們都會來此帶松本姊姊人偶當作土產，非常有人氣**，店主人三村先生只要講到人偶的知識就會淘淘不絕。

遍佈老房子的繩手通不妨來坐下歇歇腳，品嚐松本老時光的滋味。

④ 縄手通り

　來到松本可千萬不能錯過以老房舍串聯起來的中町，連接松本城與縄手通，散步其間最適合好好享受松本的老氣氛。**縄手通り又被成為「青蛙之町」(カエルの町)**，正是因為女鳥羽川流經此處，早年污穢不堪，經過居民們整頓，並設置了「青蛙大明神」希望早日恢復清流樣貌而得名。**每年6月還會有青蛙祭典，吸引許多人前來參加。**

小編激推

松本市每到七夕，會將七夕人形掛在玄關口。

175

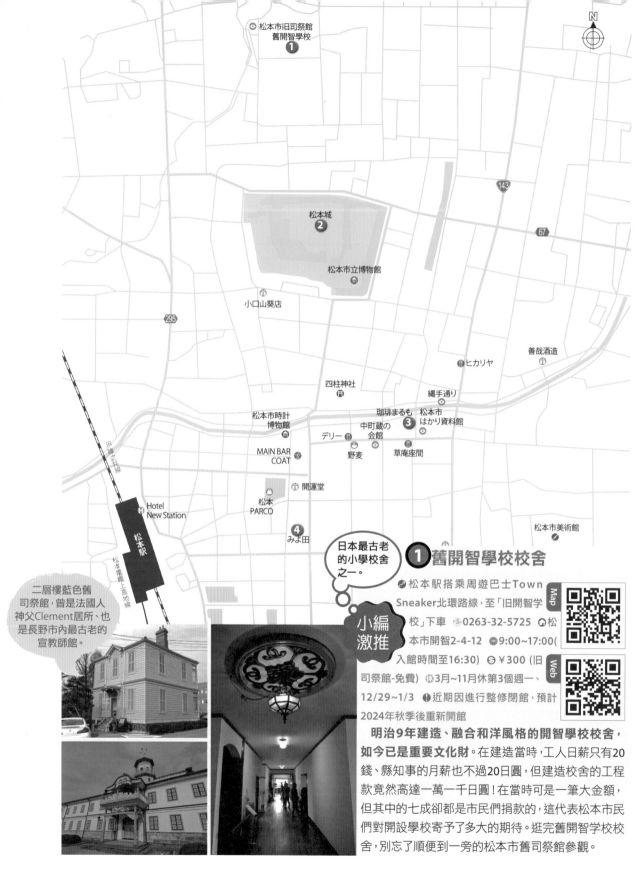

松本市旧司祭館
舊開智學校
①

松本城
②

143

67

松本市立博物館

小口山葵店

295

善哉酒造

ヒカリヤ

四柱神社

繩手通り

松本市時計
博物館

珈琲まるも

松本市
はかり資料館
③

デリー

中町蔵の
会館

MAIN BAR
COAT

野麦

草庵座間

開運堂

松本
PARCO

松本市美術館

Hotel
New Station

松本駅

④
みよ田

日本最古老
的小學校舍
之一。

小編
激推

二層樓藍色舊
司祭館，曾是法國人
神父Clement居所、也
是長野市內最古老的
宣教師館。

① 舊開智學校校舍

松本駅搭乘周遊巴士Town
Sneaker北環路線，至「旧開智学
校」下車 0263-32-5725 松
本市開智2-4-12 9:00~17:00(
入館時間至16:30) ￥300 (旧
司祭館-免費) 3月~11月休第3個週一、
12/29~1/3 近期因進行整修閉館，預計
2024年秋季後重新開館

Map

Web

**明治9年建造、融合和洋風格的開智學校校舍，
如今已是重要文化財**。在建造當時，工人日薪只有20
錢、縣知事的月薪也不過20日圓，但建造校舍的工程
款竟然高達一萬一千日圓！在當時可是一筆大金額，
但其中的七成卻都是市民們捐款的，這代表松本市民
們對開設學校寄予了多大的期待。逛完舊開智学校校
舍，別忘了順便到一旁的松本市舊司祭館參觀。

歷史悠久的古老城堡，也是賞櫻的絕佳地點！

小編激推

❷ 松本城

🚶松本駅東口步行15分，或松本駅搭乘周遊巴士北環路線，至「松本城・市役所前」下車 ☎0263-32-2902 ⌂松本市丸の内4-1 🕐8:30~17:00，最後入場時間16:30 💴大人￥700，中小學生￥300 🈲日本新年

　松本城是在戰國時期的永正年間建造的五層六樓建築物，**也是現存最古老的日本城池，松本城的價值還在其獨特的構造與建築工法**，入內參觀時必須脫鞋後才能進入。從明治時代以來，守住松本城的已經不是城主，而是松本市民們的努力，目前市民們也積極推動將松本城列入世界遺產活動。

松本城與遠處的日本阿爾卑斯山脈雪線作為映襯，是著名的松本市大景。

古風咖啡屋，感受繩手通的簡樸滋味。

❸ 珈琲まるも

🚶松本駅東口步行15分 ☎0263-32-0115 ⌂松本市中央3-3-10 🕐週三~日9:00~16:00

小編激推

　開立於1956年珈琲まるも原本是まるも旅館附設的咖啡喫茶廳，由松本的名產民藝傢俱的創作者池田三四郎先生設計。店內保留開業以來的古樸風格，**使用的桌椅是松本民藝傢俱**，光滑木製扶手桌面閃耀著歲月光輝。餐點走樸實簡單的風格，無論是烤土司，或是淋上藍莓醬的起司蛋糕、蒙布朗等甜點。

沒有譁眾取寵的精緻外貌，包含的是店家注入的滿滿溫情。

據說是因古時候信州地區較為寒冷，所以居民會習慣吃熱的蕎麥麵。

❹ みよ田

📞0263-37-1434 ⌂松本市中央2-1-24 五幸本町ビル1F 🕐11:30~15:00、17:00~20:30，週日及連休最後一天11:30~15:00(提供午餐) 💴投汁そば￥1600起 🈲週日晚上及週四

　投汁そば(蕎麥麵)是松本市從古時候流傳至今的鄉土料理，雖然剛上桌時跟一般的蕎麥麵一樣是煮好後盛放在竹簡上，但是投汁そば還會提供一鍋滿是菇類與野菜的沸騰湯汁，**食用前要拿小竹簍裝一口份的蕎麥麵在湯汁中涮幾下後再吃，涮完麵條的湯汁可以放入蕎麥果實煮成雜炊**。除了常用的玄蕎麥，會依季節不同提供其他地區的限量蕎麥。

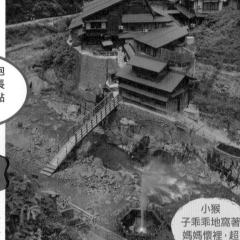

44 湯田中・澀溫泉

享樂千年歷史溫泉地 還能看猴子泡湯

ゆだなか・しぶおんせん Yudanaka・Shibu Onsen

澀溫泉的歷史至今已有1300年，這裡共有10個外湯，每個外湯都針對不同病狀各有療效；湯田中溫泉則發現於江戶時代，當時作為城主的御用溫泉。來此享受不同溫泉湯效外，還有吸睛的野猴泡湯畫面。

ACCESS
電車
＊搭乘長野電鐵在「湯田中駅」下車。
注意
湯田中駅下車，徒步即可達湯田中溫泉。往澀溫泉區、野猿公苑可轉搭長電巴士前往。

1 地獄谷野猿公苑

看野生猴泡溫泉，來長野必訪景點之一！

🚌長電巴士「野猿公苑」站下車，走湯道遊步道約35分 ☎0269-33-4379 🏠下高井郡山ノ内町大字平穩6845 🕐夏季(約4~10月)8:30~17:00、冬季(約11~3月)9:00~16:00 💰大人￥800、小學至高中￥400

小編激推

野猿公苑是世界唯一一處猴子泡溫泉的公園，這裡的猴子全部都是野生猴，目前約有300隻，沒有任何柵欄，猴子們在這裡生活的非常自在，**寒冷的冬天裡，還可以看到猴子泡在溫泉裡取暖，人模人樣的樣子相當可愛。**來這裡千萬不可以觸碰牠們或跟牠們講話，猴子會誤以為被攻擊反來攻擊你喔！

小猴子乖乖地窩著媽媽懷裡，超級萌！

2 手打蕎麦うどん 玉川本店

🚌長電巴士「澀溫泉」站下車徒步3分 ☎0269-33-2252 🏠下高井郡山ノ内町澀溫泉2178 🕐11:30~14:00(L.O.)、18:00~20:00(L.O.19:30) 🈺第3、5個週三(遇假日、年末、盂蘭盆節時營業或改休)

每天手工製作的麵條，超Q彈帶勁。

位於澀溫泉二番湯前面的手工麵店，店內擺設著磨粉機可以看到加工的樣子，原料選用當地生產的蕎麥，**將磨成的蕎麥粉用手揉成麵糰再擀成麵條，手工麵條吃起來相當有嚼勁，口感滑順。**另外，以蕎麥做成的冰淇淋入口後蕎麥香瞬間四溢開來，一定要來嚐嚐看台灣沒有的味道。

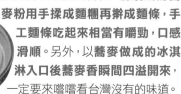

澁溫泉歷史至今已有1300年，傳說是由一位高僧在各地巡禮參拜時所發現的，共有9個外湯，據說泡完9個溫泉就可以洗淨所有苦痛。**來到澁溫泉怎能錯過九大番湯巡禮呢，不妨花半天時間走一趟溫泉巡迴，見識溫泉力量！**記得泡完了9個外湯蓋了所有紀念章後，前往位於溫泉街78階石階上的高藥師和光庵，向高藥師誠心祈禱許願，就完成了除厄9外湯巡禮。

⚠ 住宿此地旅館會免費借給客人一把鑰匙，拿著這把鑰匙就可以去其中9個外湯泡溫泉。

一番湯-初湯：
據說有治療胃病的效果，所以又被稱為「腸胃之湯」。

二番湯-笹之湯：
有治療濕疹與皮膚疾病的功效，對大病初癒者有恢復之效。

三番湯-綿之湯：
主要療效為割傷、皮膚病、青春痘治療，針對婦女病也有效。

四番湯-竹之湯：
主要療效是針對痛風。

五番湯-松之湯：
針對神經痛、脊椎痛以及重病恢復期有不錯的療效。

六番湯-目洗之湯：
治療眼睛疾病外，對美膚功效也很有幫助。

七番湯-七操之湯：
有治療外傷性的疾病以及重病恢復期的功效。

八番湯-神明瀧之湯：
對於婦女疾病及不孕症相當有療效。

九番湯-渋大湯：
治百病的大湯，是代表澁溫泉的名湯、也是建築中最氣派的湯。

日本最受歡迎溫泉地 體驗獨特泡湯文化

くさつおんせん Kusatsu Onsen

草津溫泉鄉

草津的溫泉街以溫泉源泉引流的湯畑為中心，擁有6種來源不同的豐沛源泉，溫泉純度極高，對於神經、肌肉和疲勞復原有相當的療效。溫泉街一早就有各家溫泉饅頭店端出熱騰騰的饅頭沿街分送試吃，為這裡傳統熱情的一日揭開序幕。

ACCESS
電車
電車
*搭乘JR東日本吾妻線在「長野原草津口駅」下車，再轉搭JR巴士至草津溫泉總站。

注意
草津溫泉區大部分觀光景點都在徒步可達距離，若想去草津滑雪場、白根火山則需搭乘巴士前往。滑雪場有免費接駁巴士。

1 御座之湯

☎0279-88-9000 🏠草津町大字草津421 🔽
4~11月7:00~21:00，12~3月8:00~21:00。浴衣租借9:00~17:00(20:00前須返還) 💰大人¥600、小孩¥350。浴衣租借¥2500(3H，費用含泡湯)

據說與平安時代的原賴朝有相關，因而取名御座之湯，歷經時光轉換，原址從歷經公共浴池、旅館、拆除變成停車場等變化，現今所見的建築是於2013年所重建，由於沒建築老照片，便依照江戶~明治時代周邊其他公共浴池老照片，作為重建參考基準。**嶄新又復古的木頭建築內，提供有兩種湯質的大眾湯，泡完湯後，可在2樓大廣間舒適的休憩放鬆，也可從陽台欣賞湯畑與周邊商店街。**

這裡提供漂亮的浴衣全套行頭租借，除了拍照也能穿出去逛街。

湯畑邊也設有免費的足湯，坐在這裡邊泡腳邊欣賞周邊景致。

湯畑請來擔任六本木Hills、JR京都車站等燈光設計大師面出薰，讓湯畑周邊景致入夜後更加迷幻浪漫。

草津溫泉的中心，必遊的溫泉之田。

小編激推

2 湯畑

☎0279-88-7188 🏠吾妻郡草津町草津 🔵自由參觀
位在草津溫泉街中心位置的**湯畑是造訪草津溫泉的必遊景點**，「湯畑」在日文意思是「溫泉之田」，因為湯畑所湧出的泉源溫泉太高，自古便傳下一種「湯揉」的儀式，用長木板不斷攪拌溫泉水，以調節湯溫使溫度下降。現在這裡可以採集一種被稱為「湯之花」的溫泉結晶。

③ 熱乃湯

☎0279-88-3613　🏠草津町草津414 ⌄
9:30、10:00、10:30、15:30、16:00、
16:30，一日6場，每場20分鐘　🅿週維修與活動會臨時休演　💴入場料大人¥700、小孩
¥350；湯揉體驗(湯もみ体験)另加¥300(週末、例假日限定場次，體驗時間11:30~13:00)

> 邊看傳統翻湯表演也能加入一起體驗。

> 小編激推

　由於草津源泉溫度極高，當地人又不願稀釋溫泉、降低療效，因此自古以來延伸出使用長木槳攪拌、使溫泉降溫的獨特方法。**熱乃湯是個將此一傳統以「湯もみと踊りショー」表演方式讓旅客體驗之地**；穿著傳統服飾的女性們，一面吟唱古老溫泉民謠，一面動作整齊地攪拌溫泉，欣賞表演中間也開放2次讓民眾親自下場體驗。

> 演出都有開放現場觀眾參與翻湯體驗，但名額有限。

> 完成湯揉體驗還有「湯揉證書」！

> 室內天花板上橫貫的粗樑與排煙用的天窗，至今仍保留可見。

> 草津最古老旅宿風呂改建的咖啡館。

④ 茶房ぐーてらいぜ

☎0279-88-2013　🏠草津町草津368 ⌄
9:30~17:30　🅿週二　💴咖啡¥450起，午茶套餐¥750

> 小編激推

　位於湯畑旁邊街口轉角處，面向鄰街有大片玻璃窗，坐在窗邊喝咖啡、看湯畑冉冉湯煙恣意又舒服。茶房ぐーてらいぜ**屬於草津歷史最老的旅館「日新館」附屬咖啡廳，原本是風呂場的建築，3年前變身為咖啡館**，優雅木質調的咖啡館內，提供各式咖啡、茶類、自家烘培甜點，也有簡單義大利麵及PIZZA選單。

Map

Web

地圖

Ｈ草津ホテル
Ｈ片岡鶴太郎美術館
清物處又来屋
Ｈ草津煎餅本舗
西之河源通
草津ガラス蔵
松むら饅頭
茶房ぐーてらいぜ ④
Ｍ千代の湯
益成屋Ｈ
Ｈ奈良屋
Ｈ山本館
Ｈての字屋
ホテル一井Ｈ
② 湯畑&湯けむり亭
Ｈ賴朝
Ｍ大滝乃湯
熱の湯 ③
本家ちちや
白旗の湯Ｍ
月乃井
御座之湯 ①
湯路広場
Ｍ地蔵の湯
光泉寺
292
Ｈ巴士總站&旅遊中心
中央通
清月堂

❶ 大瀧乃湯

🏠 吾妻郡草津町596-13

🕐 9:00~21:00 💰 大人￥980、小孩￥450，「三湯めぐり手形」大人￥2380、小孩￥1150

小編激推

草津溫泉裡還有一間可容納百人以上、名為「大瀧之湯」的風呂，它**不但有瀑布溫泉，還有5種溫度不同的浴槽，咖啡廳、餐廳、休息室等設備相當齊全**，是一個可以放鬆心情，慢慢享受溫泉的地方。最特別的是「合湯」，將浴池分成4個，從低溫(約38-40度)泡到45度，讓身體漸漸熱起來，暖呼呼一整天。

Map

Web

大瀧乃湯泉源來自煮川源泉，溫度高且滋潤肌膚有美人湯之稱。

走大正風格的西洋洋菓子店的風格與內裝，店面就直接正對著湯畑。

菜單豐富，也推薦美味柴燒窯拿波里PIZZA。

② 月乃井

☎0279-89-8002　🏠草津町大字草津112-1　🕐11:30~18:00　📅週四
💰拿波里PIZZA¥1390起，午茶套餐¥787起，義大利麵¥1000起

可俯視湯畑、邊享受美食與午茶時光。

小編激推

Map

Web

位於**湯畑邊的洋樓就是月乃井**，以**40年前的和風老旅館改裝後，成為一家以提供洋食、甜點、咖啡的洋菓子餐廳**，尤其餐廳入口的馬賽克拼貼大烤爐，一看就知道這裡一定有美味PIZZA提供。老闆娘以自己小孩都能放心吃的餐點為出發點，細挑食材來源，也把在地特色食材帶入料理中；老闆則專責製作各式細緻蛋糕、麵包與餅乾，夫妻聯手，將自製美味天天新鮮提供。

④ 草津ガラス蔵

☎0279-88-0050　🏠吾妻郡草津町483-1　🕐9:00~18:00　💰とんぼ玉体験(玻璃珠製作體驗)¥1800起(可先預約)

Map

Web

草津溫泉玻璃的由來，是將**溫泉湯花加入玻璃，創造出色彩柔和的玻璃製品，觸感也相當地滑順**，可做為伴手禮。草津溫泉玻璃藏共有三個館，一號館是展示及販賣玻璃工藝家的作品，門口還有好吃溫泉蛋。二號館是展示販賣彩色玻璃珠作品，三號館則是展示販賣玻璃手飾工藝品。

③ 草津煎餅本舖

☎0279-88-3391　🏠吾妻郡草津町草津478　🕐8:00~18:00(夏季延長營業)　📅不定休　💰草津煎餅¥70起

來到草津溫泉不得不提起草津煎餅，**草津煎餅本舖最有人氣的是礦泉煎餅，跟一般煎餅不同的是，它是加礦泉水製造的**，據說喝礦泉水可以養顏美容，所以老闆就突發奇想，將它加入麵糊裡作成煎餅。**礦泉煎餅的味道相當淡雅，既好吃又健康，所以深受遊客喜愛**，其他手工菓子也值得一嘗。

老闆自創的礦泉煎餅，口味淡雅是遊客最愛的伴手禮。

伊香保，許多文學家最愛的溫泉鄉，沿著360個石階走上去，可以看到石階上刻著歌誦伊香保風土與文化的詩歌，傳說是約420年前為了治療因戰爭所受傷的武士們，引導溫泉以便治療，所以在斜坡上所建立的溫泉街。

風呂外的源泉湧出口能觀察到溫泉富含鐵質，一遇空氣就變成褐色。

46

充滿大正風情
文學家最愛的溫泉鄉

いかほおんせん Ikaho Onsen

伊香保溫泉

ACCESS

電車

*搭乘JR東日本上越線、吾妻線在「渋川駅」下車，轉搭關越交通巴士或群馬巴士至伊香保溫泉。

注意

伊香保溫泉位在山坡上，整個溫泉街景點散落石段街沿途，區域內以步行為主。

---

① 石段街

湯煙四溢的石階梯，最有大正年代的懷舊古道。

☎0279-72-3151(伊香保溫泉觀光協會)
⌂渋川市伊香保町伊香保湯本 ⊙自由參觀

石段街含有土特產店、溫泉饅頭店、溫泉旅館、公共溫泉湯屋等，深受竹久夢二等作家喜愛之地。隨時光推移街道不斷整頓，現在所見是2010年重修，總共有365階，象徵著365天都能溫泉客盈門、熱熱鬧鬧。**很多人喜歡在清晨或是傍晚在此漫步，傍晚的店家陸續關門，溫和的路燈亮起散發著柔和的溫泉鄉魅力。**

小編激推

Map

入夜後店家雖然陸續關門，但昏黃的街燈反而營造出安靜山中溫泉街特有的氛圍。

有400年歷史的石段街，可說是伊香保溫泉街最具代表性的景致。

② 伊香保露天風呂

☎0279-72-2488 ⌂渋川市伊香保町伊香保湯本581-1 ⊙9:00~19:00、10~3月10:00~18:00(入場至閉館前30分鐘) ⊗每月第1、3個週四(遇假日營業) ⊙大人￥450、小孩￥200

伊香保溫泉街鄰近有3個公共溫泉，其中又以位於石段街最上端近伊香保神社的「伊香保露天風呂」最受歡迎。因**此處位源泉湧出口旁，離繁華喧鬧的石段街有段距離，能享受寧靜的泡湯時光。**這裡的泉水引自黃金之湯，浴池是男女分開的露天浴池，浴池都有水溫較熱或較溫兩種，可以選擇適合自己的溫度來泡。

Map

Web

184

地圖標示：

- PINON
- 群馬銀行
- 夢二紀念館
- 伊香保溫泉
- 德富蘆花紀念文學館
- ハワイ王国公使別邸
- ホテル木暮
- 文学の小径
- 伊香保温泉観光協会
- 伊香保関所 4
- 石段の湯
- 茶房てまり
- 諸国民芸てんてまり
- 巴士總站
- 千明仁泉亭
- 1 石段街
- 和心の宿オーモリ
- 岸権旅館
- 藥師堂
- 山白屋
- 横手館
- 勝月堂
- 佐久間せんべい店
- 3 伊香保神社
- 河鹿橋
- 2 伊香保露天風呂
- 伊香保ロープウェイ

3 伊香保神社

Map

Web

🏠 渋川市伊香保町伊香保2　☎0279-72-2351　⏰自由參拜

> 守護溫泉之神，求子與求緣也相當知名。

小編激推

　　西元825年所建造的伊香保神社，在上野國(其範圍約為現在的群馬縣)12社中，居於富岡的貫前神社(一之宮)、赤城山的赤城神社(二之宮)之後，列為三之宮。其建於石段街的最頂端，**充滿著莊嚴寧靜的氣氛，主要信奉的是大己貴命與少彥名命，為溫泉、醫療之神，這裡也有求子神社之稱。**

4 伊香保關所

☎0279-22-2873　🏠渋川市伊香保町伊香保34　⏰9:00~17:00、11~3月9:00~16:30　🗓第2、4個週二　💰免費參觀

　　現今的伊香保關所的建築是復原1631年當時幕府所下令設置的伊香保關所，所謂「關所」是過去來往三國街道的路上所設置的關卡，就像現在的海關；**伊香保關所裡面展示著當時留下來的管理來往旅行者的通行證、文獻、兵器等古物供遊客參觀，可以藉此了解當時來往伊香保旅人們的心情。**

Map

Web

> 踏上365階後進入神聖之地，向溫泉之神祈求健康與良緣。

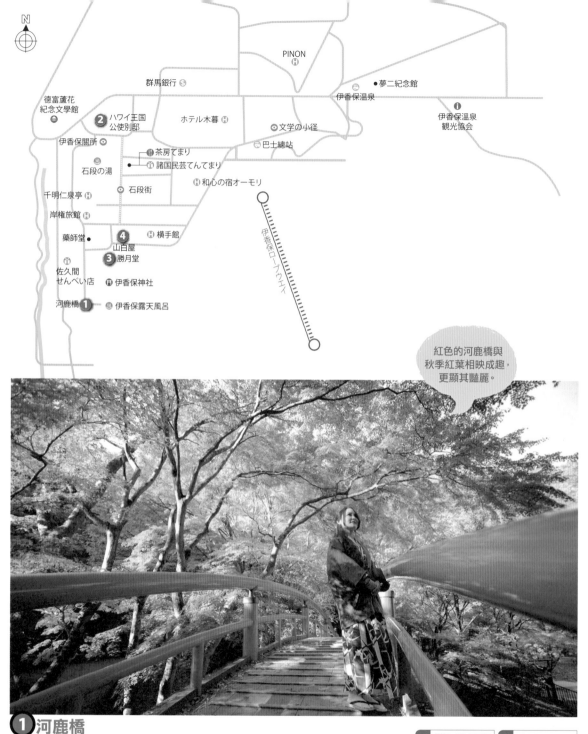

N

PINON

群馬銀行 ⑤

德富蘆花
紀念文學館

ハワイ王国
公使別邸 ②

ホテル木暮 Ⓗ

• 夢二紀念館

伊香保溫泉

⑥ 文学の小径

伊香保溫泉
觀光協会

伊香保關所 ⓒ

茶房てまり

諸国民芸てんてまり

石段の湯

巴士總站

千明仁泉亭 Ⓗ

石段街

和心の宿オーモリ

岸権旅館 Ⓗ

藥師堂 •

④

⑥ 横手館

山白屋

③ 勝月堂

佐久間
せんべい店

⑰ 伊香保神社

河鹿橋 ❶

⑯ 伊香保露天風呂

伊香保ロープウェイ

紅色的河鹿橋與
秋季紅葉相映成趣,
更顯其豔麗。

❶ 河鹿橋

 Map
 Web

☎0279-72-3151(伊香保溫泉觀光協會) ⊙渋川市伊香保町伊香保 ⦿自由參觀

　　沿著石段街一路往上走,經過伊香保神社後往露天風呂的沿途,景致忽然變成林
間步道般優雅美麗,其中會看到一條橫跨林間河谷的紅色橋。紅色太鼓橋的河鹿橋
是這裡新建的橋,河鹿橋的由來據説是過去曾經棲息在這條河流裡有種名叫河鹿蛙的青蛙,所以就將這條新橋取
名為河鹿橋。這裡的**四季景色各有特色**,不論是夏新綠、秋紅葉或者冬白雪,搭配上紅色太鼓橋,更顯優美,**秋
天的楓葉時節,夜晚的投射燈照射在橋上更是美麗。**

木製建築與周邊樹木相互融合,一到夏季更為涼爽。

② 旧ハワイ王国公使別邸

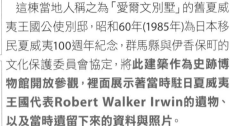

📞0279-72-2237 📍渋川市伊香保町伊香保29-5 🕐9:00~16:30,2樓只於週末、例假日、盂蘭盆節、夏威夷嘉年華期間開放 ⊗週二(遇假日順延)、12月28日~1月4日 💰免費參觀

　　這棟當地人稱之為「愛爾文別墅」的舊夏威夷王國公使別邸,昭和60年(1985年)為日本移民夏威夷100週年紀念,群馬縣與伊香保町的文化保護委員會協定,將**此建築作為史跡博物館開放參觀**,裡面展示著當時駐日夏威夷王國代表**Robert Walker Irwin的遺物、以及當時遺留下來的資料與照片。**

③ 湯乃花饅頭 勝月堂

日本溫泉饅頭發祥地。

📞0279-72-2121 📍渋川市伊香保町伊香保591-7 🕐9:00~18:00 ⊗1月1日、不定休 💲湯乃花まんじゅ(湯乃花饅頭)¥880/6入

小編激推

　　日本的溫泉饅頭起源就是從伊香保

開始的,伊香保的溫泉饅頭又跟其他地方的不一樣,名叫湯花溫泉饅頭,因饅頭顏色是仿造湯花的茶褐色,便取為其名。湯花饅頭的元祖是

1910年創業的勝月堂,**茶褐色的饅頭皮有著濃濃的黑糖味,越嚼越香,北海道產的紅豆內餡口感綿密,讓人無法忘懷。**

創始的溫泉湯花饅頭,黑糖滋味濃厚再配上一杯茶令人回味。

④ 民藝 山白屋

各式精緻布作小物,都是最佳伴手禮。

📞0279-72-2242 📍北群馬郡伊香保町伊香保12 🕐10:00~18:00 ⊗不定休

小編激推

　　這裡販售全國各地的**絹、綿、布、木、和紙等所作的小東西,各式各樣的民藝品、手工藝品擺滿了店面,是非常有人氣的一間店。**老闆集合了三間旅館的女將,一起設計當地限定商品薰香、伊香保手絹以及黃金白銀湯香皂,還有可愛的小木屐拖鞋護身符都是最佳伴手禮喔!

東京近郊

Travel Information

旅 遊 資 訊

東京近郊基本情報

語言➔日語

地理環境➔關東近郊區域泛指以東京都為中心,圈圍著東京周邊的鄰近縣,整體範圍與縣的數量雖多,但因東京是全日本最主要大都市,交通串聯絕對便利外,以東京為發展的江戶,也呈現出不同於京都的歷史氛圍。

時差

日本比台灣快一個時區,也就是台灣時間加一小時。

氣候

春(3、4、5月)➔氣溫已開始回升,但仍頗有寒意,有時氣溫仍在攝氏10度以下,早晚溫差大,需注意保暖。3月底至4月初是賞櫻季節,也是觀光人潮最多的時候,無論是訂機位或是訂房,最好提前一至二個月預訂較為保險。

夏(6、7、8月)➔夏天甚為悶熱,攝氏30度以上的日子不少,7月下旬~8月初甚至可能超過35度。夏天在各地都有許多傳統祭典及煙火大會,更添遊興。

秋(9、10、11月)➔涼爽怡人,平地只要薄外套、針織毛衣即可應付。但早晚溫差大,部分山區已進入冬天氣候,需有厚外套。11月進入京都的賞楓季節,奪目的紅葉為古都染上詩意。

冬(12、1、2月)➔冬天的氣溫比台灣北部更加嚴寒,但是偏乾冷,寒流來時甚至會在攝氏零度左右,保暖防風的衣物不可少。市區內很少下雪,只會偶爾因寒流而輕輕飄雪,路面不會造成嚴重的積雪狀況。

習慣

日本的一般商店街和百貨公司,除了特賣期間,通常都從早上11點左右營業到晚間7點到8點之間。行人行走方向是靠左行走,車輛行進方向也與台灣相反。而近來日本各處實行分菸制度,在公共場合都不可以吸菸,想吸菸必須要到有標示能吸菸的地方才行。

貨幣及匯率

匯率➔台幣1元約兌換日幣3圓

通貨➔日幣¥。紙鈔有1萬圓、5千圓、2千圓及1千圓,硬幣則有500圓、100圓、50圓、10圓、5圓及1圓。

兌換

出發前記得在國內先兌換好日幣,雖然各大百貨公司及店家、餐廳等都可使用信用卡,但是像購買電車票、吃拉麵、買路邊攤、住民宿等,都還是會用到現金。國內各家有提供外匯服務的銀行都有日幣兌換的服務,桃園、松山等機場內也有多家銀行櫃台可快速兌換外幣。

消費稅

日本的消費稅已在2019年10月從原本的8%調漲至10%。購物、車票、門票等也都會跟著漲價,但日本政府也提供配套措施,例如在購買食品或飲料(不包含酒類)、用餐,內用需收10%消費稅,外帶則維持8%消費稅。針對觀光客的退稅政策,在可退稅店,只要同一店家購物總消費金額滿5000日幣以上(不含稅),50萬日幣以下(不含稅)就能辦理退稅,不必將一般物品及消耗品分類結帳。免稅商品結帳後會放入密封袋中,在出境日本前皆不可開封使用。

小費

日本當地消費無論用餐或住宿,都不用額外給小費,服務費已內含在標價中。

用餐

除了小餐館、路邊攤和投幣拿券式的拉麵店等小商家只能使用現金，大部份的地方可以刷卡(門口會有可否刷卡的標示)。一般店家都在店門附近擺放料理模型，可以按照模型選餐。不少大型居酒屋也都推出圖文並茂的菜單，讓不會日文的外國朋友可以按圖點餐。

購物

日本的大折扣季是在1月和7月，每次約進行1個半月的時間，跟台灣一樣會折扣愈打愈低，但貨色會愈來愈不齊全。1月因逢過年，各家百貨公司和商店都會推出超值的福袋。

信用卡掛失

VISA信用卡國際服務中心➔00531-44-0022

Master信用卡國際服務中心➔00531-11-3886

JCB日本掛失專線➔0120-794-082

美國運通日本掛失專線➔0120-020-120

電話

投幣話機可使用¥10、¥100，或是使用可以撥打國際電話的國際電話卡。能撥打國際電話的公用電話越來越少，請特別注意。

・打回台灣的國際電話

例：010→886→＊(區碼)→＊＊＊＊→＊＊＊＊

日本國際碼→台灣國碼→區域號碼-受話號碼

・打回台灣的行動電話

例：010→886→9＊＊→＊＊＊＊→＊＊＊

日本國際碼→台灣國碼→受話行動電話號碼

手機通訊

台灣行動電話雖和日本系統不同，但目前3G、4G手機皆可在日本漫遊。一般撥打方式在電話號碼前去0加上國碼即可，詳情請洽各家通訊業者。

電源

電壓100伏特，插頭為雙平腳插座。如果筆電的電源線為三孔插座的話，記得要帶轉接頭，以免到日本後無法使用。

郵政

郵筒分紅、綠兩色，紅色寄當地郵件，綠色寄外國郵件(有些地區只有一個紅色郵筒兼收)。市區主要郵局開放時間，週一~五為9:00~19:00，週六為9:00~17:00。

航空明信片郵資日幣70圓，航空郵件郵資日幣90圓(限10公克以下，寄往亞洲國家，不包括澳洲、紐西蘭，10公克以上，每10公克加日幣60圓)。

旅遊服務中心(TIC)

可索取地圖、住宿及觀光交通等資料，講英文或中文都可以通喔！

◎TIC東京

⌂東京都千代田區丸之內1-8-1

⏰10:00~19:00 ☎03-5220-7055

◎成田國際機場旅客服務中心

⌂成田國際機場第一航廈1樓、第二航站1樓

⏰8:00~20:00

☎0476-30-3383、0476-34-5877

台北駐日經濟文化辦事處

遭遇到任何問題與麻煩，如護照遺失、人身安全等，皆可與辦事處連絡。

🚇JR山手線目黑駅徒步10分，或從Metro南北線、都營地下鐵三田線白金台駅1號出口徒步5分。

⌂東京都港區白金台5-20-2

⏰週一～週五9:00~ 17:00

☎03-3280-7821

日本觀光協會台灣事務所

備有觀光地圖、手冊與資料，也提供旅遊諮詢等。

☎02-2713-8000

⌂台北市松山區慶城街28號(通泰商業大樓)

國定假日

1月1日➔元旦

1月第2個週一➔成人之日

2月11日➔建國紀念日

3月20日或21日➔春分之日

4月29日➔昭和之日

5月3日➔憲法紀念日

5月4日➔綠之日

5月5日➔兒童之日

7月第3個週一➔海洋之日

8月11日➔山之日

9月第3個週一➔敬老之日

9月22日或23日➔秋分之日

10月第2個週一➔體育之日

11月3日➔文化之日

11月23日➔勤勞感謝日

12月23日➔天皇誕辰

12月29~31日➔年末休假

進入東京近郊——入境資訊

簽證及護照效期規定

2005年8月5日通過台灣觀光客永久免簽證措施，即日起只要是90日內短期赴日者，即可享有免簽證優惠，使得旅行日本更加便利。現在可於Visit Japan Web線上填寫入境表格及行李申報(最晚須於入境日本前6小時申請完成)，申報完成後的QR code在出境時給海關掃描即可。

🌐 vjw-lp.digital.go.jp/zh-hant/

免簽證實施注意事項

對象➡持有效台灣護照者(僅限護照上記載有身分證字號者)。

赴日目的➡以觀光、商務、探親等短期停留目的赴日(如以工作之目的赴日者則不符合免簽證規定)。

停留期間➡不超過90日期間。 **出發入境地點➡**無特別規定。

入境手續

所有入境日本的外國人都必須填寫入境表格與行李申報單，可以在機上向空服人員索取。另外，建議利用在飛機上的時間填寫表格，以免耽誤入關時間。

如何填寫出入境表格

日本的入國紀錄表格於2016年4月開始更新，目前通用的皆為新式表格，新版省略了出國紀錄，內容也較簡單，記得利用乘機空檔填寫，加快入境程序的時間。

❶姓(填寫護照上的英文姓氏)

❷名(填寫護照上的英文名字)

❸出生日期(依序為日期、月份、西元年)

❹現居國家名 ❺現居都市名

❻入境目的(勾選第一個選項「觀光」，若非觀光需持有簽證)

❼搭乘班機編號

❽預定停留期間

❾在日本的聯絡處(填入飯店名稱、電話號碼即可)

❿在日本有無被強制遣返和拒絕入境的經歷(勾選右方格：沒有)

⓫有無被判決有罪的紀錄(不限於日本)(勾選右方格：沒有)

⓬持有違禁藥物、槍砲、刀劍類、火藥類(勾選右方格：沒有)

⓭簽名

備註

新式入國記錄背面問題即為❿~⓬

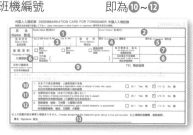

入境審查手續

自2007年11月20日開始，為了預防恐怖事件發生，所有入境日本的外國旅客都必須經過按指紋與臉部照相過程才可入境。

❶ 抵達後請準備好已經填寫完成的入境表格，於外國人的櫃檯依指示排隊。

❷ 向櫃檯入境審查官提交護照、填寫好之入境表格。

❸ 在海關人員的引導指示下讀取指紋。請將兩隻手的食指放上指紋機，等候電腦讀取指紋資訊。

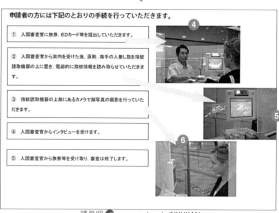

請參照 🌐 www.moj.go.jp/NYUKAN

❹ 準備臉部拍照，請將臉部正對著指紋機上的攝影鏡頭。

❺ 接受入境審查官的詢問。

❻ 入境審查官審核認可之後，會在護照上貼上日本上陸許可，並釘上出國表格。(此張表格於日本出境時審查官會取回)

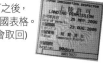

❼ 等候入境審查官歸還護照，完成入境手續。

不需接受按指紋與臉部照相手續的人

1. 特別永住者。
2. 未滿16歲者。
3. 進行外交或政府公務活動之人員。
4. 受到日本國家行政首長邀請之人員。
5. 符合日本法務省規定之人員。

如何填寫行李申報單

- ❶ 搭乘航班編號
- ❷ 出發地點
- ❸ 入境日期
- ❹ 姓名(填寫護照上英文姓名)
- ❺ 日本的聯絡處(請填寫入住之飯店名稱、電話)
- ❻ 職業
- ❼ 出生年月日(填寫西元年號)
- ❽ 護照號碼
- ❾ 同行家屬(請勾選)
- ❿ 是否攜帶以下申請單B面之禁止入境物品?(填寫右方格:沒有)
- ⓫ 是否攜帶超過B面免稅範圍的商品、土產或禮品?(填寫右方格:沒有)
- ⓬ 是否攜帶商業貨物、樣品?(填寫右方格:沒有)
- ⓭ 是否攜帶別人寄放物品?(填寫右方格:沒有)
- ⓮ 是否攜帶超過折合100萬日幣的現金或有價證券?(填寫右方格:沒有)
- ⓯ 除隨身行李之外是否有郵寄送達日本的物品?(填寫右方格:沒有)

以上10-15項如果填寫「是」則必須在B面的清單正確填寫

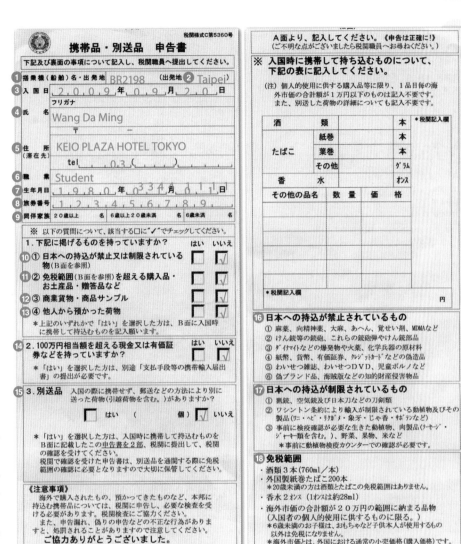

物品名稱與數量。

- ⓰ 日本禁止入境物品
  - (1)麻藥、類精神藥、大麻、鴉片、興奮劑、搖頭丸等各級法定毒品。
  - (2)手槍等槍枝與槍枝的彈藥及零件。
  - (3)炸藥等爆炸物品、火藥、化學武器的原料。
  - (4)紙幣、貨幣、有價證券及信用卡等的偽造物品。
  - (5)色情書報雜誌、光碟及兒童色情物品。
  - (6)仿冒名牌商品、盜版等損害智慧財產權的物品。
- ⓱ 日本限制入境物品
  - (1)獵槍、空氣槍及日本刀等刀劍類。
  - (2)根據華盛頓公約限制進口的動植物及其製品(鱷魚、蛇、龜、象牙、麝香及仙人掌等)。
  - (3)需事前檢疫的動植物、肉產品(包括香腸、牛肉乾、豬肉乾等)、蔬菜、水果及稻米。
- ⓲ 入境日本免稅範圍
  - (1)酒類3瓶(1瓶760ml)
  - (2)外國香菸400支
  - (3)香水2盎司(1盎司約28ml)
  - (4)境外市價總額不超過20萬日幣的物品(只限入境者的自用品)

191

國家圖書館出版品預行編目資料

東京近郊地圖隨身GO. 2024-2025/墨刻編輯部作.
-- 初版. -- 臺北市：墨刻出版股份有限公司出版：
英屬蓋曼群島商家庭傳媒股份有限公司城邦分公司
發行, 2023.10
192面;18.3×24.2公分. -- (MOOK地圖隨身go；80)
ISBN 978-986-289-927-4(平裝)
1.旅遊 2.旅遊地圖 3.日本東京市
731.72609　　　　　　　　112015250

墨刻整合傳媒廣告團隊

提供全方位廣告、數位、影音、代編、出版、行銷等服務
為您創造最佳效益
歡迎與我們聯繫：mook_service@mook.com.tw

地圖隨身go
no.080 MOOK
東京近郊

作者
墨刻編輯部

攝影
墨刻攝影組

編輯
陳楷琪

美術設計
許靜萍(特約)・羅婕云

地圖美術設計
墨刻編輯部

出版公司
墨刻出版股份有限公司
地址：台北市104民生東路二段141號9樓
電話：886-2-2500-7008
傳真：886-2-2500-7796
E-mail：mook_service@cph.com.tw
讀者服務：readerservice@cph.com.tw
墨刻官網：www.mook.com.tw

發行公司
英屬蓋曼群島商家庭傳媒股份有限公司城邦分公司
地址：台北市104民生東路二段141號2樓
電話：886-2-2500-7718　886-2-2500-7719
傳真：886-2-2500-1990　886-2-2500-1991
城邦讀書花園：www.cite.com.tw
劃撥：19863813
戶名：書虫股份有限公司

香港發行所
城邦(香港)出版集團有限公司
地址：香港灣仔駱克道193號東超商業中心1樓
電話：852-2508-6231
傳真：852-2578-9337

馬新發行所
城邦(馬新)出版集團 Cite (M) Sdn Bhd
地址：41, Jalan Radin Anum, Bandar Baru Sri Petaling, 57000
Kuala Lumpur, Malaysia.
電話：(603)90563833
傳真：(603)90576622
E-mail：services@cite.my

製版・印刷
凱林彩印股份有限公司

經銷商
聯合發行股份有限公司（電話：886-2-29178022）
誠品股份有限公司
金世盟實業股份有限公司

城邦書號
KA2080

定價
380元

ISBN
978-986-289-927-4・978-986-289-934-2（EPUB）
2023年10月初版

首席執行長　Chief Executive Officer
何飛鵬　Feipong Ho

生活旅遊事業總經理暨墨刻出版社長　PCH Group President & Mook Managing Director
李淑霞　Kelly Lee

總編輯　Editor in Chief
汪雨菁　Eugenia Uang

資深主編　Senior Managing Editor
呂宛霖　Donna Lu

編輯　Editor
趙思語・唐德容・陳楷琪・王藝霏
Yuyu Chew, Tejung Tang, Cathy Chen, Wang Yi Fei

資深美術設計主任　Senior Chief Designer
羅婕云　Jie-Yun Luo

資深美術設計　Senior Designer
李英娟　Rebecca Lee

影音企劃執行　Digital Planning Executive
邱茗晨　Mingchen Chiu

資深業務經理　Senior Advertising Manager
詹顏嘉　Jessie Jan

業務經理　Advertising Manager
劉玫玫　Karen Liu

業務專員　Advertising Specialist
程麒　Teresa Cheng

行銷企劃經理　Marketing Manager
呂妙君　Cloud Lu

行銷企劃專員　Marketing Specialist
許立心　Sandra Hsu

業務行政專員　Marketing & Advertising Specialist
呂瑜珊　Cindy Lu

印務部經理　Printing Dept. Manager
王竟為　Jing Wei Wan